박철우 지음

들어가는 글

지금은 혼자서도 영상을 만들어내는 1인 미디어 시대입니다. 누구나 자신만의 아이디어와 소재로 유튜버에 도전할 수도 있습니다.

이러한 시대에 저는 '스마트폰 하나로 영상을 제작하는 방법'에 대해 7년째 강의하고 있습니다. '스마트폰'과 '영상', 이 두 단어는 제 강의와 이 책을 관통하는 핵심 키워드입니다.

스마트폰다운 최초의 스마트폰을 '아이폰'이라 할 때, 스마트폰의 역사는 13년에 불과합니다. 하지만 스마트폰이 우리 삶에 미친 영향은 일일이 열거하지 못할 정도로 엄청납니다. 그 많은 업적들 중 하나가 바로 지금의 미디어 열풍입니다. 하루 종일, 잠자는 시간 외에는 손에서 떼지 않을 정도로 우리 생활에 밀착된 이 기기 덕분에 우리는 사진과 동영상으로 일상의 순간을 기록하고 추억을 소장하며 살고 있습니다.

스마트폰은 언제 어디서나 사용할 수 있습니다. 성능이 아무리 뛰어난 카메라도 이 점에서는 스마트폰을 따라갈 수 없습니다. 이제는 단순한 촬영을 넘어 보정, 편집까지도 스마트폰으로 가능해졌습니다. 스마트폰의 가치를 한층 더 향상시키는 수많은 앱 덕분입니다. 하고자 하는 일이 무엇이든, 고가의 장비 없이 스마트폰 하나면 충분합니다.

우리는 언제부터 '영상 만들기'에 관심을 갖기 시작했을까요? 해답은 '스마트폰'과 '유튜브', 이 둘의 역사를 짚어보면 알 수 있습니다. 보통 사람들이 만든 영상을 마음만 먹으면 전 세계로 송출할 수 있는 플랫폼 '유튜브'. 과거에는 상상할 수조차 없었던 일입니다. 사진, 동영상, 음악, 내레이션, 자막, 효과 등 다양한 요소들을 조합하여 세상 모든 이야기를 풀어낼 수 있는 것이 바로 영상입니다. 그래서 영상 만들기의 매력은 무궁무진합니다!

저는 처음 스마트폰으로만 촬영과 편집을 해서 한 편의 영상을 만들어냈을 때 묘한 짜릿함을 느꼈습니다. 큰 카메라와 무거운 컴퓨터로 작업하던 느낌과는 차원이 달랐습니다. 스마트폰만 있으면 지하철, 버스, 화장실, 침대 등 내가 있는 곳이 바로 영상 제작소가 되어 언제든지 쉽고 간편하게 영상을 제작할 수 있게 되었습니다. 저에게는 더 이상 여럿이 모여 촬영할 필요도, 또 편집실에서 며칠씩 밤샐 필요도 없어진 것이죠.

스마트폰을 활용한 영상제작은 '스낵 컬처(먹고 싶은 과자를 골라 먹듯 수많은 미디어 중에 입맛에 맞는 것을 골라 가볍게 소비하는 트렌드)' 시대에 딱 맞는 효율적인 미디어 생산 방식이기도 합니다.

그런데 이러한 미디어 시대에 종이로 된 '책'이 굳이 필요할까요?
영상 만들기를 책으로 배우려는 사람이 있을까요?
저만의 노하우를 영상으로 만들어 유튜브에 공유하면 될 텐데, 그럼에도 저는 왜 책을 썼을까요?
미디어로 빠르게 소통하는 시대에도, 여전히 '책'을 사랑하고, 나만의 '속도'를 유지하고 싶은 사람이 있습니다. 제대로 배우려면 책이 더 좋다는 사람도 있습니다.
7년 동안 강의하면서 제가 가진 열정과 노하우를 쏟았지만, 더 많은 사람들에게 영상을 만드는 즐거움과 행복을 알리고 싶다는 갈증, 그리고 집중 반복 강의를 원하는 교육생들에게 도움을 주고자 이 책을 썼습니다.

자, 이 시대에 발맞추고, 스마트폰으로 영상 만드는 놀라운 경험을 원하시는 분들!
한 손에는 이 책을, 한 손에는 스마트폰을 들고 마음껏 즐겨보시기 바랍니다.

끝으로, 저의 책 집필을 독려하며 고된 육아를 감당하고 있는 아내에게 사랑을,
빠르게 흘러가는 미디어 시대에 자신들만의 속도와 소신으로 출판업을 지속하고 있는 끌리는책에 존경을 표합니다.

2020년 여름 박철우(True Park)

책을 읽으면서 궁금한 질문은 아래 이메일로 보내주시면, 많이 나오는 질문에 대해서 제가 영상으로 해결방법을 만들어 제공하겠습니다.
유튜브 bit.ly/true1mm
이메일 trueparkpro@gmail.com

contents

들어가는 글 * 2

part 1   영상 제작 기본 지식 배우기

1. 영상 제작의 프로세스 * 8
2. 영상 제작에 필요한 준비물 * 9
3. 영상 제작에 필요한 기본 지식 * 10
4. 저작권 없는 소스 수집 * 15
5. 사용할 앱 소개 * 16

part 2   10분 만에 느낌 있는 영상 만들기

예제 따라 하기 가이드 * 18

Lesson 1   예제 따라 쉽게 익히는 영상 제작 1
3장의 사진과 멸치 앱을 활용하여
효과적인 어필 영상 만들기(자기소개) * 20

Lesson 2   예제 따라 쉽게 익히는 영상 제작 2
추억이 담긴 사진과 멸치 앱을 활용하여
심플한 스토리 영상 만들기(어버이날 감사) * 25

Lesson 3   예제 따라 쉽게 익히는 영상 제작 3
Quik으로 쉽고 빠르게
여행후기 영상 만들기(포항 추억상회) * 30

part 3   나만의 스토리로 특별한 영상 만들기

Lesson 4   예제 따라 쉽게 익히는 영상 제작 4

키네마스터를 활용하여
여행 사진으로 음악 영상 만들기(쿠바 여행) * 48

Lesson 5   예제 따라 쉽게 익히는 영상 제작 5

Quik으로 음악에 맞춰 편집하고
키네마스터로 자막 넣어 영상 완성하기(새해 버킷리스트) * 76

Lesson 6   예제 따라 쉽게 익히는 영상 제작 6

시간을 기록하는 영상(인생 타임랩스) * 104

part 4   전문 유튜버처럼 영상 만들기

Lesson 7   예제 따라 쉽게 익히는 영상 제작 7

일상을 담는 브이로그 만들기(어느 가을날의 브이로그) * 130

Lesson 8   예제 따라 쉽게 익히는 영상 제작 8

키네마스터로 즐겨보는
신비한 세로 영상의 세계(세로 영상 제작 노하우) * 154

PART 1

영상 제작 기본 지식 배우기

1. 영상 제작의 프로세스

내 스마트폰에 있는 사진과 영상을 골라서 영상 편집 프로그램에 넣어 하나의 새로운 영상을 쉽게 만들 수도 있지만, 다른 사람이 보기에 좋은 영상을 만들기 위해서는 사전 전략이 필요합니다. 영상 제작은 요리를 하는 과정과 비슷합니다. 혼자 먹기 위한 요리가 아니라 지인들을 초대하고 파티 음식을 준비하는 과정으로 비유해보겠습니다.

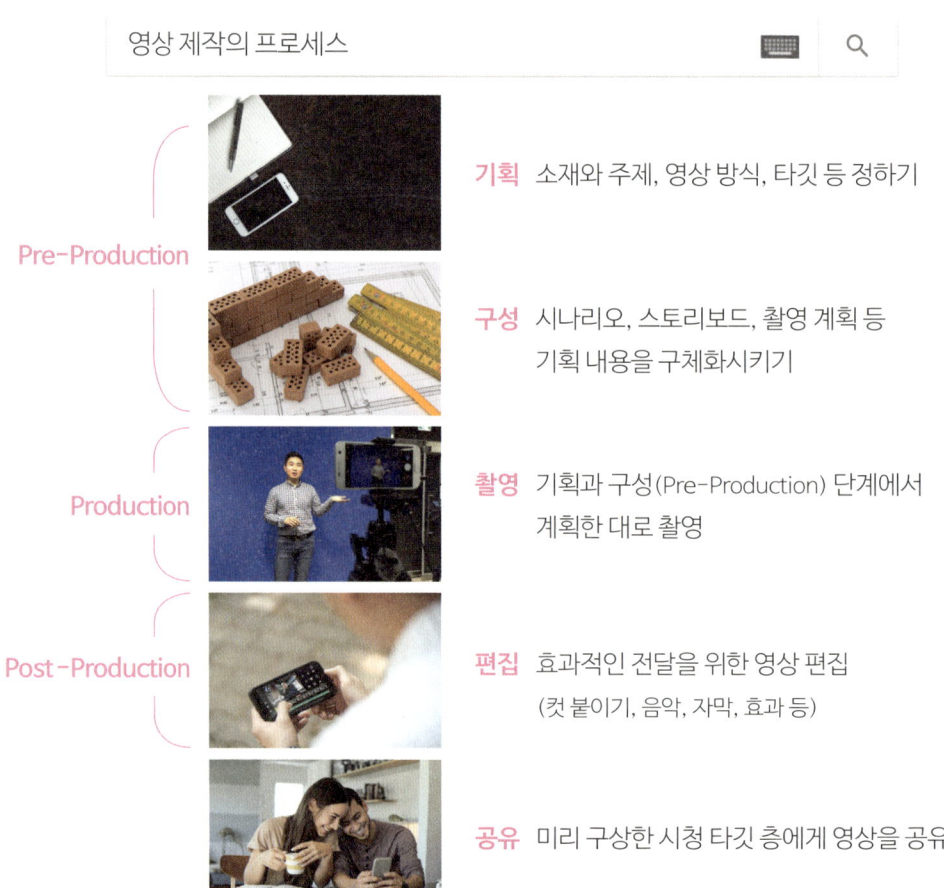

	영상 제작	요리
기획	소재와 주제 선정	요리 종류와 스타일 선정
구성	시나리오(글), 스토리보드(그림)	레시피 작성
촬영	장비 준비, 계획한 대로 촬영	요리 도구, 요리 재료 준비
편집	장면 조합, 음악과 자막 삽입	레시피에 맞춰 재료 손질하고 조리, 필요에 따라 조미료 첨가
상영	특정인이나 단체, 또는 불특정 다수의 사람들과 영상을 공유 (온/오프라인)	완성된 요리를 미리 생각한 누군가에게 대접

기획과 구성이 없는 촬영과 편집은 스토리가 부실한 영상이 될 수밖에 없습니다. 숙달된 요리사가 빠르면서도 멋진 요리를 완성하듯이, 숙련된 영상 제작자는 기획과 구성을 간소하게 하면서도 스토리가 탄탄한 영상을 만들어냅니다. 제작을 많이 하다 보면 멀티태스킹이 가능해지기도 하지만, 어느 한 과정을 생략해서는 안 된다는 점을 명심해야 합니다.

2. 영상 제작에 필요한 준비물

영상 제작을 위해 필요한 준비물을 설명하겠습니다.

1 촬영과 편집을 위한 도구, 스마트폰입니다. 영상 편집은 매우 높은 집중력이 필요합니다. 눈의 피로를 많이 느끼는 분들에게는 태블릿PC를 권장합니다. 영상 편집으로 만드는 결과물이 스마트폰에 많이 쌓이면 저장 공간이 가득차게 됩니다. 불필요한 촬영물이나 잘 사용하지 않는 앱을 정리하여 스마트폰의 저장 공간을 여유 있게 해두는 것이 원활한 영상 제작 즐기기에 효과적입니다. 스마트폰의 기본 저장 공간이 너무 작을 경우에는 별도의 메모리카드를 활용하거나 클라우드에 파일을 백업하는 습관도 하나의 방법입니다.

2 충전기입니다. 스마트폰으로 영상 촬영과 편집을 많이 하다 보면 스마트폰 배터리 닳는 속도도 빨라집니다. 영상 제작을 마음껏 즐기기 위해서는 충전기나 보조 배터리가 반드시 있어야 합니다.

3 영상 편집에 필요한 앱입니다. 요즘에는 스마트폰에 기본 영상 편집 기능이 있지만, 더욱 정교하고 폭넓은 영상 편집을 위해서 다양한 앱을 활용하는 것이 좋습니다. 일단 무료로 사용할 수 있는 앱들을 차차 설명하겠습니다. 안드로이드폰 사용자는 'Play 스토어', 아이폰 사용자는 'App Store'를 통해 앱을 다운로드합니다. 앱 하나하나도 스마트폰의 저장 공간을 차지한다는 점을 기억해두시고요.

4 스마트폰으로 흔들림 없이 안정적인 사진이나 영상 촬영을 하기 위해서는 삼각대와 거치대가 필수입니다. 특히, 영상을 촬영할 때 카메라가 과도하게 계속 흔들린다면 그 영상을 보는 사람은 멀미가 나 끝까지 영상을 보기 힘들게 됩니다. 짐벌이라는 장비를 삼각대와 거치대 대신 사용할 수도 있습니다.

3. 영상 제작에 필요한 기본 지식 〉〉해상도, FPS, 화면 비율, 저작권, 초상권

영상 제작에 필요한 기본 지식 다섯 가지를 살펴보겠습니다.

❖ 해상도

해상도란, 화면에서 이미지가 어느 정도 정밀하게 표현되는지를 나타내는 말입니다.

화면을 아주 크게 확대해보면 작은 네모칸들을 볼 수 있습니다.

이 네모칸 하나가 1픽셀이고, 픽셀은 화면의 해상도를 나타내는 단위입니다.

고해상도 – UHD 확대

저해상도 – SD 확대

스마트폰으로 촬영하는 동영상의 해상도는 직접 설정할 수 있습니다.
(갤럭시S20 Ultra 기준: 카메라 앱 – 카메라 설정)

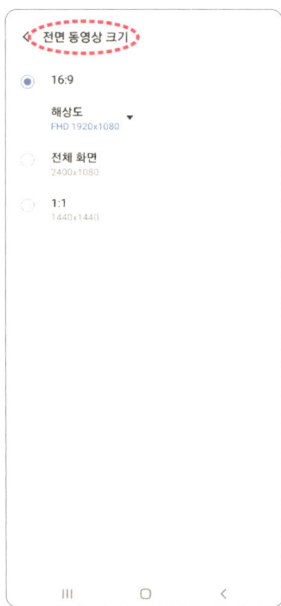

아이폰 11 Pro Max 기준 : 설정 앱 – 카메라 – 비디오 녹화

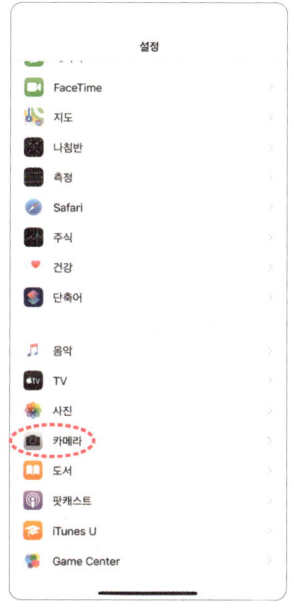
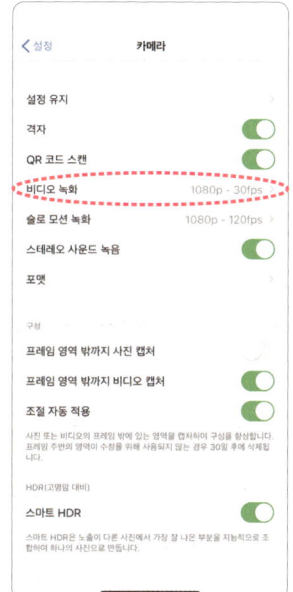

2020년 4월 1일 기준으로 가장 최근에 출시된 스마트폰의 해상도를 살펴보면, 아이폰11 모델의 경우 4K(3840×2160픽셀), 갤럭시S20 모델의 경우 8K(7680×4320픽셀)까지 동영상 촬영이 가능합니다. 현재 사용하고 있는 스마트폰 모델에 따라 최대로 지원되는 해상도는 많이 다릅니다. 해상도가 높다고 무조건 좋아할 필요는 없습니다.

- 높은 해상도일수록 동영상 파일의 크기도 커짐.
- 촬영하거나 편집한 영상을 시청자가 어느 정도 크기의 화면으로 볼 것인지를 고려해야 함.
- 사용할 영상 편집 프로그램이 어느 정도의 해상도까지 지원하는지 확인해야 함.

위 사항을 고려할 때, 스마트폰 영상 촬영의 적절한 해상도는 보통 기본 설정으로 되어 있는 FHD(Full HD : 1920×1080픽셀, 1080p)를 추천합니다.

2011년, 스마트폰으로 촬영한 영화가 최초로 극장에서 개봉된 적이 있습니다. 그때만 해도 스마트폰의 최대 해상도가 HD(1280x720픽셀, 720p)급이었는데 극장 상영에 별 문제가 없었습니다. 그때와 비교하면 지금의 스마트폰 카메라는 위대한 발전을 했습니다.

세계 최초 장편 스마트폰 영화 〈Olive〉 촬영 현장

❖ FPS (Frame Per Second: 초당 프레임 수)

영상은 여러 개의 정지화면이 연결되어 움직이는 것처럼 보이는 원리인데, 이 정지화면 하나하나를 '프레임(Frame)'이라 부릅니다. 보통 영상을 촬영하거나 편집할 때, 1초당 몇 개의 프레임을 출력하는지 나타내는 FPS를 설정해야 합니다. 인간의 눈은 1초에 10~12프레임 정도를 인지하기 때문에, 최소 24FPS 이상이면 부드러운 화면으로 인식한다고 합니다. 일반적으로 요즘 영상은 30 또는 60FPS입니다. FPS가 낮을수록 투박하고, 높을수록 부드럽게 보입니다.

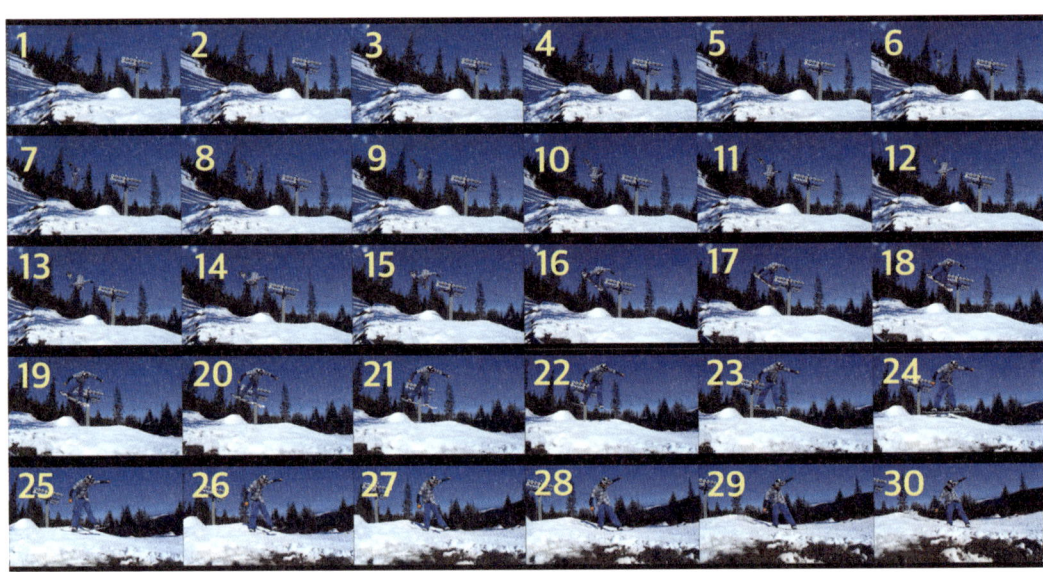

30장의 프레임이 1초의 30FPS 영상을 이루는 것을 보여줌.

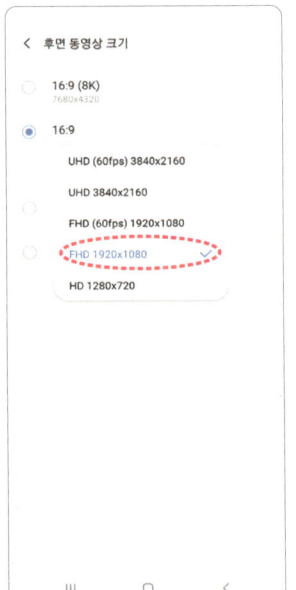

안드로이드

아이폰

스마트폰에서의 FPS 설정은 해상도 설정 메뉴에서 할 수 있습니다. 최근 출시된 스마트폰은 동영상 촬영의 경우 24/30/60FPS 설정이 가능하며, 슬로우모션 영상 촬영은 120~960FPS까지 지원됩니다. 기본 설정은 보통 30FPS(별도로 표시되지 않은 FPS는 30)이기 때문에, 부드러운 영상을 원하거나 편집할 때 속도를 느리게 할 목적이라면 높은 FPS로 촬영해야 합니다. 다음 영상을 보면서 FPS의 차이를 느껴보세요.

❖ 화면 비율

오랫동안 우리에게 동영상은 세로보다 가로가 긴 화면이 익숙합니다. 아날로그 방송 시절에는 4:3(가로:세로) 화면 비율이었고, HD 방송이 상용화되면서 지금까지도 가장 흔하게 쓰는 비율은 16:9, 영화에서는 2.35:1의 비율을 쓰기도 합니다. 하지만 스마트폰으로 영상을 보는 경우가 많아지면서 1:1 비율이나 세로로 긴 영상도 많아지고 있습니다.

4 : 3

16 : 9

2.35 : 1

1 : 1

9 : 16

이렇게 가로 세로 비율이 같거나 오히려 세로가 더 길어지는 영상이 나오게 된 가장 큰 이유는 세로로 사용하는 스마트폰에서 가로로 된 영상을 꽉 차게 보려면 스마트폰을 옆으로 돌려야 하는 번거로움을 없애기 위해서입니다.

어떤 화면 비율을 선택할지는 영상을 TV, 컴퓨터, 스크린, 스마트폰 등 어느 화면에서 볼 것인지에 따라 결정할 수 있습니다. 그리고 여러 개의 촬영 영상을 모아 편집하려고 한다면, 마지막에 출력할 화면 비율을 고려한 후 가로라면 가로, 세로라면 세로로 일관되게 촬영해주는 것이 좋습니다.

저작권

영상 제작에 필요한 기본 지식 네 번째는 저작권입니다. 영상 제작에 재미를 붙이다 보면 다른 사람들에게 자신이 만든 영상을 공유하고 싶은 욕구가 생깁니다. 이때 주의해야 할 것이 저작권입니다. 내 영상에 들어가는 사진, 영상, 음악, 자막의 서체 등 모두 저작권에 문제되지 않는 것들을 쓰는 것이 좋습니다. 특히, SNS 채널 등을 통해 온라인 업로드를 할 경우에는 더욱 주의해야 합니다. 아래에 해당되지 않는 것들은 모두 저작권이 있다고 볼 수 있습니다.

- 내가 직접 촬영한 사진과 영상.
  - 촬영물 속에 저작권이 있는 피사체(예를 들어, 그림이나 전시 작품)가 보이지 않아야 함.
- 내가 직접 작곡한 음악(저작권이 있는 음악을 연주하는 것도 저작권 침해).
- 상업적으로 사용이 가능하다고 표시된 사진과 영상.
- 저작권 없이 사용이 자유로운 저작권 무료 음악.
- 상업적으로 사용이 가능한 서체.
  - 글꼴 또는 폰트라고도 함.
  - 서체 이름을 인터넷에 찾아 저작권 활용 가능 범위 체크.

초상권

마지막으로 영상 제작에 필요한 기본 지식은 초상권입니다. 요즘은 공공장소에서 스마트폰으로 1인 방송을 하며 돌아다니는 사람도 많고, 무언가를 기록해두고 싶을 때 언제 어디에서나 습관적으로 스마트폰 촬영을 하곤 합니다. 하지만 누군가는 의도치 않게 본인이 어딘가에 노출되는 것을 우려하고, 누군지도 모르는 사람의 스마트폰 카메라에 담기는 것을 불쾌해 하는 사람도 많습니다. 공공장소에서 촬영할 때에는 주변을 둘러보고, 양해를 먼저 구하는 자세가 필요합니다. 그리고 촬영한 영상을 편집할 때, 의도치 않게 촬영된 사람이나 차량 번호판 등의 개인정보 노출이 없는지 확인하여 때에 따라 모자이크나 블러 효과를 적용하여 가리도록 합니다.

키네마스터 앱 내 메뉴 '레이어-효과-기본 효과'로 가면 '가우시안 블러'와 '모자이크'에서 적용이 가능합니다.

초상권 모자이크 처리

번호판 블러(blur) 처리

4. 저작권 없는 소스 수집 〉〉 Pixabay, 화면 녹화 기능

앞서 저작권의 중요성을 언급했습니다.
이번에는 저작권 침해 걱정 없이 다양한 편집 소스를 수집하는 방법에 대해 다뤄보겠습니다.

1 첫 번째, Pixabay(pixabay.com) 사이트에 접속하면 고화질의 다양한 사진과 영상을 다운로드할 수 있습니다. 다운로드할 때마다 로봇이 아님을 증명해야 하는 절차가 있는데, 이를 피하려면 무료 회원가입 후 로그인하여 사용하면 됩니다. 다른 유사한 플랫폼은 이미지만 제공하는 경우가 많지만 Pixabay는 다양한 고품질 비디오도 수집할 수 있습니다.

2 두 번째, 수많은 영상이 있는 Youtube(youtube.com)에는 저작권 없이 활용 가능한 음악이나 영상도 많습니다. 검색 키워드는 'no copyright music', 'no copyright video' 등이며, 원하는 영상을 효율적으로 찾기 위해서는 'no copyright music happy', 'no copyright music piano', 'no copyright video sunrise', 'no copyright video beach' 등과 같이 키워드를 넣어 검색하면 됩니다. 내 스마트폰으로 직접 다운로드하려면 그때그때 가능한 앱을 검색하여 활용하면 됩니다. 또는 스마트폰 화면 자체를 영상으로 녹화할 수 있는 기능(아이폰 - 자체 기능 중 화면 녹화 기능 활용 / 안드로이드 - 모비즌 스크린 레코더 앱)을 사용하면, 화면에서 나오는 사운드까지 함께 녹음되므로, 영상 편집 앱에서 그 오디오만 추출하여 활용할 수도 있습니다.

5. 사용할 앱 소개 >> 멸치, Quik, 키네마스터

이제 본격적인 실습에 들어가보겠습니다.
그에 앞서, 앞으로 배우고 익혀야 할 주요 앱을 간략히 소개하겠습니다.

앱 아이콘	앱 이름		앱 정보
	안드로이드	아이폰	
(멸치 아이콘)	멸치 영상 제작, 영상 편집, 사진 편집, 필터, 기념일/행사 영상 만들기.	멸치 동영상 제작 & 포토에디터.	- 앱 가격 : 무료 / 회원가입하면 워터마크 제거 가능. - 앱 특성: 이미 완성도 있게 제작된 템플릿 영상이 제공되어, 사용자는 원하는 템플릿을 선택하고 내용만 변경하면 멋진 영상을 얻을 수 있습니다. 영상 편집에 대한 기초 없이도 퀄리티 있는 영상 제작이 가능합니다. - 아이폰과 안드로이드폰의 UI(아이콘 형태, 화면 구성 등) 동일함.
(Quik 아이콘)	Quik - Go Pro 비디오 편집기 음악으로 사진과 클립 편집.	Quik - Go Pro 비디오 편집기 동영상 편집.	- 앱 가격 : 전체 무료. - 앱 특성 : 원하는 만큼의 사진이나 영상을 선택하고 나서, 앱에서 제공해주는 20여 개의 영상 스타일과 100여 개의 음악들 중 한 가지씩을 고르면 음악의 비트에 맞춰 장면 편집까지 알아서 해주는 스마트한 앱입니다. 장면별로 필요에 따라 자막도 넣을 수 있습니다. - 아이폰과 안드로이드폰의 UI(아이콘 형태, 화면 구성 등)가 다른 부분이 있어, 뒤에서 다룰 Quik 활용 예제는 아이폰으로 한 번, 안드로이드폰으로 한 번 진행하였습니다.
(키네마스터 아이콘)	키네마스터 (KineMaster) 동영상 편집, 자막, 브이로그 편집기.	키네마스터 (KineMaster) 동영상 편집.	앱 가격: 기본 무료 / 유료 업그레이드(워터마크 제거, 무료 음악이나 다양한 효과 등의 프리미엄 콘텐츠 제공) - 앱 특성 : 멸치나 Quik처럼 앱이 도와주는 것은 없지만, 초보자부터 전문가까지 폭넓게 활용이 가능한 정통 영상 편집 앱입니다. 사진, 영상, 음악, 자막, 녹음, 효과 등을 편집자의 입맛에 맞게 하나하나 블록처럼 쌓아가는 방식입니다. PIP, 크로마키, 세부 볼륨 조정 등과 같이 심화된 기능도 구현 가능합니다. - 아이폰과 안드로이드폰의 UI(아이콘 형태, 화면 구성 등) 동일함.

* 클립: 사진, 동영상, 자막 등의 개별 요소를 표현하는 단어

PART 2

10분 만에 느낌 있는 영상 만들기

예제 따라 하기 가이드

예제 미션 → **Quik 앱으로 쉽고 빠르게 여행후기 영상 만들기**

완성 영상 미리보기

예제 영상 주제 → 》포항 추억상회

예제에 활용한 폰 기종 및 사용 앱 → (실습 화면: 안드로이드폰 + Quik 앱)

예제에 대한 설명 → 멸치 앱에 이어 이번엔 Quik이라는 앱을 활용해볼 텐데요. 저는 즉흥적으로 영상을 자주 만드는 편입니다. 인테리어가 멋진 카페, 음식이 맛있는 식당, 분위기 좋은 장소에 갔을 때 스마트폰 카메라 앱을 열고 사진이나 영상을 열심히 찍습니다. 그러고 나서 촬영한 것들을 추려서 조합하고, 음악과 자막을 더해 하나의 영상으로 만듭니다. 만든 결과물은 지인들과 공유도 합니다. 때로는 해당 카페나 식당의 주인에게 보여주면 기분 좋은 일이 생길지도 몰라요!
여러분도 이런 취미 어떤가요? 물론 영상 편집 실력도 향상될 테고요!

예제 실습 진행 시 부연 설명이 필요한 부분 → **여기서 잠깐!**

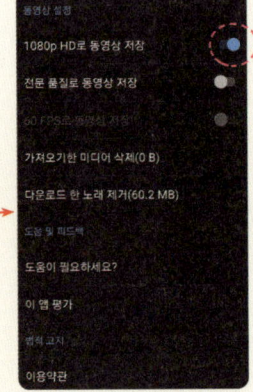

Quik 앱을 연 후 오른쪽 상단의 설정 버튼 ⚙을 누른 다음, '1080p HD로 동영상 저장'이라는 메뉴를 활성화할 것을 권장합니다. Quik에서 편집한 영상을 갤러리에 저장할 때의 해상도를 말하는 것인데, 기본값인 720p HD 해상도보다는 우리 스마트폰 카메라의 해상도와 같은 1080p Full HD 해상도로 저장하는 것이 더 좋습니다.

실습 화면이 세로일 경우

화면 보는 순서

1. Quik 앱을 연 후 오른쪽 상단의 설정 버튼 ⚙을 누른 다음, '1080p HD로 동영상 저장'이라는 메뉴를 활성화할 것을 권장합니다. Quik에서 편집한 영상을 갤러리에 저장할 때의 해상도를 말하는 것인데, 기본값인 720p HD 해상도보다는 우리 스마트폰 카메라의 해상도와 같은 1080p Full HD 해상도로 저장하는 것이 더 좋습니다.

텍스트와 이미지를 동시에 보면서 따라 합니다!

실습 화면이 가로일 경우

화면 보는 순서

텍스트와 이미지를 동시에 보면서 따라 합니다!

22. 이번에는 제가 "이제 TV까지 세로로?"라고 말한 부분의 영상을 세로로 된 TV 이미지 속에 넣어보려고 합니다. 이러한 편집 구상은 기획 단계에서 해두는 것이 좋습니다. 가위 버튼을 이용하여, 해당 부분(12초 91지점부터 15초 66지점까지)의 영상을 잘라서 분리해둡니다.

Lesson 1

예제 따라 쉽게 익히는 영상 제작 1

3장의 사진과 멸치 앱을 활용하여 효과적인 어필 영상 만들기

>> 자기소개
   (실습 화면: 안드로이드폰 + 멸치 앱)

사진 몇 장만으로도 영상을 쉽게 만들 수 있습니다.
멸치와 같은 앱을 활용하면 기본적인 영상 편집 능력이 없더라도 누구나 멋진 영상을 만들 수 있는데요.
단 3장의 사진으로 누구에게나 어필할 수 있는 자기소개 영상을 함께 만들어보겠습니다.
샘플을 참조하여, 여러분 자신을 영상으로 멋지게 소개해보시죠!

멸치 앱 활용을 시작하기 전에 ●을 눌러 '회원가입'-'로그인'할 것을 권합니다.
두 가지 이유 때문인데, 첫 번째는 로그인을 해서 사용하면 '제작 완료', '임시저장', '찜'해둔 영상을 모두 관리할 수 있기 때문입니다. 스마트폰을 교체하거나 다른 기기에서 작업할 때에도 동일한 계정으로 로그인을 하면 동일한 상태로 앱 사용이 가능합니다.
두 번째 이유는 멸치 앱에서 제공되는 일부 템플릿을 제작하는 영상에 '워터마크(해당 앱의 이름이나 로고가 화면에 나오는 것을 말합니다)'가 포함되는데, 이를 제거하기 위해서는 기본적으로 로그인이 되어 있어야 하기 때문입니다. 자세한 워터마크 제거 방법은 예제를 진행하면서 설명하겠습니다.

 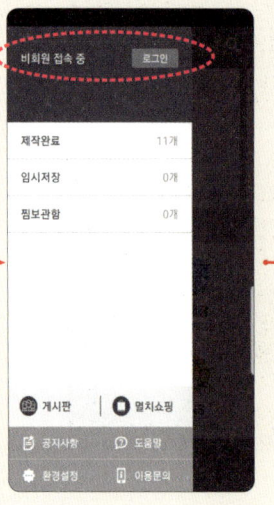 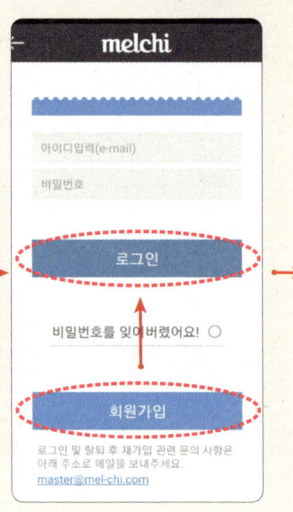 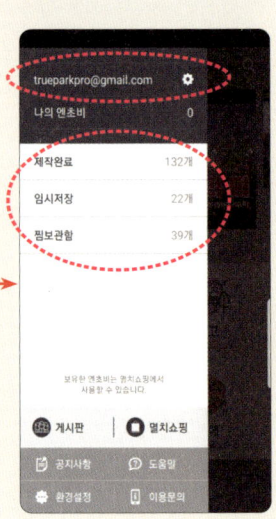

| 예제 따라 쉽게 익히는 영상 제작 1

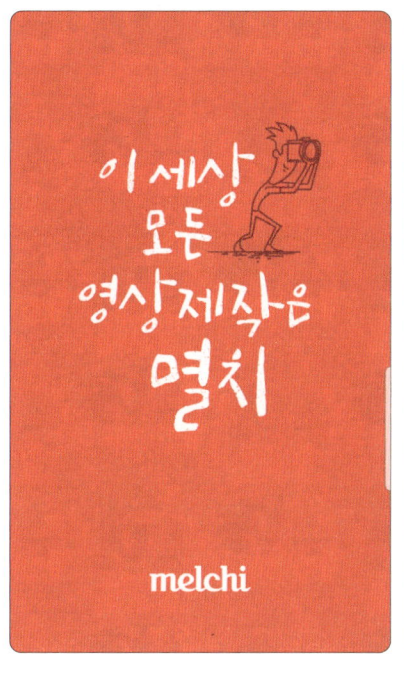

1 앱을 실행하고, 아래 4개의 카테고리 중 '광고'를 눌러 들어가봅니다.

* 템플릿이란?
이미 만들어져 있는 영상 틀을 말합니다.

2 '광고' 카테고리에 들어가면 다양한 템플릿들이 보입니다. 목록에서 왼쪽 미리보기 이미지에 영상의 길이가 표시되는데, 표시되지 않는 것은 영상이 아닌 이미지를 만드는 템플릿입니다. 본인이 만들고자 하는 영상에 맞는 길이와 스타일에 따라 템플릿을 고르면 되는데, 저는 '스타트업 공개채용 광고'를 선택하여 눌러보겠습니다.

영상 길이 13초

영상 아님.
이미지만 있는 템플릿

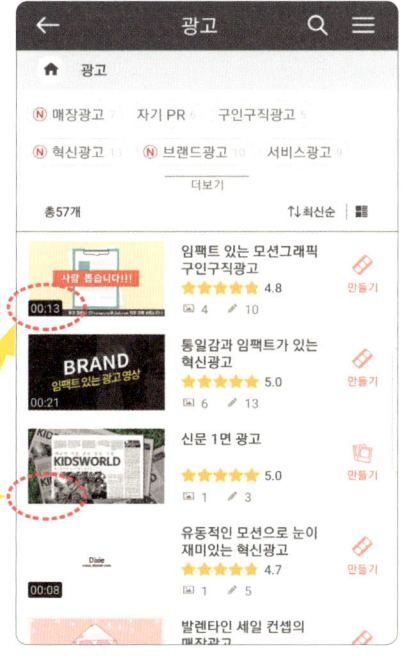

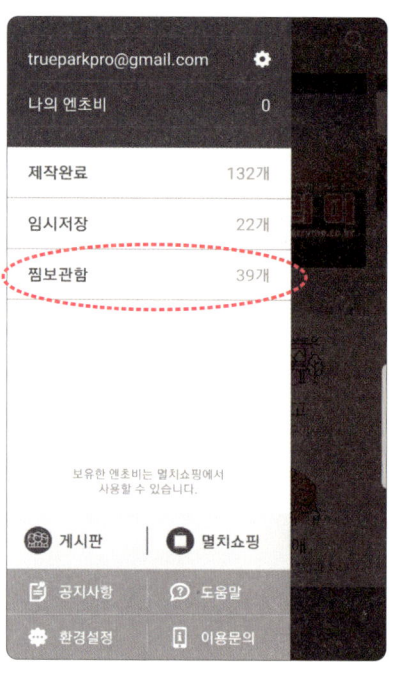

3 목록에 있는 템플릿을 누르고 들어가면, 간단한 소개가 나옵니다. 아래쪽 '영상 만들기' 버튼을 눌러 시작하기 전에 반드시 샘플 영상을 보면서 어떻게 구성이 되어 있는지 재생해봅니다. 템플릿이 마음에 들면, 왼쪽 하단의 하트 버튼을 눌러 '찜'을 해두면 좋습니다. 그 이유는 멸치에서 제공하는 템플릿들은 새롭게 추가되기도 하고 사라지기도 하는데, '찜 보관함'에 넣어둔 템플릿은 목록에서 사라져도 언제든지 사용이 가능하기 때문입니다.

4 '영상 만들기'를 누르고 들어가 'Scene(장면)' 별로 바꿀 수 있는 텍스트와 이미지를 확인하여, 빈칸을 채워넣으면 됩니다. Scene의 개수는 템플릿마다 모두 다르며, 모든 Scene을 빈칸 없이 채워주어야 합니다. 연필 모양으로 표시되어 있는 부분은 텍스트인데, 샘플 속 글자 수와 비슷하게 넣어주어야 샘플 영상처럼 표현됩니다.

영상 만들기 → Scene01 → Scene02 → ……

| 예제 따라 쉽게 익히는 영상 제작 1

  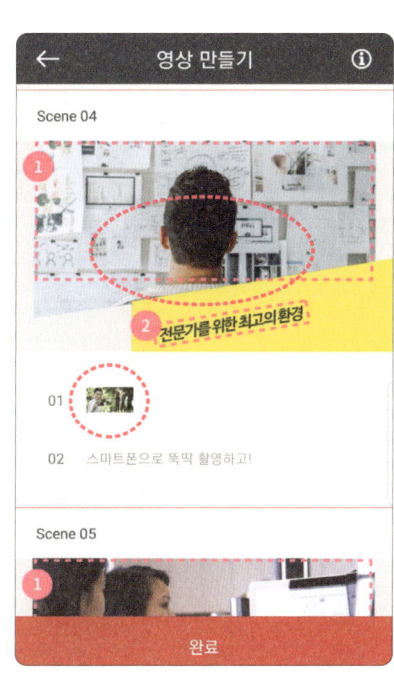

5 이미지를 넣는 Scene에서는 내 스마트폰 갤러리에 있는 이미지를 넣을 수 있는데, 템플릿에서 요구하는 이미지 비율에 맞춰야 합니다. 예를 들어, 가로 비율의 이미지가 필요한 위치에 세로로 된 사진을 넣고자 한다면 가로 비율로 이미지를 잘라서 넣어야 하는 것이죠.

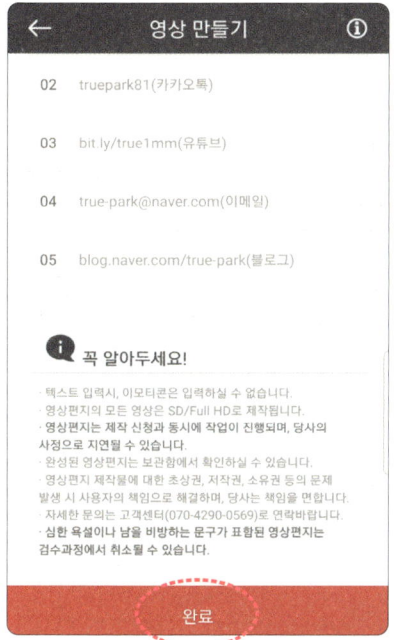  

6 모든 Scene의 빈칸을 채워넣은 후 '완료' 버튼을 눌러 '한번 만들어볼까요?'라는 메시지가 뜨면 '확인' 버튼을 눌러줍니다. 아직 빈칸이 남아 있을 경우 '입력하지 않은 문구가 있다'라는 메시지가 뜨는데, 완성도 있는 영상을 만들기 위해서는 빈칸을 모두 채워주는 것이 좋습니다. 빈칸은 아직 있는데 넣을 내용이나 이미지가 없는 상황을 만들지 않으려면, '영상 만들기' 전에 템플릿 영상의 구성을 반드시 확인하는 것이 좋습니다.

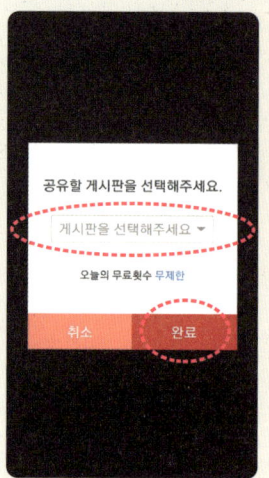
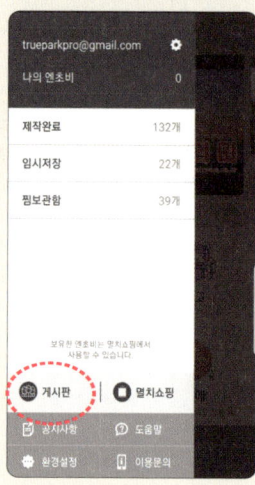

일부 템플릿은 완성된 영상에 'Produced by melchi'라는 문구가 표시되는데, 이것을 '워터마크'라고 부릅니다. 멸치 앱에 로그인을 한 상태에서 워터마크가 들어 있는 템플릿을 선택했다면, '완료' 단계에서 워터마크 제거에 대한 메시지가 뜹니다. 이 메시지가 나오지 않는다면 워터마크가 없는 템플릿을 고른 것입니다. 멸치 앱 내의 게시판에 영상을 공유하면 워터마크는 제거됩니다. '공유하기' 버튼을 누르고 아무 게시판이나 선택해도 됩니다. 영상 제작이 완료되면, 게시판에 가서 업로드된 영상을 삭제해도 괜찮습니다.

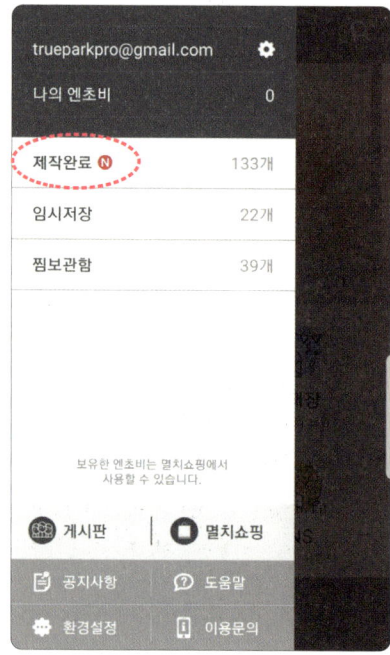

7 영상이 제작되려면 몇 분 정도 걸립니다. 영상 제작이 끝나면 '제작완료' 버튼 옆에 새롭게 완료된 영상이 있다고 알려줍니다. 변경한 내용으로 영상이 제대로 만들어졌는지 재생해본 후 문제가 없다면 '고화질' 버튼을 눌러 스마트폰 갤러리에 영상을 저장합니다. 저장하기 전에 마음에 들지 않는 부분은 수정할 수 있습니다. 참 쉽고 멋지죠?

Lesson 2

예제 따라 쉽게 익히는 영상 제작 2

추억이 담긴 사진과 멸치 앱을 활용하여 심플한 스토리 영상 만들기

>> 어버이날 감사
  (실습 화면: 안드로이드폰 + 멸치 앱)

멸치 앱을 활용하여 한 번 더 실습을 해보려고 합니다.
제가 어버이날에 부모님께 선물한 짧은 감사 영상의 제작 과정을 샘플로 보여드리겠습니다.
여러분도 이번 예제를 보면서 사랑하는 누군가에게 감사하는 마음을 담아 영상을 만들어 전달하면 어떨까요?
멸치 앱의 4개 카테고리 안에 있는 다양한 영상 템플릿은
여러분이 얼마든지 새로운 스토리로 만들 수 있으니 부담 없이 다양하게 시도해보세요.

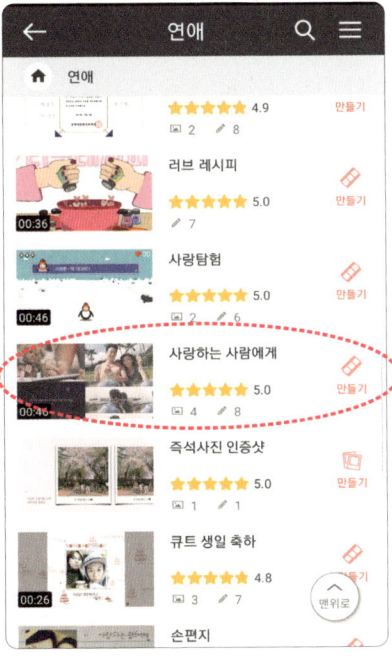

1 저는 '부모님께 드리는 감사 영상'이라는 소재와 타깃(영상을 볼 대상)을 정하고 템플릿을 찾아보았습니다. 사랑을 전하는 영상이므로 '연애'라는 키워드가 적당하지 않을까 생각했는데요.
'연애' 카테고리 안에 있는 템플릿 샘플들을 보다가 '사랑하는 사람에게'라는 템플릿을 변형해보기로 결정했습니다. 여러분도 함께 따라 해보시겠어요? 감사할 대상은 미리 정하시고요.

Lesson 2

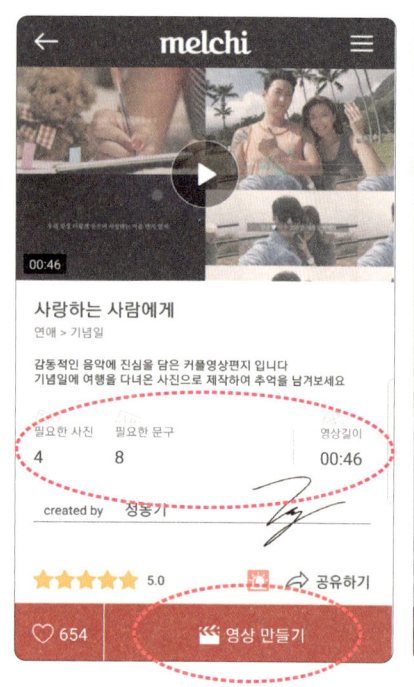
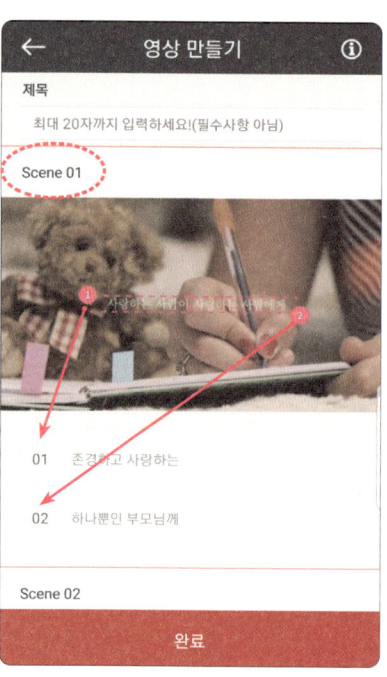

2 템플릿에서 제공하는 샘플 영상은 반드시 재생해보고, 내가 바꿀 수 있는 것과 바꿀 수 없는 것이 무엇인지 꼼꼼히 확인해야 합니다.

사진과 문구, 영상 길이는 템플릿에 맞춰서 정해져 있으므로 내가 넣을 것들이 적절한지 생각해봐야 하고요. 모두 확인했다면, 이제 본격적으로 '영상 만들기(영상 내용 변형 작업)'를 시작해볼까요?

Scene 개수를 확인하고 첫 번째 Scene부터 바꿀 수 있는 문구와 사진을 바꿔 나갑니다.

3 계속해서 Scene 별로 사진과 문구를 본인이 구상한 스토리에 알맞게 변형해나갑니다.

샘플 이미지를 참고하여 사진도 비슷한 구도, 문구도 비슷한 길이로 넣어주어야 완성된 영상이 보기 좋습니다. 그렇지 않으면 장면이 잘리거나 글자가 작아져 인식이 잘 안 되는 문제가 발생할 수 있습니다.

예제 따라 쉽게 익히는 영상 제작 2

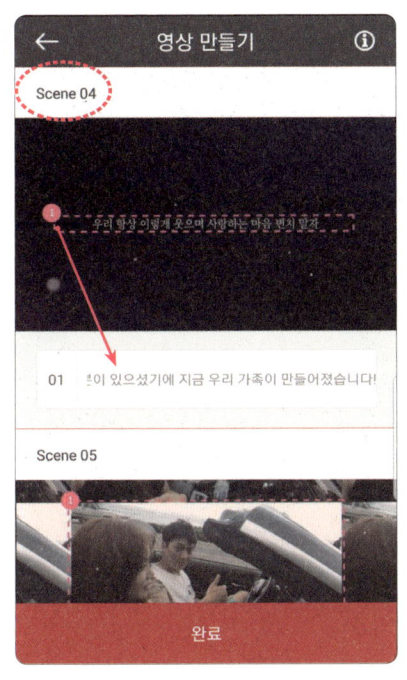
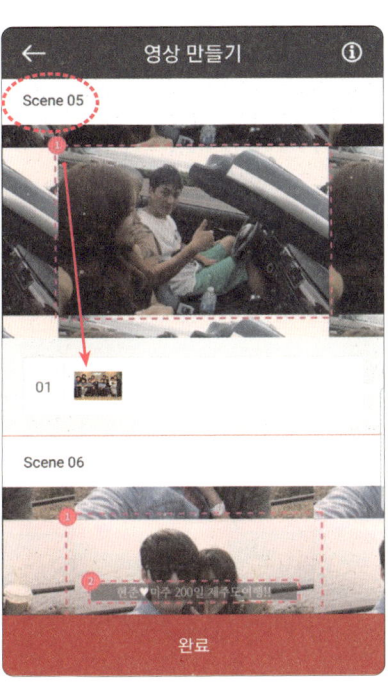

4 템플릿을 미리 분석해보지 않은 사람은 이쯤에서 더 이상 할 말도 넣을 사진도 없을 수 있습니다.
그래서 '영상 만들기' 메뉴에 들어왔을 때 무작정 빈칸을 채워넣을 것이 아니라 일단 Scene이 몇 개로 구성되어 있는지, 어떤 구성으로 본인의 스토리를 이 틀에 녹여낼지를 차분히 생각해봐야 합니다. 쉬운 줄 알았는데 만만치 않죠?
숙달된 요리사가 아니라면, 검증된 레시피(요리법) 없이는 좋은 요리가 나오기 어려운 것과 마찬가지입니다. 아무리 좋은 재료들을 가지고 있어도 말이죠.

5 후회 없이 본인의 스토리를 녹여 내어 각 Scene의 빈칸을 모두 채웠다면(다시 한 번 화면을 올려 꼼꼼히 살펴보고 나서!) '완료' 버튼을 눌러볼까요?

 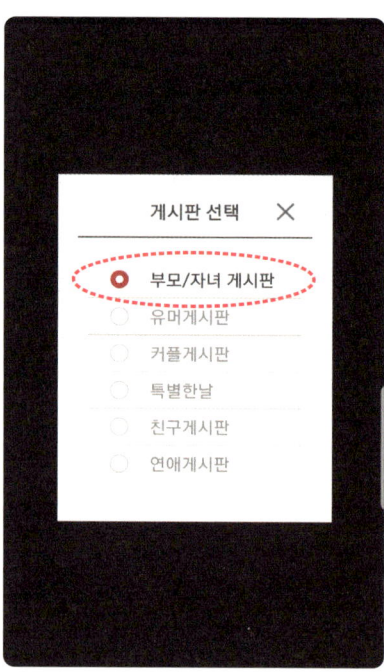 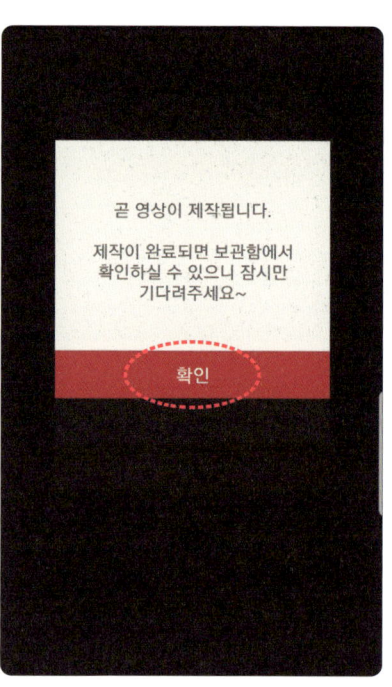

6 예제 1에서 설명했던 대로, 영상에 표시되는 워터마크는 멸치 앱 내의 게시판(8에서 설명)에 영상을 공유하는 조건으로 제거할 수 있으니, 일단 아무 게시판에나 공유하는 것이 좋습니다. 공유를 원치 않는다면 게시판에서 영상 삭제가 가능합니다. 곧 영상이 제작된다는 메시지가 보이면, 그 시간 동안 멸치 앱 안에 있는 다양한 카테고리와 템플릿들을 둘러보면서 마음에 드는 템플릿은 '찜' 해두면 좋습니다.

 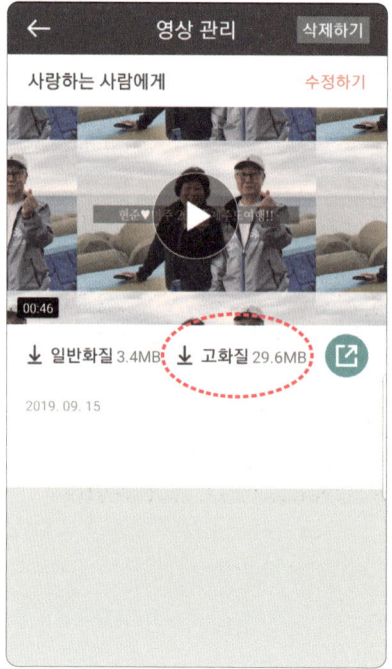

7 얼마 동안의 시간이 걸려(접속자가 많을 경우 제작 시간이 조금 더 걸리기도 합니다) 제작 완료된 영상이 '제작 완료' 목록에 보이고, '워터마크 제거'라는 문구도 보일 것입니다.
워터마크가 있는 템플릿도 게시판에 영상을 공유하면 완성된 영상에는 워터마크가 보이지 않습니다. 그럼 어느 게시판에 어떻게 공유가 되는지 살펴볼까요?

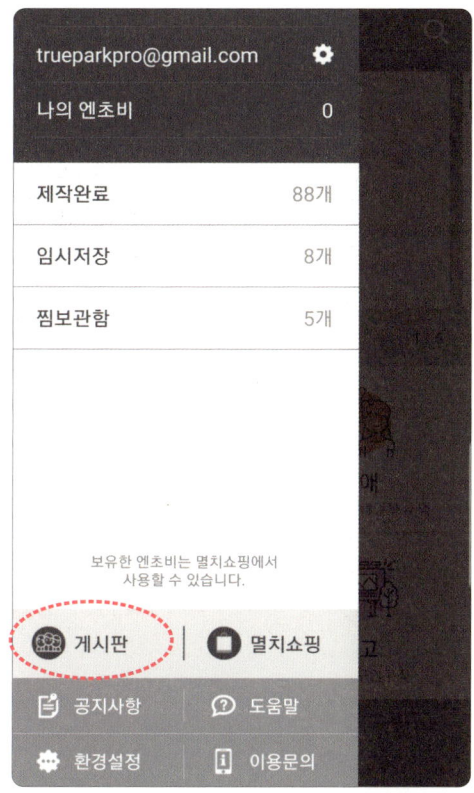

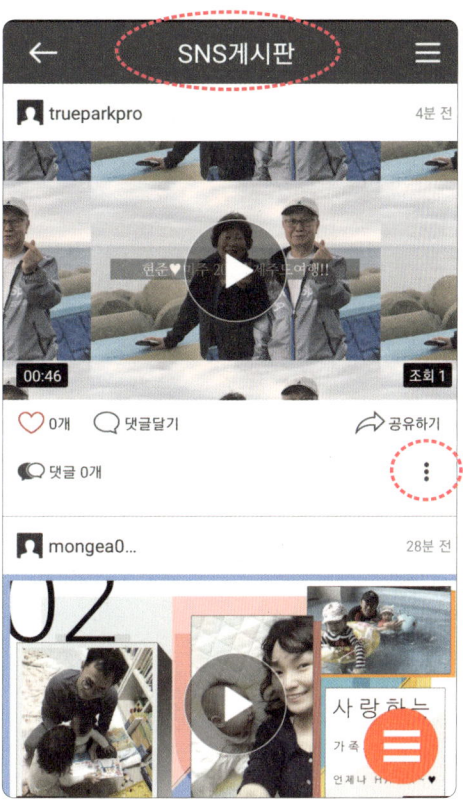

8 메뉴 버튼 ☰을 누르면 하단에 '게시판'이라는 버튼이 보입니다. 영상 제작이 완료된 후, 이 'SNS 게시판'에 들어가보면 본인의 아이디로 업로드된 영상을 확인할 수 있습니다. 멸치 앱 내에서 운영하는 게시판일 뿐이지만, 공개를 원치 않는다면 ⋮ 버튼을 눌러 '삭제하기'를 하면 게시판에서는 영상이 삭제됩니다. 완성된 영상에는 영향을 주지 않습니다.

Lesson 3

예제 따라 쉽게 익히는 영상 제작 3

Quik으로 쉽고 빠르게 여행후기 영상 만들기

>> 포항 추억상회
  (실습 화면: 안드로이드폰 + Quik 앱)

멸치 앱에 이어 이번엔 Quik이라는 앱을 활용해볼 텐데요. 저는 즉흥으로 영상을 자주 만드는 편입니다. 인테리어가 멋진 카페, 음식이 맛있는 식당, 분위기 좋은 장소에 갔을 때 스마트폰 카메라 앱을 열고 사진이나 영상을 열심히 찍습니다. 그리고 나서 촬영한 것들을 추려서 조합하고, 음악과 자막을 더해 하나의 영상으로 만듭니다. 만든 결과물은 지인들과 공유도 합니다. 때로는 해당 카페나 식당의 주인에게 보여주면 기분 좋은 일이 생기기도 합니다.
여러분도 이런 취미 어떤가요? 물론 영상 편집 실력도 향상될 테고요!

재료(여행지의 어떤 명소에서 촬영한 사진이나 영상들)가 준비되었다면 이제 Quik 앱을 열어볼까요?
저는 포항 구룡포에 갔다가 우연히 발견한 명소에서 촬영한 사진 10장으로 영상을 만들었습니다.

여기서 잠깐! **Quik 앱이 아이폰과 안드로이드폰에서 다른 점**

기능	아이폰	안드로이드폰
새 프로젝트 시작하기		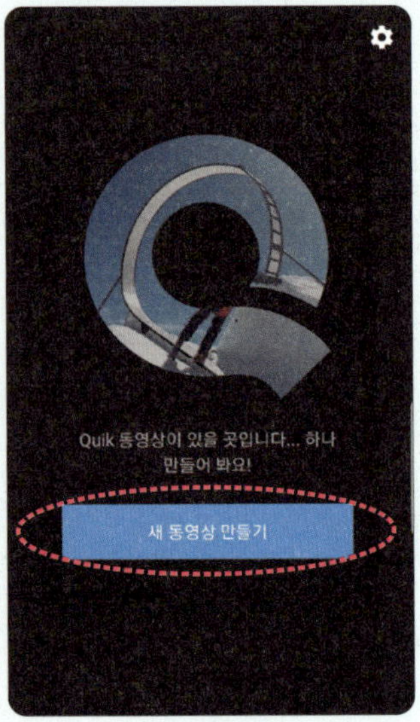

예제 따라 쉽게 익히는 영상 제작 3

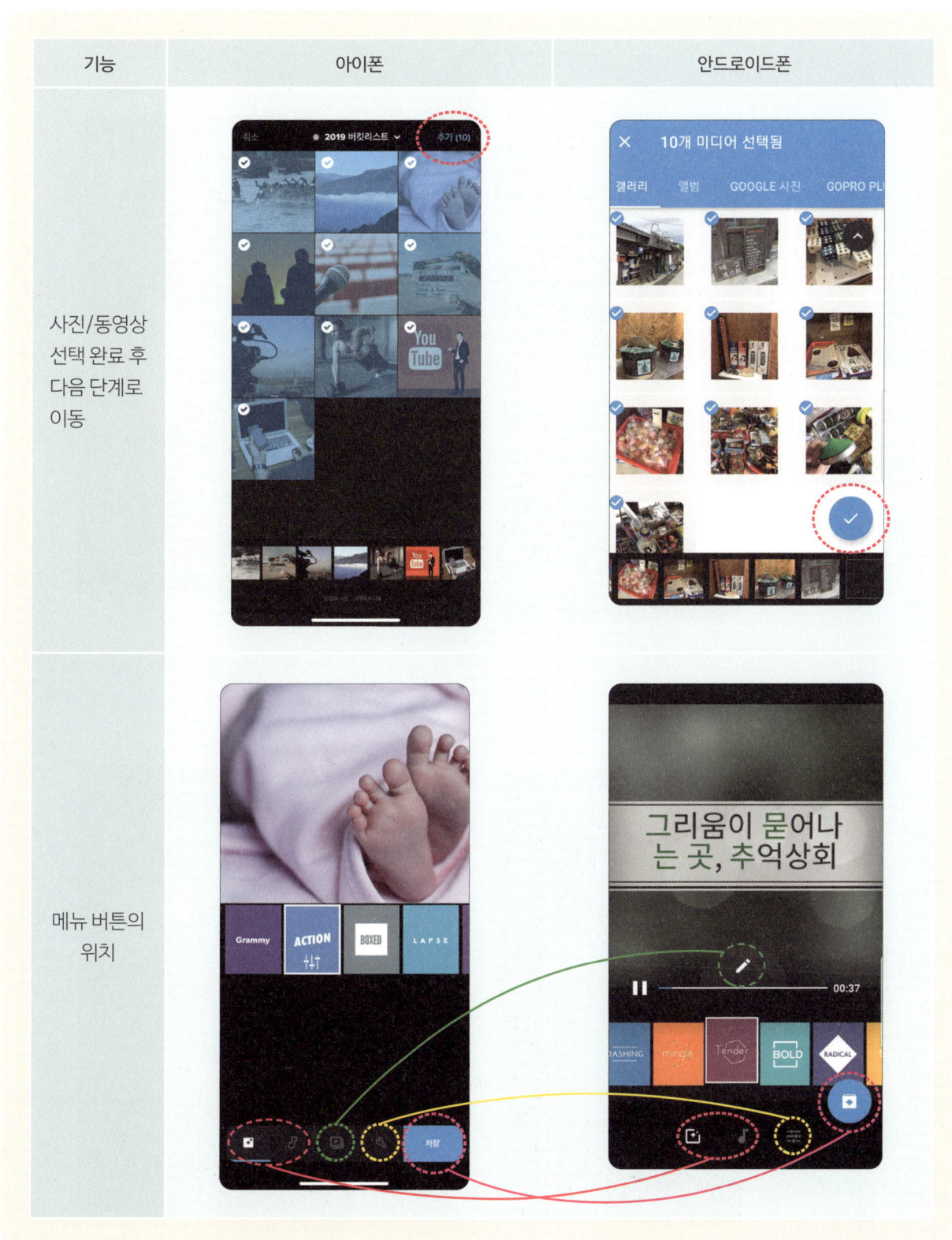

Lesson 3

기능	아이폰	안드로이드폰
설정 메뉴의 순서		
편집 메뉴 진입 및 클립 별 편집 방법	하단 세 번째 버튼을 누르면 편집 메뉴로 들어가고, 각각의 클립을 누른 후 연필 모양 버튼을 눌러야 클립 별 편집 메뉴가 보입니다.	위 화면 중앙에 보이는 연필 모양을 누르면 편집 메뉴로 들어가고, 각각의 클립을 누르면 아래와 같이 클립 별 편집 메뉴가 보입니다.

[예제 따라 쉽게 익히는 영상 제작 3]

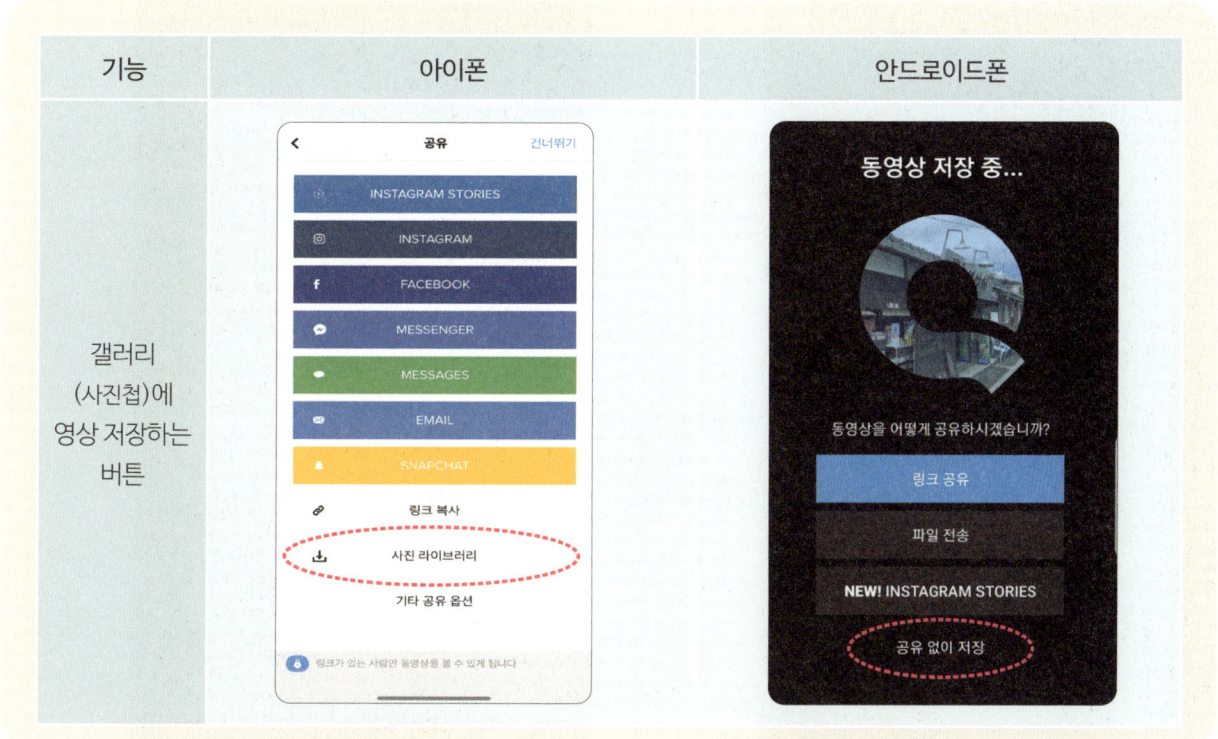

기능	아이폰	안드로이드폰
갤러리 (사진첩)에 영상 저장하는 버튼		

Lesson 3

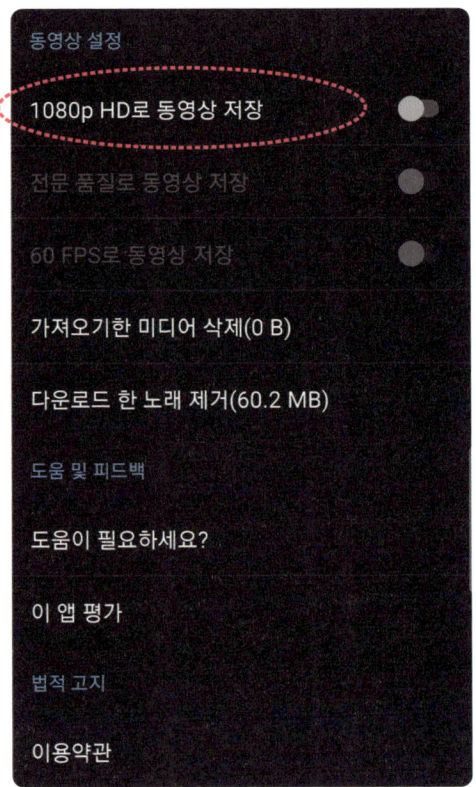

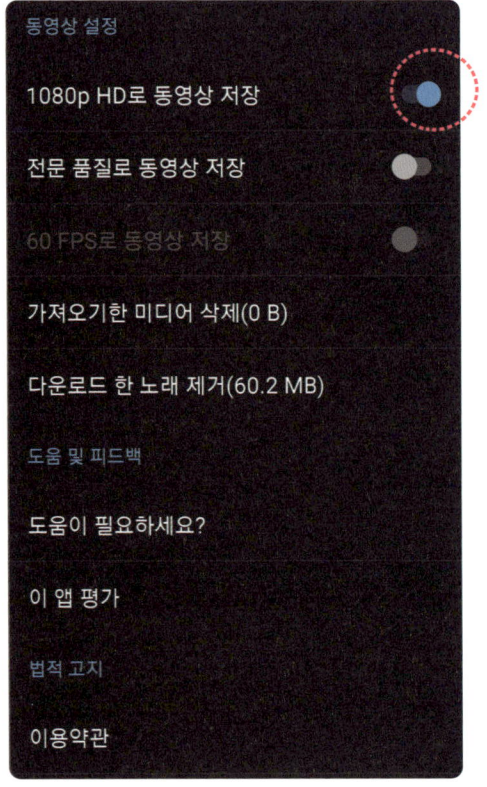

1 Quik 앱을 연 후 오른쪽 상단의 설정 버튼 ⚙을 누른 다음, '1080p HD로 동영상 저장'이라는 메뉴를 활성화할 것을 권장합니다. Quik에서 편집한 영상을 갤러리에 저장할 때의 해상도를 말하는 것인데, 기본값인 720p HD 해상도보다는 우리 스마트폰 카메라의 해상도와 같은 1080p Full HD 해상도로 저장하는 것이 더 좋습니다.

① 설정 버튼 ⚙

② 1080p HD 동영상 저장 체크

| 예제 따라 쉽게 익히는 영상 제작 3

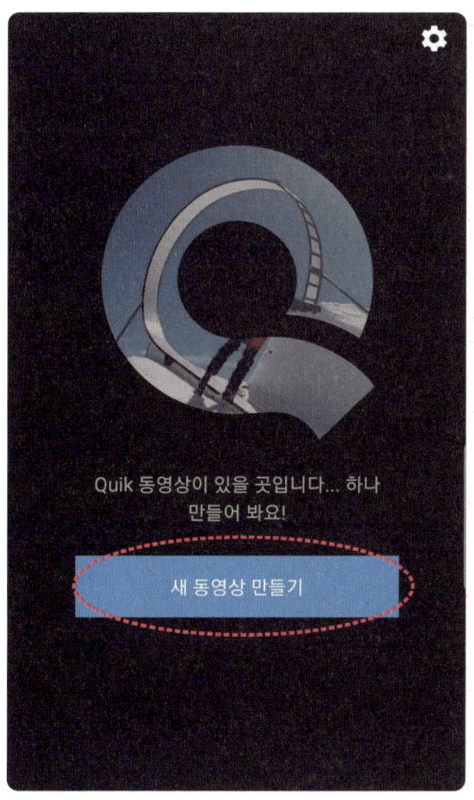

2 Quik을 처음 사용할 때는 '새 동영상 만들기' 버튼이 있습니다(두 번째 만들 때부터는 '+' 버튼 누르기). 이 버튼을 누르면 본인의 갤러리에 있는 사진과 영상들이 보이는데, 그중에서 본인이 영상 편집에 넣을 사진들만 선택합니다. 사진을 하나하나 선택할 때마다 하단에 추가되는데, 여기에서 나열된 순서가 영상에서 재생되는 순서이기 때문에 순서를 맞추고 싶다면 하단에서 하나의 사진을 길게 눌러 잡은 채로 끌고 이동하면 위치를 바꿀 수 있습니다.

영상 편집에 필요한 사진들을 모두 선택했다면 오른쪽 하단에 있는 파란색 체크 버튼 ✓을 눌러 다음 단계로 이동합니다. 나중에 더 필요한 사진이나 영상을 추가할 수도 있습니다.

① 새 동영상 만들기(또는 '+' 버튼)

② 내 사진첩(갤러리)에서 사진이나 영상 선택

Lesson 3

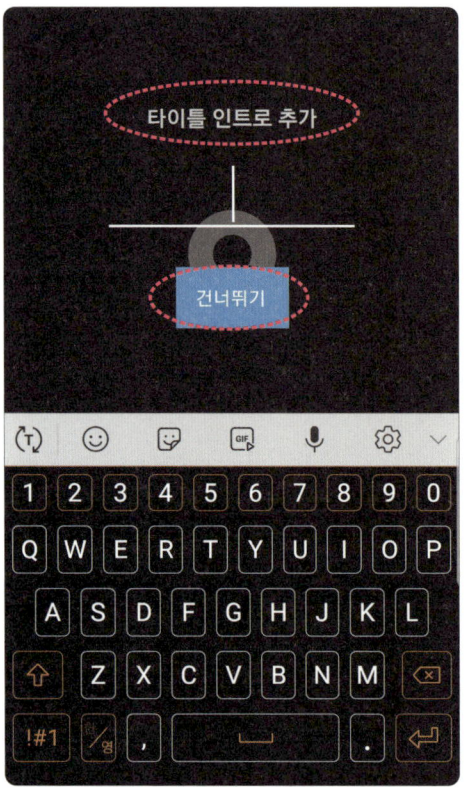

3 안드로이드폰에는 '타이틀 인트로 추가'라는 화면이 뜹니다(아이폰은 이 과정이 생략됨). 만들 영상에서 제일 처음 나올 자막에 들어갈 내용을 적고, '계속' 버튼을 누릅니다. 자막 없이 장면으로 영상을 시작하고 싶다면 '건너뛰기'를 눌러도 됩니다. 다음 단계로 가면 앱이 알아서 만든 영상이 재생됩니다.

① 타이틀 인트로 추가(영상 제목 넣기)

② 계속

③ 영상 재생됨(앱이 자동으로)

| 예제 따라 쉽게 익히는 영상 제작 3

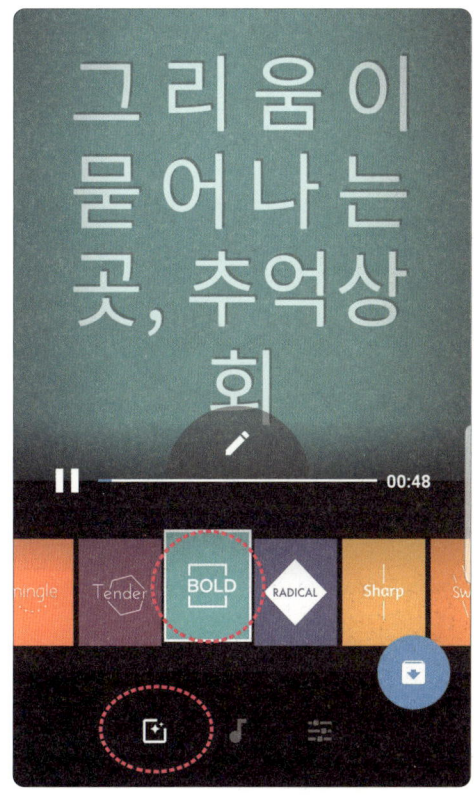

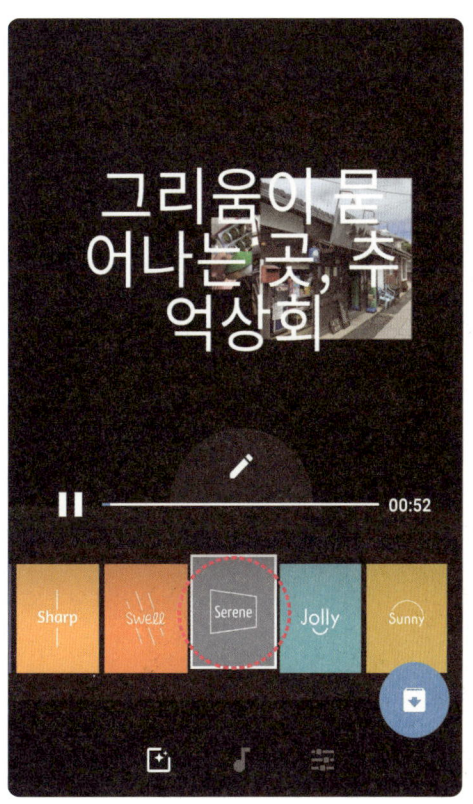

4 하단 메뉴들 중 첫 번째 메뉴 가 선택되어 있는데, 영상에 어떠한 스타일(테마)을 입힐 수 있는 메뉴입니다. 스마트폰 성능에 따라 20~26개 정도의 스타일(테마)이 제공됩니다. 하나씩 눌러보면 그때마다 영상의 느낌이 바뀌는 것을 볼 수 있습니다. 영상을 만들 때마다 그 영상의 분위기와 어울리는 스타일(테마)을 골라주세요. 저는 'Tender'라는 스타일(테마)을 선택했습니다.

Lesson 3

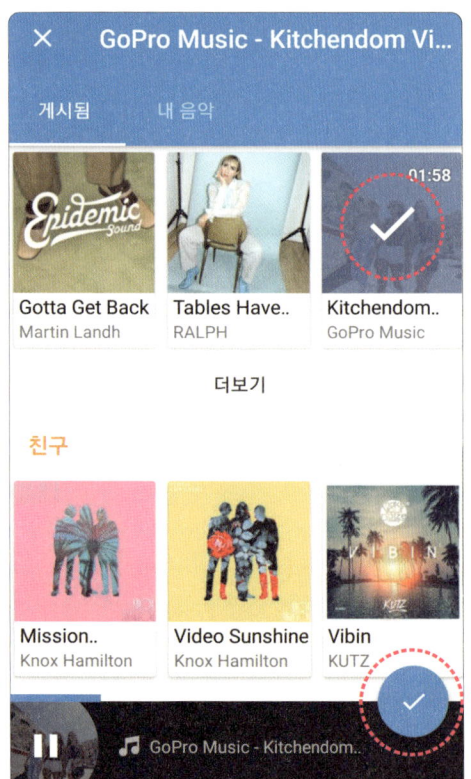

5 재생되고 있는 영상에 이미 Quik이 정해준 음악이 들어가 있지만 본인이 원하는 음악으로 바꿀 수 있습니다. 하단 두 번째 메뉴 🎵를 선택하고 좌우측 화살표를 눌러 음악을 바꿔볼 수 있는데, 좌측 화살표를 누르다 보면 '음악 라이브러리'라는 버튼이 보입니다. 누르고 들어가서 Quik이 제공해주는 100개가 넘는 음악들 중에서 선택할 수 있습니다. 또는 상단 '내 음악' 탭을 눌러 본인의 스마트폰 안에 있는 음악을 적용할 수도 있습니다. 이렇게 음악을 선택하면 그 음악의 리듬을 앱이 분석하고, 그리듬에 맞게 장면의 타이밍을 맞춰줍니다. 그러니 미리 본인이 만들고자 하는 영상의 분위기, 속도 등에 맞는 음악을 잘 선택해야 합니다.

① 🎵 선택

② ◀를 누르다보면 '음악 라이브러리' 버튼이 나타남

| 예제 따라 쉽게 익히는 영상 제작 3

6 아래쪽 세 번째 버튼에서 '기간'을 누르면 전체 영상의 길이를 조정할 수 있습니다.
앞에서, 고른 음악의 리듬에 맞춰 장면의 타이밍이 정해진다고 했기 때문에 장면의 길이를 임의로 조정하기가 어렵습니다. 하지만 이 '기간' 메뉴에서 전체 영상의 길이를 바꾸면 그에 맞춰 각 장면의 길이도 조정됩니다. 물론 음악의 리듬을 고려해서요!

① 기간(안드로이드폰 , 아이폰) 선택

② 전체 영상 시간 조절

Lesson 3

7 아래쪽 ▦ 버튼을 누른 후, 전체 영상의 화면 비율을 세 가지 — 정사각형, 세로, 시네마(가로) — 중 하나를 선택합니다. 시네마(가로) 비율이 여러 용도로 영상을 활용하기에 좋지만, 스마트폰에 최적화된 '세로' 비율이나 인스타그램에 딱 맞는 '정사각형' 비율로 선택해도 됩니다. 다만 영상 안에 들어 있는 사진이나 동영상의 화면 비율에 따라 통일성 있게 화면 비율을 정해주는 것이 좋습니다. 예를 들면, 세로 영상으로 만들 생각이라면 영상을 구성할 사진이나 동영상도 처음부터 모두 세로로 찍는 것이 보기에 좋습니다.

① 안드로이폰 ▦ → 화면 비율 선택

② 아이폰 🔧 → ▭ 포맷 → 화면 비율 선택

8 아래쪽 ▦ 버튼을 누른 후, 위쪽에 나오는 '음악 시작' 버튼은 선택한 음악의 시작 타이밍을 정할 수 있는 메뉴입니다. 예를 들면, 본인이 고른 A라는 음악의 하이라이트 부분만 영상에 넣고 싶다면 음악 시작 시간을 뒤로 당겨 맞춰서 사용할 음악의 구간을 설정할 수 있습니다.

① 안드로이폰 ▦ → ◉ 음악 시작

② 아이폰 🔧 → ◉ 음악 시작

Lesson 3

9 아래쪽 ▥ 버튼을 누른 후 위쪽에 나오는 '필터' 버튼은 영상 전체의 색감을 바꿀 수 있는 메뉴입니다. 본인이 표현하고 싶은 느낌에 맞게 여러 가지 필터를 눌러보며 한번 적용해보세요!

① 안드로이폰 ▥ → 🖼 → 다양한 필터 눌러보고 적용

② 아이폰 🔧 → 🖼 → 다양한 필터 눌러보고 적용

예제 따라 쉽게 익히는 영상 제작 3

10 화면 중앙의 ✏️ 버튼을 누르면 세부 장면 편집을 위한 '편집' 메뉴로 들어갑니다(아이폰에서는 하단 세 번째 🔲 버튼). 추가했던 '타이틀 인트로'부터 갤러리에서 선택한 사진들이 순서대로 나열되어 있는데, 각 장면들을 누르면 '텍스트 추가/편집', '제거'를 포함한 세부 메뉴들이 보입니다.
먼저, 첫 번째에 있는 '타이틀' 장면을 누르고, '텍스트 편집'을 선택합니다.

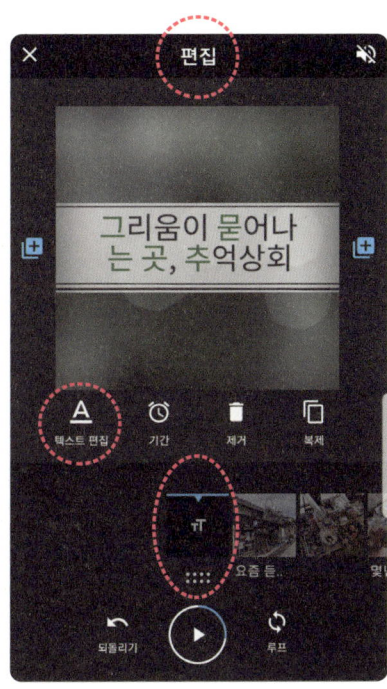

11 텍스트를 한 줄로 입력하면 화면상에서 텍스트 줄바꿈이 제멋대로 되기 때문에, 텍스트를 입력할 때 적당한 위치에서 Enter를 눌러 줄바꿈을 해줘야 보기에 좋습니다.

✏️ 버튼을 눌렀을 때 안드로이드폰과 아이폰의 메뉴가 다르게 나옵니다.
본인의 스마트폰과 다르다고 당황하지 말고, 메뉴별로 눌러보면서 기능을 알아보면 어떨까요?

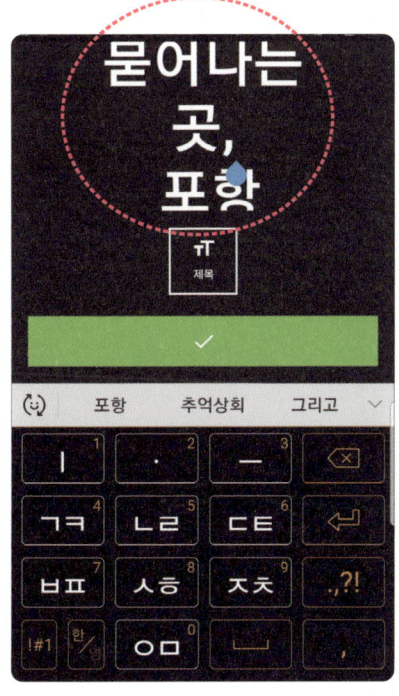
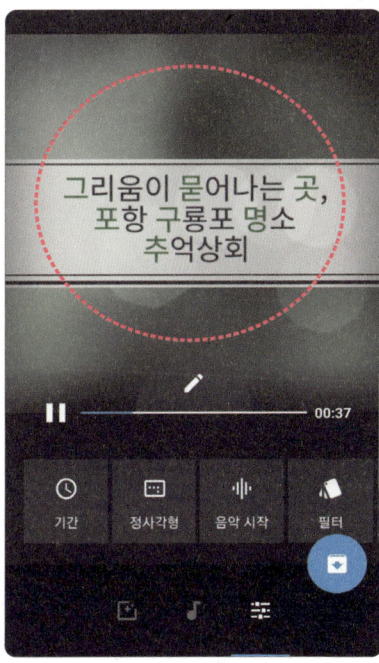

Lesson 3

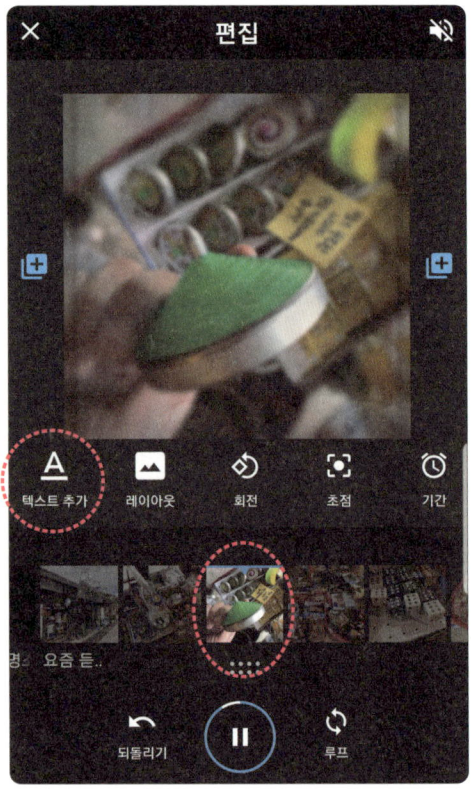

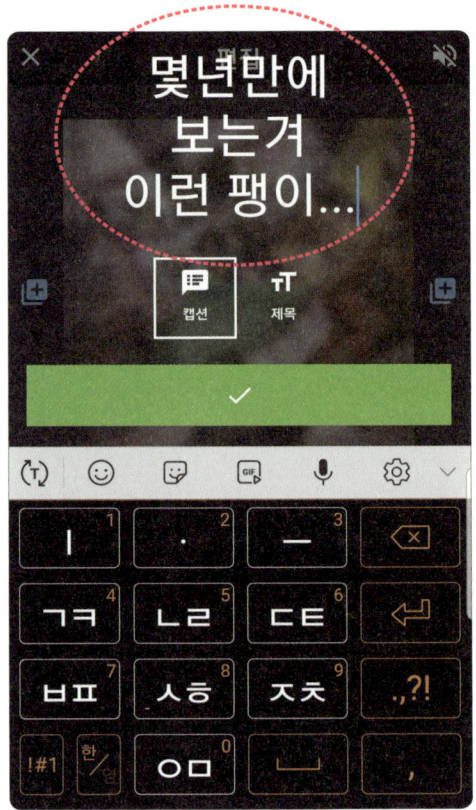

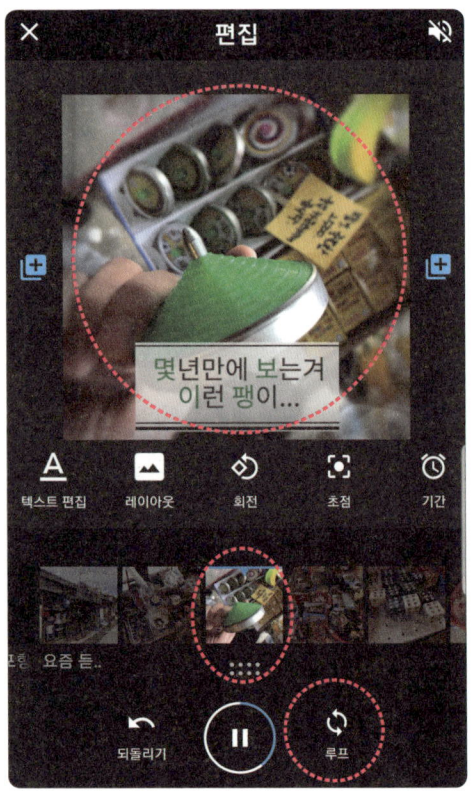

12 자막이 필요한 사진을 하나씩 눌러 '텍스트 추가'를 해줍니다. 영상의 스토리를 만들기 위해 사진이나 영상에 어울리는 글을 적어 넣으면 보는 재미가 더해집니다. 입력한 텍스트가 화면 상에서 잘 보이는지 확인합니다.

Quik에서는 자막의 스타일(크기, 위치, 색상 등)을 임의로 정할 수는 없고, 3번 과정에서 설명한 스타일(테마)에 따라 자막의 스타일도 모두 다르게 되니 참고하세요.

하단 오른쪽 '루프'라는 버튼(아이폰에는 '루프' 버튼 없음)이 기본값으로 선택되어 있어서 현재 선택되어 있는 장면만 반복해서 재생해줍니다. 이 '루프' 버튼을 눌러 해제해주면 본인이 넣은 장면들이 순서대로 화면에서 재생됩니다.

13 장면의 순서를 변경하고자 할 때에는 이동하고 싶은 장면을 꾹 누른 상태에서 원하는 위치로 끌고 가면(드래그하듯이) 됩니다. 새로운 장면(사진)을 영상에 삽입하고 싶을 때에는, 필요한 위치의 장면 앞이나 뒤에 있는 🔳 버튼을 눌러 갤러리에서 추가할 수 있습니다.

재생되는 영상을 보며 더 이상 수정할 것이 없고 영상 편집이 마무리되었다 싶을 때에는 오른쪽 하단의 🔳 버튼을 눌러 '공유 없이 저장'을 선택합니다. '링크 공유', '파일 전송'과 같은 다른 메뉴들은 완성된 영상을 다른 곳(SNS나 타인에게)으로 '공유 없이 저장'을 선택해서 본인의 스마트폰 갤러리에 원본 영상을 먼저 저장하는 것이 좋습니다.

14 '공유 없이 저장'을 누르면 영상의 길이에 따라 갤러리에 저장하는 소요시간이 짧을 수도 있고 길 수도 있습니다. 100%가 다 되면, Quik의 초기화면으로 돌아오고 방금 작업한 프로젝트가 저장된 것을 확인할 수 있습니다(두 번째 화면).

완성된 영상에서 수정할 사항이 또 있으면 이 프로젝트를 선택하고 하단의 '복제 및 편집' 버튼을 누르면 다시 편집 진행을 할 수 있으니 수정 후 다시 저장하면 됩니다. 완성된 영상 파일은 스마트폰 갤러리를 열어 앨범으로 정렬하여 보았을 때, 'Quik'이라는 앨범이 자동으로 만들어지고 그 안에 영상이 저장되어 있는 것을 볼 수 있습니다.

PART 3

나만의 스토리로 특별한 영상 만들기

Lesson 4

예제 따라 쉽게 익히는 영상 제작 4

키네마스터를 활용하여
여행 사진으로 음악 영상 만들기

》 쿠바 여행
　(실습 화면: 안드로이드폰 + 키네마스터 앱)

멸치와 Quik에 이어 Kinemaster(이하 키네마스터)라는 종합 영상 편집 앱을 활용해보겠습니다.
키네마스터는 영상 편집 앱 중 제가 적극 추천하는 가장 완성도 높은 앱입니다.
웬만한 영상 편집은 키네마스터로 모두 가능하다고 해도 과언이 아닙니다.
기능이 매우 많지만 손가락으로만 동작해야 하는 스마트폰 앱답게 직관적으로 설계되어 있어 초보자도 쉽게 익힐 수 있습니다.
앞으로의 실습에서는 키네마스터를 많이 사용할 예정입니다. 단계별로 하나씩 차근차근 설명하겠습니다.
먼저 동영상 없이 사진만 활용하여 여행 영상을 만드는 실습부터 해볼까요?

   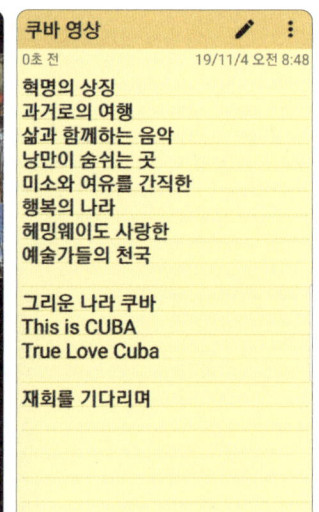

1 여행 영상은 사진을 고르는 작업부터 먼저 해야 합니다. 일단 흔들리거나 잘못 찍힌 사진들은 빼고, 비슷한 느낌의 사진들 중에 제일 괜찮은 사진만 선택하는 것이죠.
간략하게 영상의 스토리를 미리 구상해보면 그에 맞는 사진을 선택하기가 수월합니다.
저는 15일간 쿠바에 가서 찍었던 사진 총 1500여 장 중 188장을 1차 선택하였고, 스마트폰 메모장 앱에 적어본 여행 스토리를 바탕으로 최종 14장의 사진을 선택하여 갤러리(사진첩)에 폴더를 따로 만들어 모아놓았습니다.
키네마스터를 열기 전, 여기까지 작업을 미리 해두는 것이 좋습니다.

업데이트 후, 통일된 아이폰, 안드로이드폰 화면

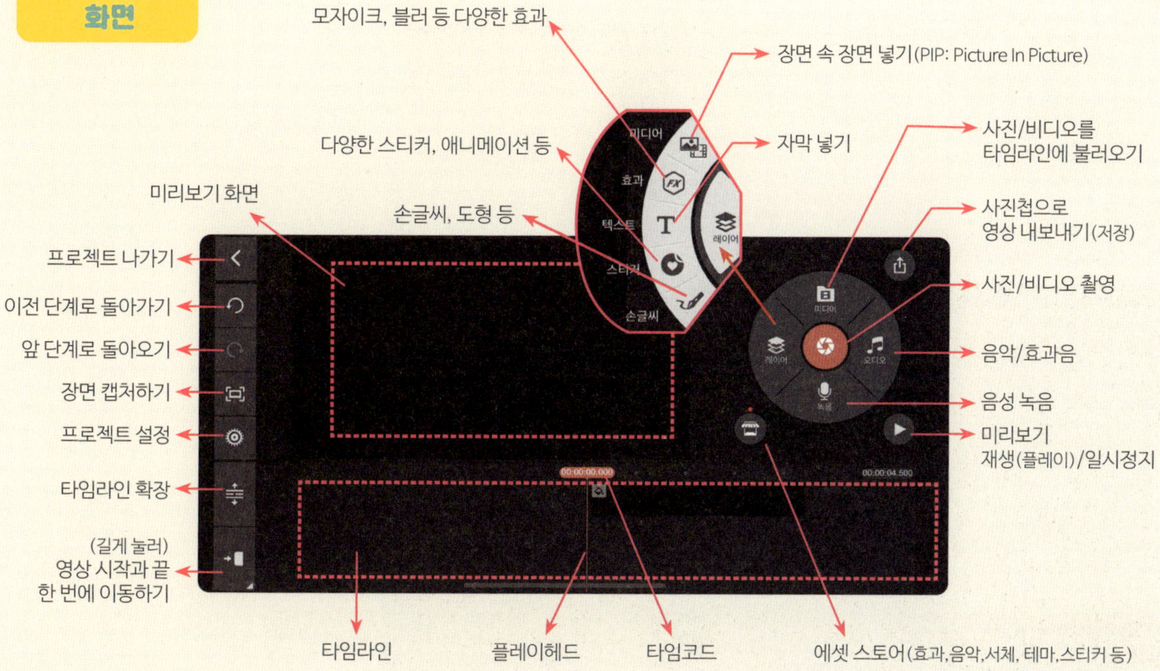

모자이크, 블러 등 다양한 효과
장면 속 장면 넣기(PIP: Picture In Picture)
다양한 스티커, 애니메이션 등
자막 넣기
사진/비디오를 타임라인에 불러오기
미리보기 화면
손글씨, 도형 등
사진첩으로 영상 내보내기(저장)
프로젝트 나가기
사진/비디오 촬영
이전 단계로 돌아가기
앞 단계로 돌아오기
음악/효과음
장면 캡처하기
음성 녹음
프로젝트 설정
미리보기 재생(플레이)/일시정지
타임라인 확장
(길게 눌러) 영상 시작과 끝 한 번에 이동하기
타임라인
플레이헤드
타임코드
에셋 스토어(효과,음악,서체, 테마,스티커 등)
미디어
효과
텍스트
스티커
손글씨
레이어
오디오
녹음

업데이트 전 안드로이드폰 화면

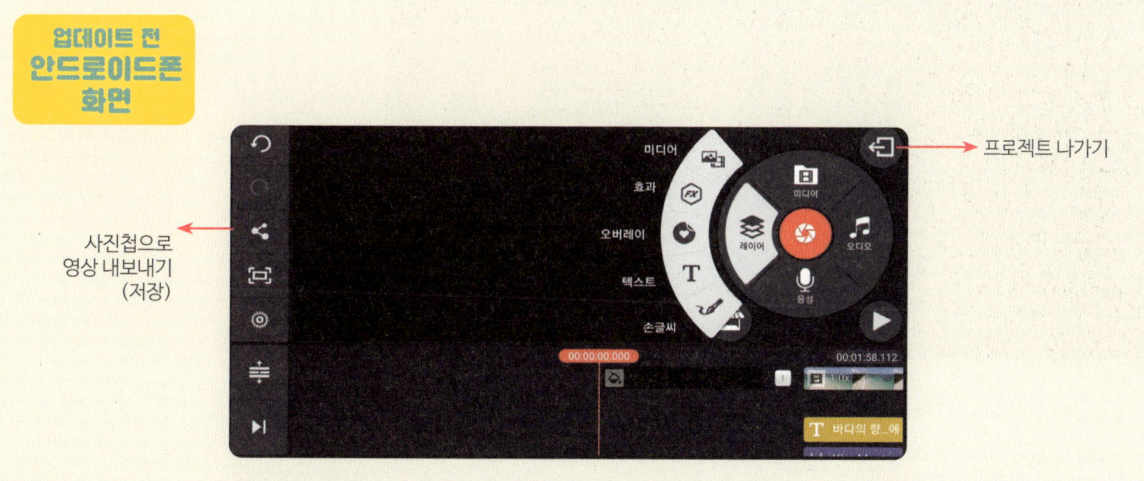

프로젝트 나가기
사진첩으로 영상 내보내기 (저장)
미디어
효과
오버레이
텍스트
손글씨
레이어
오디오
음성

키네마스터 4.13버전 업데이트를 통해 안드로이드 화면의 버튼 위치가 아이폰 화면과 동일하게 변경되었습니다.
플레이스토어에서 '키네마스터'를 검색하여, 최신 버전으로 업데이트 하세요!

Lesson 4

새로운 영상을 만들 때는 항상 ⊞ 버튼을 누른 후, 화면 비율을 선택해야 본격적인 영상 편집 화면이 시작됩니다.

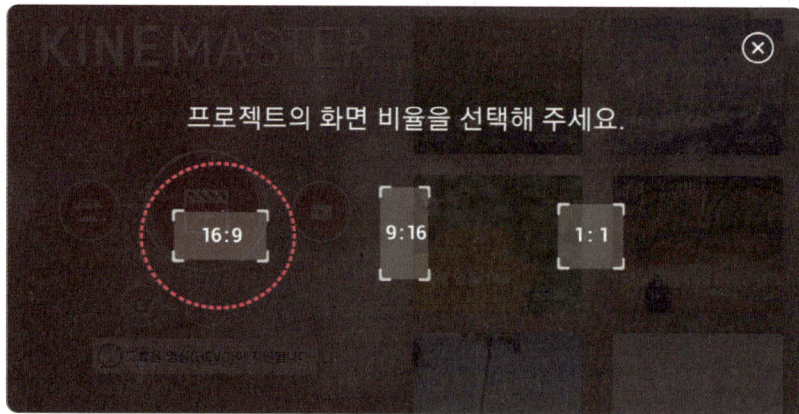

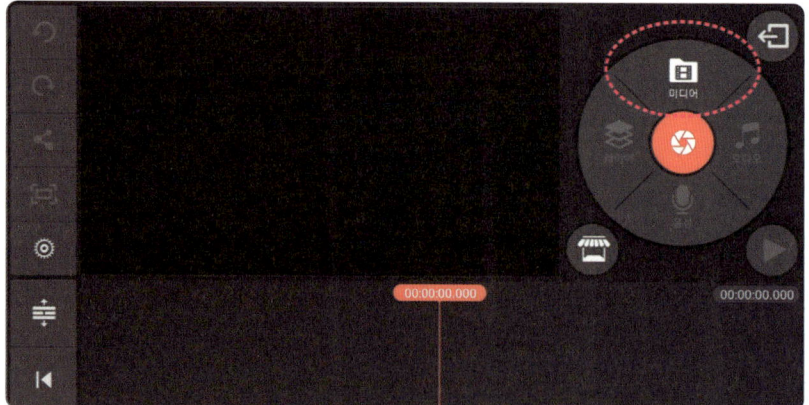

2 키네마스터 앱을 플레이 스토어(또는 앱 스토어)에서 다운로드한 후 처음 앱을 열 때, 갤러리/카메라/마이크 접근 허용을 묻는 질문이 나오면 모두 허용해주어야 합니다.

맨 위 화면의 오른쪽 리스트는 기존에 편집했던 프로젝트가 저장되어 있는 것이고, 여러분은 처음으로 편집을 하기 위해 ⊞ 버튼을 눌러 새로운 프로젝트를 만듭니다.

⊞ 버튼을 눌러 프로젝트를 만들 때, 화면 비율을 묻습니다. 가로/세로/정사각형 이 세 가지 중 한 가지를 선택해야 하는데, 프로젝트에 들어가면 바꿀 수 없습니다. 특별한 경우가 아니면, 가장 많이 사용하는 가로(16:9)의 화면 비율을 선택합니다. 그러면 영상 편집을 위한 프로젝트 화면이 열립니다.

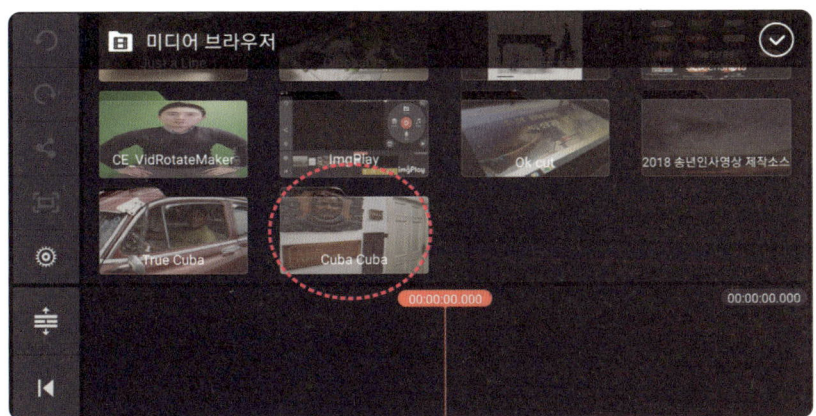

영상 편집을 위한 재료(사진과 영상)를 미리 만들어두지 못했어도 여행 사진, 가족 사진, 풍경 사진 등 본인이 원하는 대로 골라 체크하면 됩니다.

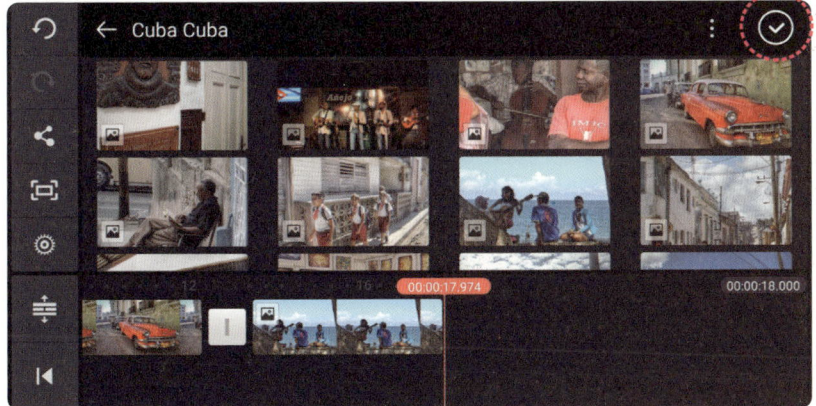

3 미디어 브라우저(아이폰은 圖)로 진입하여 본인의 갤러리(사진첩)에서 필요한 사진들을 선택하면 아래 타임라인으로 추가됩니다. 저는 영상에 넣을 사진 14장을 갤러리 속 'Cuba Cuba'라는 앨범(폴더)에 미리 모아놓았기 때문에 해당 앨범으로 들어가 원하는 순서대로 사진들을 눌러 타임라인에 추가했습니다. 추가한 순서대로 영상에서 재생되기 때문이죠.
필요한 사진을 모두 타임라인에 불러왔다면 오른쪽 상단 체크 버튼을 눌러 빠져나옵니다.

Lesson 4

사진을 삭제하고 싶을 때

① 삭제할 클립 선택

② 왼쪽 편 메뉴 중 '휴지통' 버튼 누르기

사진을 추가하고 싶을 때

① 원하는 위치에 플레이헤드 맞추기

② '미디어 → 사진' 누른 후

③ 추가할 사진 선택

④ ⊙ 버튼 누르기

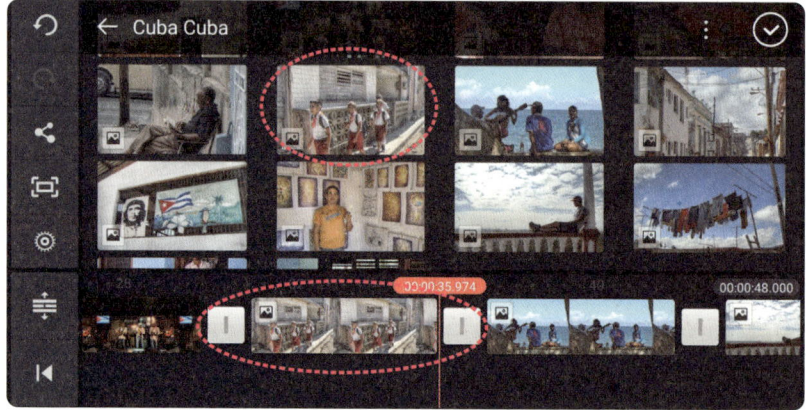

4 타임라인에 잘못 불러온 사진이 있다면, 해당 사진을 터치하면 사진 바깥으로 노란색 박스 선이 생깁니다. 이 상태에서 왼쪽에 보이는 휴지통 버튼을 누르면 타임라인에서 그 사진이 삭제됩니다. 그리고 추가로 갤러리에서 불러올 다른 사진이 있다면, 타임라인 중앙에 있는 플레이헤드(빨간 선)로 불러올 위치에 맞춘 후, 미디어 버튼을 누른 후 앨범에서 추가할 사진을 가져오면 됩니다.

예제 따라 쉽게 익히는 영상 제작 4

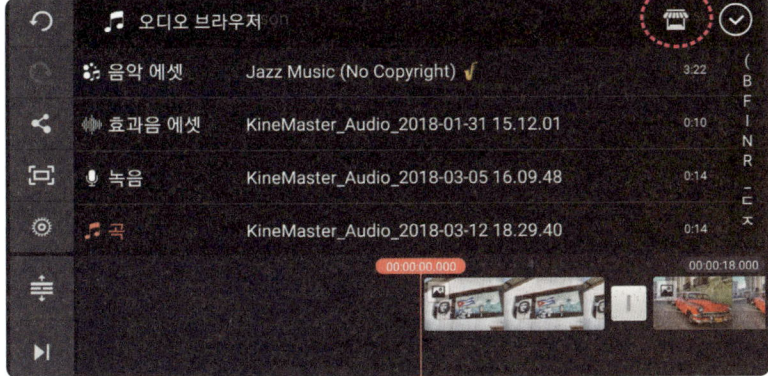

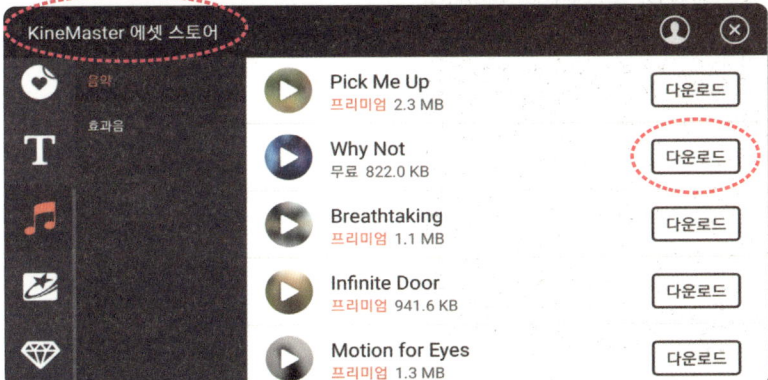

5 음악을 넣을 때는 음악이 시작될 위치에 플레이헤드(기억나시죠? 타임라인에 있는 세로로 된 빨간선입니다)를 먼저 맞추는 것이 좋습니다.

저는 영상의 처음부터 음악을 넣기 위해 맨 앞으로 이동한 후, 오디오 버튼을 눌러 영상에 넣을 음악을 찾았습니다. 음악에 따라 분위기가 달라질 수 있기 때문에 본인이 생각하는 느낌에 맞는 음악을 잘 골라야 합니다. 오른쪽 위 🏪 버튼을 누르면 키네마스터 에셋 스토어로 이동하는데, 키네마스터가 제공해주는 저작권 무료 음악을 활용할 수 있습니다(프리미엄 표시가 된 음악은 키네마스터 유료 구독 시에만 다운로드 가능합니다). '다운로드'를 누르면 '설치됨'으로 표시되고 스토어를 빠져나오면 '음악 에셋' 목록에 다운로드된 음악을 확인할 수 있습니다. '+' 버튼을 눌러 타임라인에 추가한 후, 재생해보면서 장면과 잘 어울리는지 확인합니다.

🎬 플레이헤드 → 🎵 오디오
→ 🏪 에셋스토어
→ 음악 골라서 다운로드
→ 🎵 음악 에셋 에서 음악제목 누른 후
➕ 누르기

Lesson 4

음악을 삽입하는 두 가지 방법

① 전체 영상 길이와 시간이 맞는 음악을 찾는다.

② 장면이나 분위기가 바뀔 때마다 거기에 맞는 짧은 음악을 여러 개 넣는다.

6 영상에 비해 음악이 너무 짧을 때에는 같은 음악을 반복해서 넣지 말고, 기존 음악을 삭제한 후 길이가 좀 더 긴 다른 음악을 찾아서 다시 넣어주는 것이 좋습니다.
짧은 음악을 꼭 사용하고 싶다면, 영상 내용이 전환되는 지점에서 다른 음악을 추가하여 두 음악을 자연스럽게 연결할 수도 있습니다.

* 음악에 맞게 장면 길이 조정할 때

① 해당 장면 누르기 → 노란 박스

② 잘라낼 부분에 플레이헤드 맞추기

③ '✂ 트림/분할' 버튼 누르기

④ '플레이헤드의 오른쪽을 트림' 누르기

* 혹시 장면을 잘못 삭제했다면 왼쪽의 ↶ 버튼을 누르면 삭제하기 전으로 돌아갑니다.

7 장면별로 편집을 하기 전에 음악을 먼저 넣는 이유는 음악의 리듬(박자)에 맞춰 장면이 바뀌는 순간을 파악하기 위해서입니다. 음악과 장면이 함께 움직이는 느낌이 되면 더욱 감각적인 영상이 만들어집니다.

음악을 재생하다가 리듬이나 박자가 확 달라지는 곳이 나오면 재생을 멈추고, 가위(트림/분할) 버튼을 이용하여 사진의 길이를 플레이헤드 기점으로 정확히 잘라낼 수(트림할 수) 있습니다. 또는 해당 사진의 노란 네모선 오른쪽 끝부분을 늘리거나 줄이면서 음악에 맞춰 사진이 보이는 시간을 조절할 수도 있습니다.

Lesson 4

 **여기서 잠깐!**

버튼을 누르면 키네마스터가 제공하는 '에셋 스토어'로 이동합니다. 에셋 스토어 안에는 다양한 효과와 스티커, 서체, 음악 등이 제공되는데, 무료 버전(비구독자)에서 사용할 수 있는 무료 에셋, 키네마스터를 유료로 구독(월 또는 연 단위 결제하는 구독자)하여 사용했을 때 쓸 수 있는 프리미엄 에셋, 그리고 에셋별로 별도 구매해야 하는 유료 에셋, 이렇게 세 가지 종류가 있습니다.

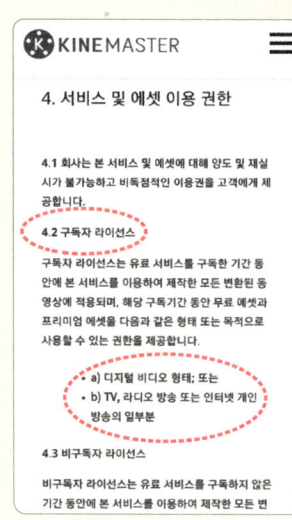
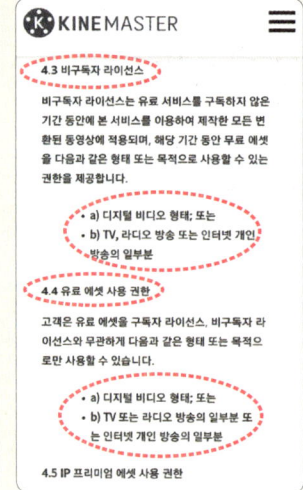

이 에셋들의 이용 권한은 키네마스터가 명시한 정책을 참고하면 됩니다.

키네마스터를 무료로 사용하는 경우, 완성되는 영상 오른쪽 상단에 'Kinemaster'라는 로고(워터마크)가 새겨집니다.

키네마스터를 익히는 동안에는 무료 버전을 사용해도 괜찮지만, 실력이 향상되어 정식으로 영상을 제작하려고 할 때에는 유료로 사용할 것을 권장합니다.

키네마스터 무료 버전의 워터마크

워터마크가 제거된 키네마스터 유료 버전

키네마스터 유료 버전 안내_아이폰

키네마스터 유료 버전 안내_안드로이드폰

키네마스터를 월간 또는 연간으로 구독하면, 에셋 스토어 내 1000여 개의 프리미엄 에셋 사용이 가능하며, 아래와 같은 프리미엄 기능(왕관 표시되어 있는 기능) 활용도 가능해집니다.

Lesson 4

① 클립과 클립 사이에 있는 ➕를 누르면 '장면전환' 메뉴

② 아래로 내려보면 다양한 효과 버튼이 나오고, 효과별로 터치하면 더 세부적인 효과 등장

③ 그중 '프레젠테이션' 선택 → '닦아내기' → 영상 아래쪽 노출시간 선택

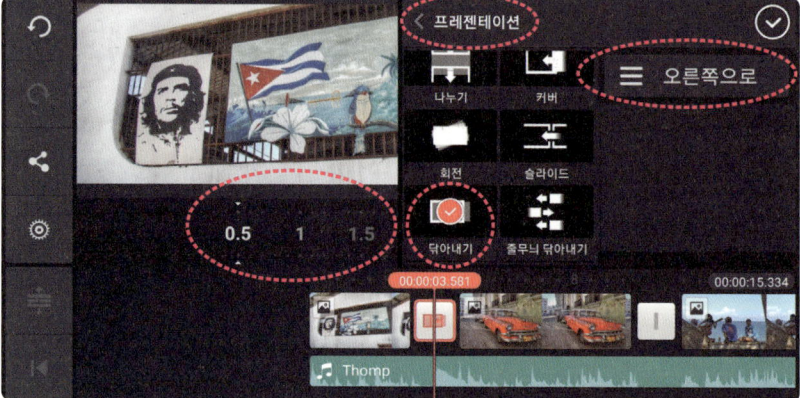

8 장면과 장면 사이에는 ➕ 버튼이 있습니다. 이 버튼을 누르면 '장면전환'이라는 메뉴가 열립니다. 이전 장면에서 다음 장면으로 넘어갈 때, 영상의 분위기와 어울리는 장면전환 효과를 적용할 수 있습니다.

저는 첫 번째 장면에서 두 번째 장면으로 전환될 때 '프레젠테이션' 안에 있는 '닦아내기' 효과를 0.5초로 적용해보았습니다. 장면전환 효과 안에 있는 다른 메뉴(감상적, 강력함, 다중화면 효과 등)도 눌러보고 어떻게 다른 느낌인지 알아두면 다양하게 응용할 수 있습니다.

예제 따라 쉽게 익히는 영상 제작 4

클립의 위치를
이동하고 싶다면
꾹 잡은 채로
원하는 곳으로 끌고
갈 것

장면과 장면 사이의
효과는 각각
따로 지정

9 음악의 박자에 맞춰 장면의 길이를 하나씩 모두 조절하고, 장면의 순서가 맞지 않는 부분이 있다면 사진을 꾹 눌러 드래그 하듯이 원하는 위치로 이동합니다. 장면전환 효과는 장면과 장면 사이마다 따로따로 눌러 적용해야 합니다.

Lesson 4

' 팬&줌'

장면 '시작 위치' 지정

(장면 크기는 그림과 같이 자유롭게 조정 가능)

장면 '끝 위치' 지정

* 단, 시작 위치를 과하게 확대해서 지정 하면 사진이 보이는 시간이 너무 짧아져서 화면을 제대로 보기 어렵습니다.

10 이번에는 사진이 화면에서 보이는 움직임을 모두 체크합니다. 각 사진을 눌러 '팬&줌' 메뉴로 들어가 '시작 위치'와 '끝 위치'를 각각 누르고 미리보기 화면에서 확대, 축소, 좌우상하로 움직이며 조절합니다.
이때, 검은 여백이 보이지 않게 화면을 채워주어야 보기에 좋습니다. '팬&줌'을 지정해주면 '시작 위치' 장면에서 '끝 위치' 장면까지 사진이 움직이는 듯한 효과를 내면서 재생됩니다.

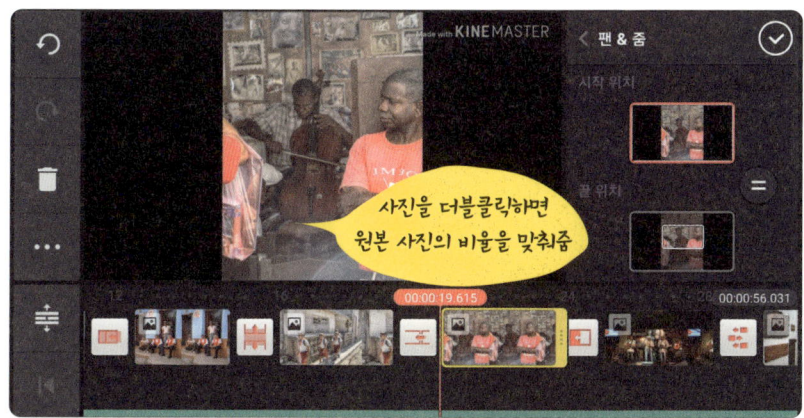

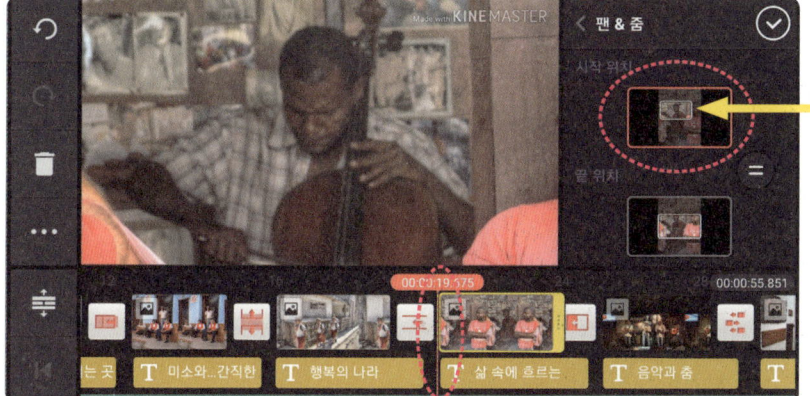

'시작 위치' 버튼을 누르고 가장 먼저 보여주고 싶은 부분 지정

'끝 위치' 버튼을 누르고 장면이 끝날 때 보여주고 싶은 크기로 조정

11 이 사진은 세로로 촬영했기 때문에 가로 16:9 비율의 화면에서 어떻게 보여줄지 정해야 합니다. 화면을 빠르게 두 번 클릭하면 사진을 원본 크기로 보여주는데 가로 화면에서는 세로 사진의 양 옆이 까맣게 보이기 때문에 사진을 확대하여 화면을 채워주는 것이 좋습니다. 시작 위치 장면은 사진 중앙의 연주자가 잘 보이게 하고, 끝 위치 장면은 사진 오른쪽 남자의 표정이 잘 보이게 설정합니다. 이런 식으로 모든 사진의 움직임을 각각 설정해주어야 사진에서 보여야 할 부분이 잘리지 않습니다.

① '레이어' → 'T 텍스트'를 누르면
② 글자 상자가 나타남
③ 글자 상자 안에 자막 내용을 넣고 '확인'을 누르면
④ 화면에 자막 생성

12 장면 편집이 완료되면, 이제 순서대로 자막(텍스트)을 넣어줍니다. 자막을 넣고 싶은 구간에 플레이헤드를 놓고, '레이어 → T 텍스트('레이어' 버튼을 누르면 왼쪽에 부채 모양의 메뉴가 나타납니다)' 버튼을 눌러 글자를 입력합니다. 글자 밖의 흰 점선 박스를 잡고 움직이면서 원하는 위치에 글자를 배치합니다. 글자 밖 흰 점선 박스 오른쪽 하단의 화살표를 잡고 화살표 방향대로 움직여주면 글자 크기를 크게 하거나 작게 할 수 있습니다(단, 글자 크기를 직접 지정할 수는 없습니다). 글자의 기본 색상은 흰색이며, 원하는 색상으로 바꿀 수 있습니다.

① 🏪 버튼을 눌러서 다양한 한글 폰트를 다운로드할 수 있습니다.

② 한글 폰트를 각각 누르고 들어가서 다운로드하면 됩니다.

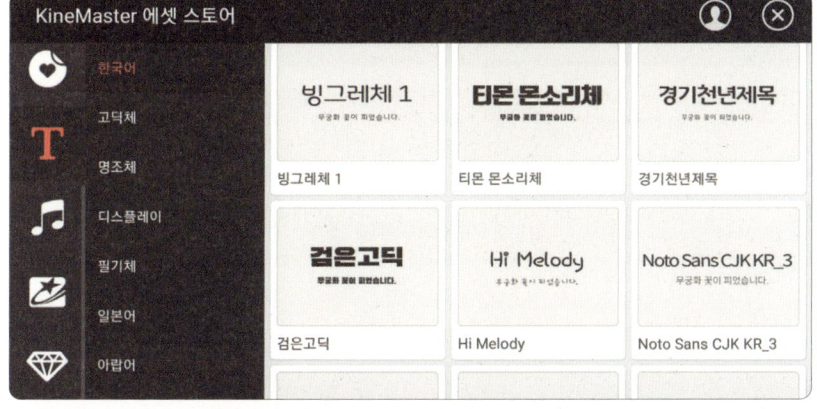

13 서체는 본인의 개성을 드러낼 수 있는 요소 중 하나입니다. 키네마스터는 다양한 한글 서체를 무료로 제공하고 있습니다. 에셋 스토어에서 원하는 한글 서체를 다운로드한 후 영상에 적용하면 됩니다. 기본으로 내장되어 있는 서체들(Android, 라틴어, 시스템 등)은 한글이 아닌 영어를 위한 서체라서 원하는 글자 모양으로 표현되지 않습니다. 서체를 한 개라도 다운로드하면 '한국어' 목록이 생겨나고, 목록에 있는 서체를 선택 후 메뉴를 빠져나가면 글자에 서체가 적용되어 있습니다.

Lesson 4

이 버튼만 누르면
글 내용은 언제든지
수정 가능

14 글의 내용을 수정하고 싶을 때에는 키보드 모양 버튼을 누르면 수정할 수 있는 화면이 나옵니다.

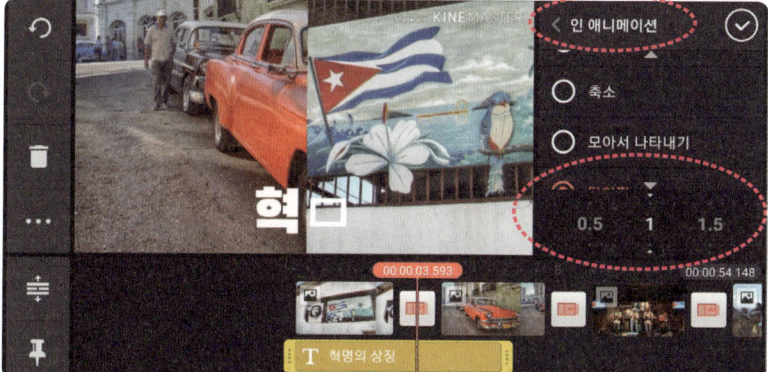

15 애니메이션 효과는 글자가 보일 때 다양한 움직임으로 나타나거나 사라지는 효과를 내고 싶을 때 사용합니다. 자막이 화면에 나타날 때의 효과는 '인 애니메이션' 메뉴에서, 화면에서 자막이 사라질 때의 효과는 '아웃 애니메이션' 메뉴에서 기본 '없음'으로 되어 있는 선택을 다른 효과로 바꿔 적용할 수 있습니다.

저는 '인 애니메이션'은 '타이핑' 효과로, '아웃 애니메이션'은 '오른쪽으로 밀기'를 선택했습니다. 장면이 오른쪽으로 사라지면 자막도 시간에 맞춰 오른쪽으로 사라지게 해준 것입니다.

① 자막 주위에 흰색 점선이 보임. 이 상태에서 '◐ 인 애니메이션' 누름

② 아래로 내리면서 다양한 효과를 적용해보고 선택

③ ◁ 버튼을 누르고 '◐ 아웃 애니메이션' 선택

④ ◉ 버튼을 누르면 자막이 나타나고 사라지는 효과 적용 완료

Lesson 4

원하는 부분에
플레이헤드 맞추기

'✂ 트림/분할'
버튼을 눌러
이 메뉴 중 하나
선택

또는 이 부분을
줄이거나 늘려서
자막 노출 시간
조절

16 자막이 화면에서 노출되는 시간은 기본 4.5초인데, 텍스트 클립(글자를 둘러싼 노란색 박스) 노란색 오른쪽 끝부분을 잡고 줄이거나 늘릴 수 있고, 가위(트림/분할) 버튼을 이용하여 빨간 세로선(플레이헤드)에 맞춰서 잘라주면 됩니다.

17 저는 글자를 크게 넣더라도 화면을 너무 가리는 것은 원치 않아서 글자의 투명도를 100%에서 70%로 낮췄습니다. 위 사진대로 '알파(불투명도)'를 누르면 투명도를 조절할 수 있는 화면이 나옵니다. 어떠한 동작이든 이렇게 자신의 의도를 갖고 적용하는 것이 중요합니다.

Lesson 4

① ⋯ 누르기

② '🗐 복제'

③ 복제된 자막 이동

④ ⌨ 버튼 누르고, 자막 내용 수정

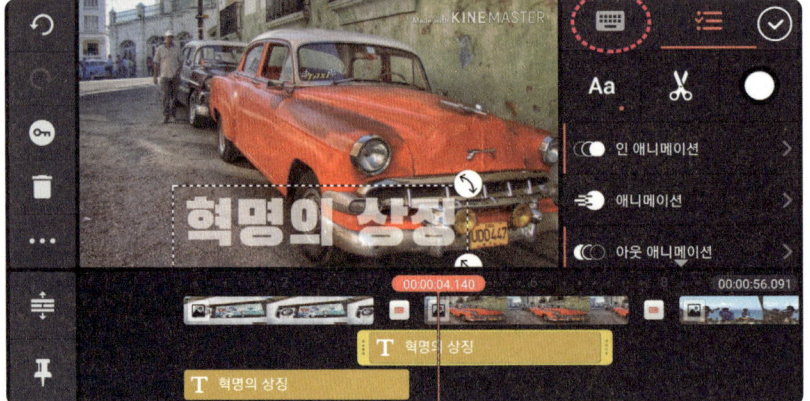

18 다음 장면에 다른 자막을 넣고 싶은데, 앞서 넣었던 글자의 형태(위치, 크기, 서체 등)를 똑같이 적용하고 싶을 때에는 이미 넣은 자막을 복제하여(왼쪽 메뉴에서 ⋯ 버튼을 누르면 복제 메뉴가 나옵니다) 복제된 자막 클립을 꾹 누르면서 필요한 위치로 가져간 후, 자막 내용을 수정하면 됩니다.

① 삭제하고 싶은 부분에 플레이헤드 맞추기.

② '✂ 트림/분할' 선택

③ 'X 플레이헤드의 왼쪽을 트림' 선택

* '인 애니메이션'과 '아웃 애니메이션'은 별도로 다시 지정.

19 자막 내용만 수정하면, 글자 형태는 앞의 글자와 똑같이 적용됩니다. 글자가 등장하는 순간은 텍스트 클립의 길이를 조절해서 맞출 수 있는데, 장면이 바뀔 때 새로운 자막이 나타나도록 자리를 잡아주면 좋겠죠? 자막을 복제했을 때, 자막의 '인/아웃 애니메이션'도 함께 복제되기 때문에 바꾸고 싶은 애니메이션 효과는 메뉴에 들어가서 변경해줍니다.

Lesson 4

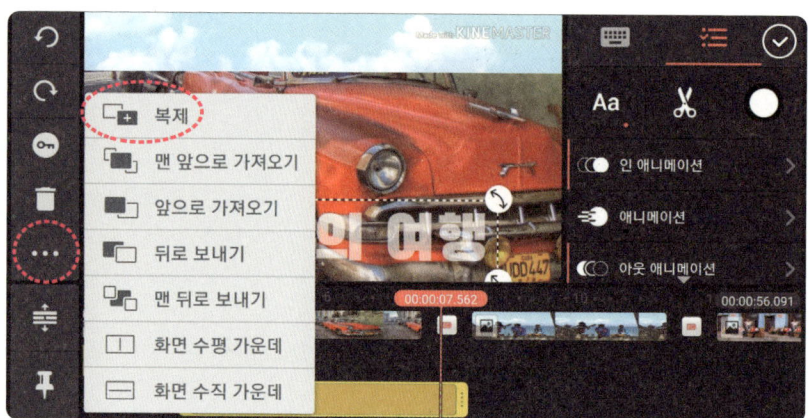

장면별로 자막 내용과 효과를
다양하게 시도해봅니다.

20 다음 장면에 나올 자막들도 이미 넣은 자막을 복제하여 위치를 변경한 후, 내용을 수정하고 자막 클립의 길이를 조절해주면 전체적인 자막의 통일성이 생겨 보기에 좋습니다.

타임라인 공간을 좁히거나 넓힐 때 특정 장면이나 자막이 선택되지 않도록 주의해야 합니다.

이 버튼을 누르면 편집한 영상이 재생됩니다.

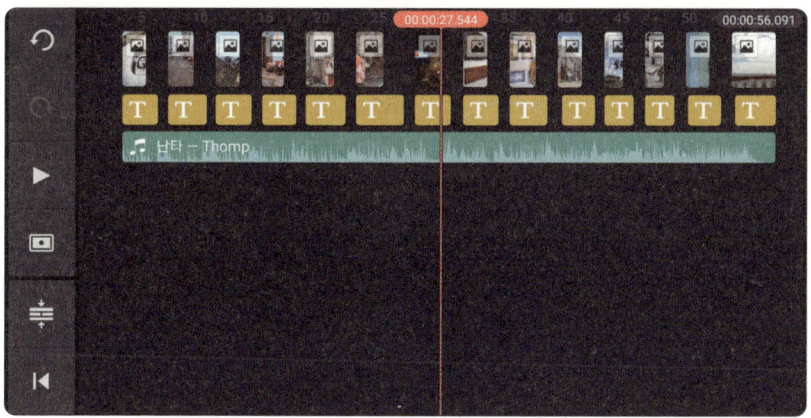

21 자막 작업까지 모두 끝났다면, 이제 최종 점검이 필요합니다. 아래 타임라인 공간을 두 손가락으로 좁히면, 전체 클립의 상황을 한눈에 볼 수 있습니다. 반대로 두 손가락으로 넓힐 수 있으며, 이러한 동작은 영상 전체의 길이에는 영향을 주지 않고 단순히 타임라인을 좁거나 넓게 보는 것입니다. 왼쪽 하단 밑에서 두 번째 버튼을 누르면, 타임라인만 넓게 보는 것도 가능합니다.

Lesson 4

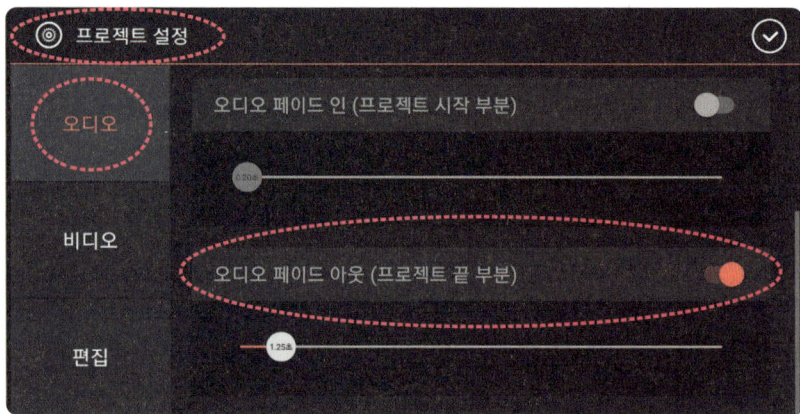

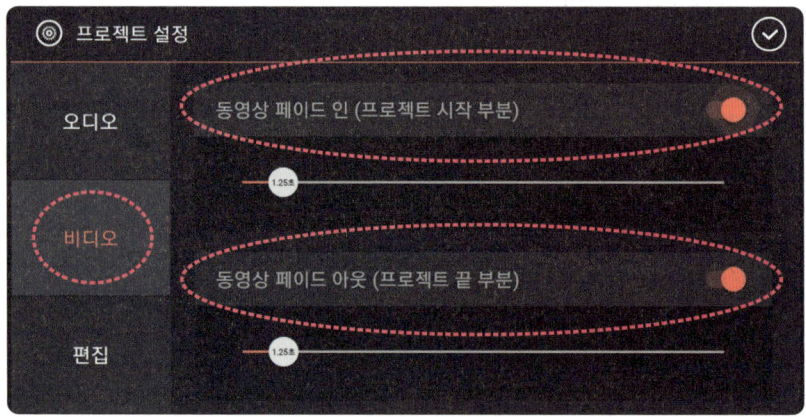

22 완성된 영상을 갤러리(사진첩)로 내보내기 전에 체크할 것이 있습니다.
설정 버튼을 눌러 오디오와 비디오에 대한 페이드 인/아웃 설정을 확인합니다.
영상의 처음(페이드 인)과 끝(페이드 아웃)의 오디오 볼륨을 자연스럽게 높이고 낮추려면 이 설정을 체크해주는 것이 좋고, 영상의 첫 장면이 검은색 화면에서 서서히 밝아지고 끝날 때에는 점점 어두워지게 설정하고 싶을 때에는 '비디오 페이드 인/아웃' 설정을 체크해줍니다.

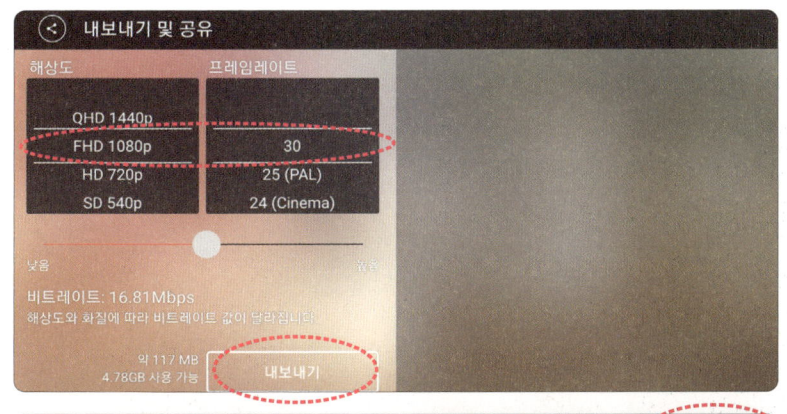

23 버튼(아이폰은 버튼)을 눌러, 완성된 영상을 갤러리(사진첩)로 내보내는 작업을 진행합니다. 해상도는 현재 일반적으로 사용하는 스마트폰 카메라의 동영상 해상도와 프레임 레이트(초당 프레임 수)를 따라 'FHD 1080p', '30fps(frams per second)'가 좋습니다. 하단의 내보내기 를 누르면 내보내기가 진행되는데, 무료 버전의 경우 HD 720p로 설정하고 구독 안내창의 오른쪽 상단 건너뛰기→ 를 누르면 계속 진행됩니다. 내보내기 과정이 완료되면 다시 창(내보내기 및 공유)으로 돌아오고 오른쪽 상단에 저장된 파일명이 표시됩니다.

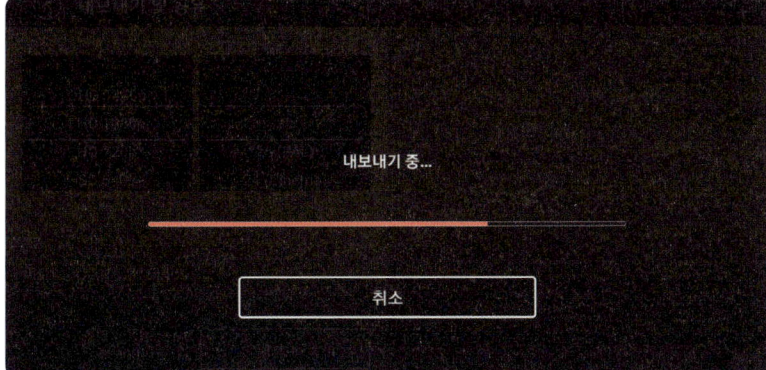

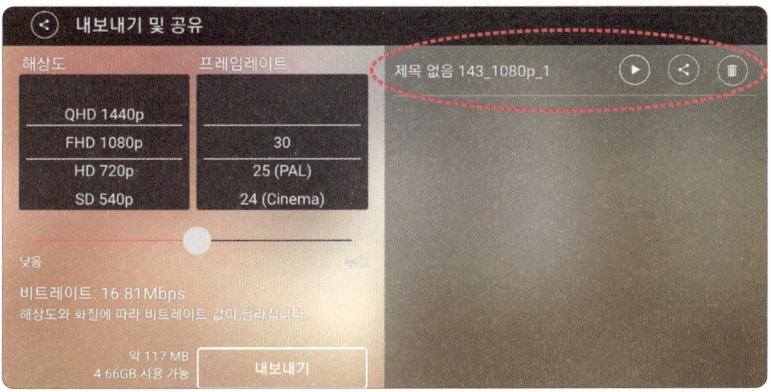

24 갤러리(사진첩) 앱을 열어 확인해보면, 'Export'라는 앨범이 자동으로 생성되고, 그 앨범 안에 완성된 영상이 저장된 것을 확인할 수 있습니다.

'제목 없음 ○○' 부분을 누르면 프로젝트 이름을 변경할 수 있습니다.

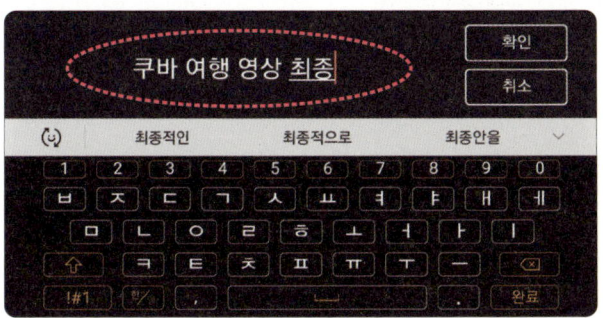

25 이제 갤러리(사진첩)에 저장된 영상은 하나의 파일로 만들어진 것이기 때문에, 영상을 다시 수정하려면 키네마스터에 저장된 프로젝트 파일을 열어 📝 버튼을 누르고 프로젝트로 들어가 개별 요소들을 수정해야 합니다. 키네마스터를 이용하여 여러 가지 영상을 편집하다 보면 프로젝트가 계속 쌓이기 때문에, 프로젝트들을 구분할 수 있도록 '제목없음 ○○'으로 생성되는 프로젝트의 이름에 각각 고유의 제목을 만들어주는 것이 좋습니다.

Lesson 5

예제 따라 쉽게 익히는 영상 제작 5

Quik으로 음악에 맞춰 편집하고, 키네마스터로 자막 넣어 영상 완성하기

>> 새해 버킷리스트
  (실습 화면: 아이폰 + Quik 앱 + 키네마스터 앱)

이번에는 앞서 배웠던 Quik 앱과 Kinemaster 앱을 동시에 활용하여 영상을 편집해보는 실습입니다.
각각의 특색을 가진 앱들을 함께 활용하면 더 멋진 영상을 만들 수 있습니다.
제가 샘플로 설명할 영상의 주제는 '새해 버킷리스트'입니다.
여러분도 따라 해보면서, 나만의 버킷리스트 영상을 만들어보면 어떨까요? 그럼 시작해볼까요?

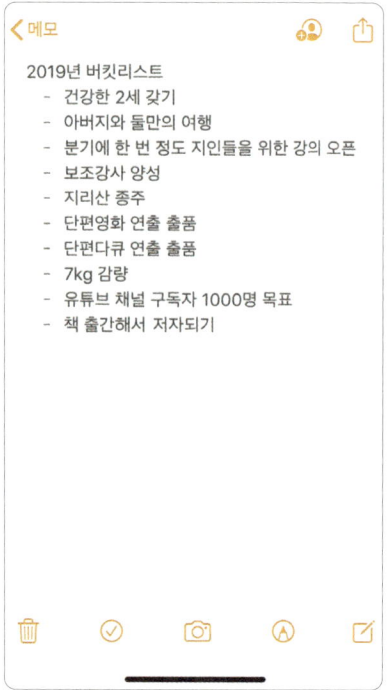

1 가장 먼저 해야 할 일은 영상의 스토리를 구성하는 것입니다. 저는 한 해에 이루고자 하는 목표를 10가지 정도 메모장에 적어보았습니다. 더 구체적으로 적어도 좋습니다.

2 10가지 버킷리스트 항목 각각을 상징하는 이미지를 수집해보겠습니다. 웹사이트 아무 곳에서나 이미지를 다운로드하면 저작권 침해의 위험이 있기 때문에 저작권 무료 이미지/비디오 제공 사이트인 pixabay를 활용하면 안전합니다. 물론 본인이 갖고 있는 이미지로 영상 편집을 해도 되지만 저작권 걱정 없이 사용 가능한 고퀄리티 이미지들을 활용하는 방법도 알아두면 매우 유용합니다.

예제 따라 쉽게 익히는 영상 제작 5

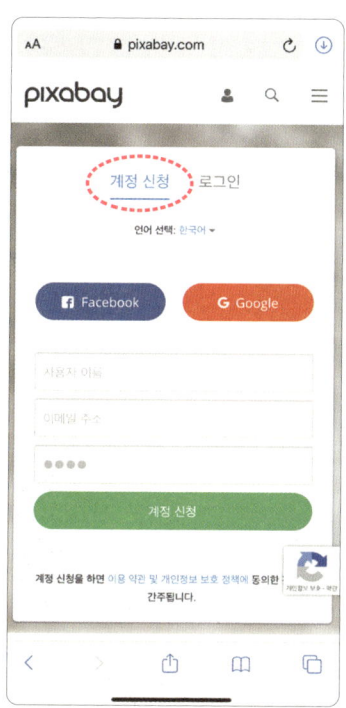
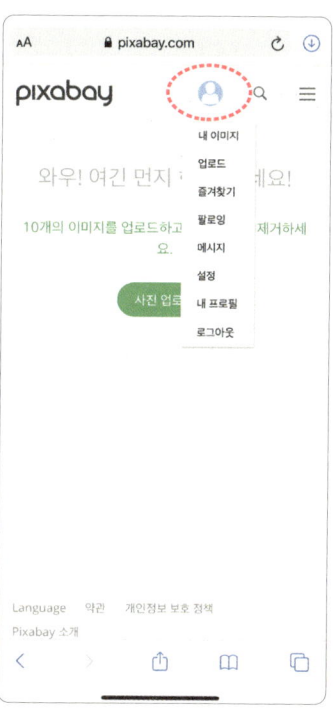

3 인터넷 앱을 열어서 주소창에 pixabay.com을 입력하고 이동하면 pixabay 사이트로 진입합니다. 회원가입 없이도 사용은 가능하지만 다운로드할 때마다 번거로운 절차를 피하기 위해 무료 회원가입을 해두는 게 좋습니다. 그리고 pixabay 앱도 있지만 더욱 폭넓은 활용을 위해 사이트로 직접 들어가는 방법을 권합니다.

여기서 잠깐!

1 Pixabay에서 회원가입 없이 사용할 경우, 다운로드할 때마다 보안 인증을 해야 하는 번거로운 절차가 있습니다. 이러한 이유로 '회원가입 → 로그인' 후 사용을 권합니다.

2 Pixabay 검색창에서 키워드를 검색한 후, '이미지'라고 써 있는 부분을 누르면 '비디오' 등의 다른 형태를 찾아 다운로드할 수 있습니다.

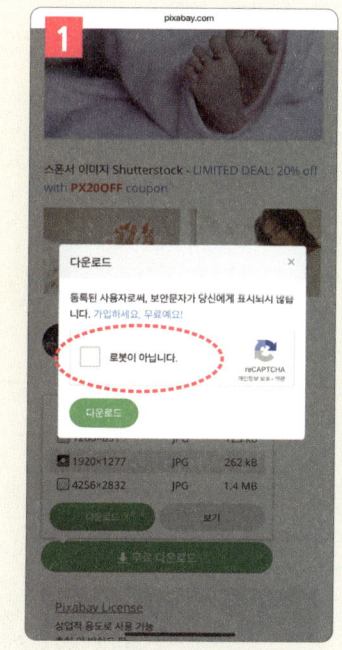

Lesson 5

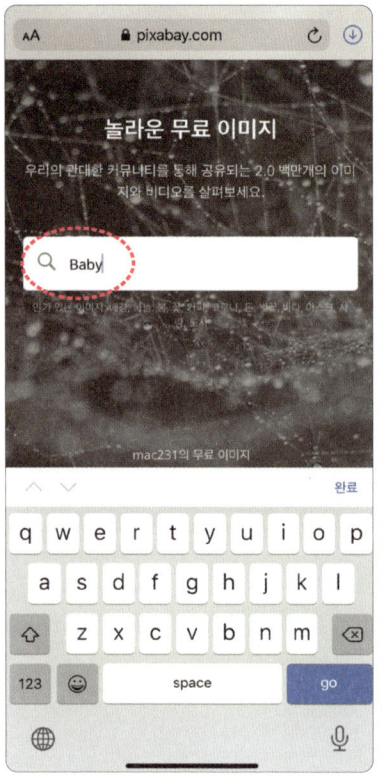

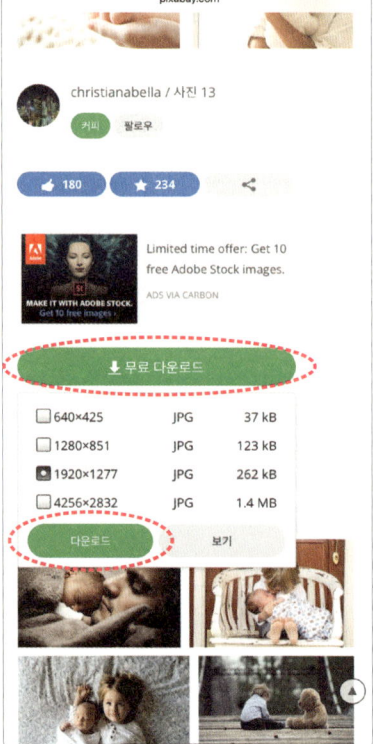

4 회원가입 후 로그인했다면 검색 버튼을 눌러 10가지 버킷리스트 항목 각각의 핵심 키워드를 입력하여 검색합니다.

첫 번째로 '건강한 2세 갖기'의 키워드인 'baby'를 검색해보았습니다(영어로 검색하는 것이 한글보다 더 많은 결과를 찾아주는 편입니다). Pixabay의 이미지들은 무료로 상업적인 이용까지 가능하지만, 검색 결과 중 상위에 보이는 '스폰서 이미지'는 유료이니 주의해야 합니다.

예제 따라 쉽게 익히는 영상 제작 5

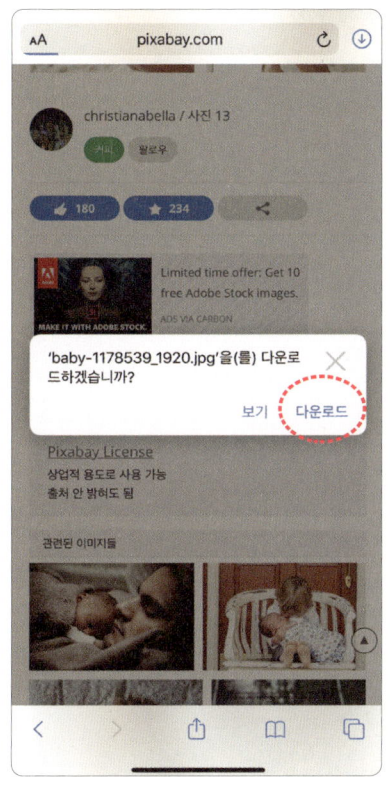
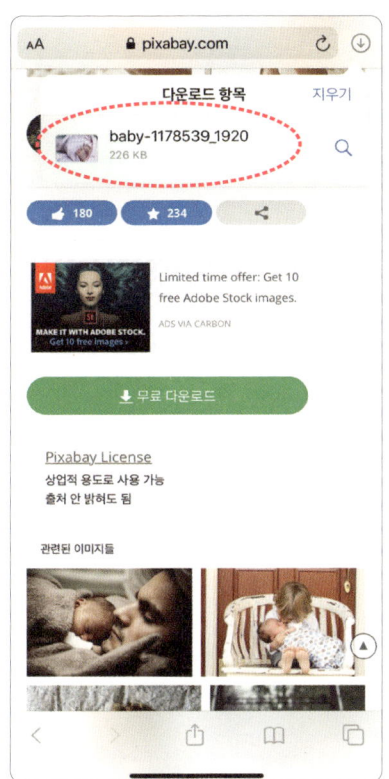

5 무료 이미지들 중 원하는 것을 선택하여 다운로드 버튼을 누른 후 해상도는 높은 것 순으로 상위 두 가지를 추천합니다(Pixabay에서는 이미지뿐만 아니라 비디오, 일러스트 등도 다운로드 가능합니다).

* 이 진행과정은 아이폰의 경우이고, 안드로이드폰에서는 앞 페이지의 네 번째 화면에서 다운로드 버튼을 누르면 바로 다운로드가 진행됩니다.

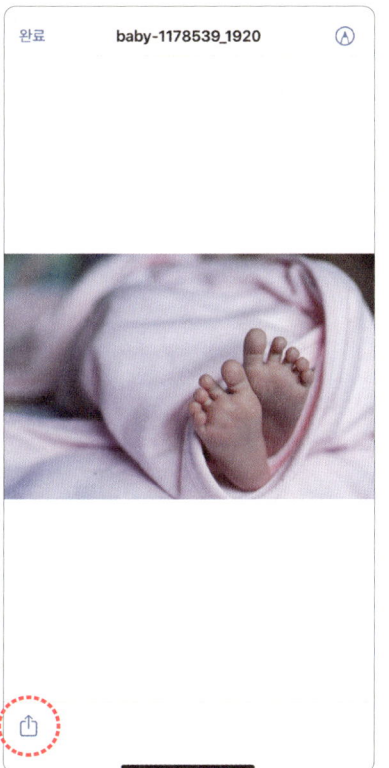
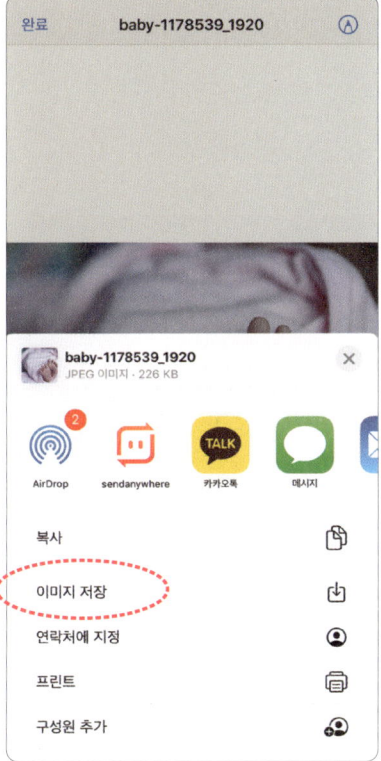

Lesson 5

6 다운로드가 완료되면 갤러리(사진첩)로 가서 제대로 저장이 되었는지 확인합니다. 이렇게 저는 10개 버킷리스트 각각의 항목에 적절한 이미지를 모두 수집하였습니다. 다운로드된 10장의 이미지들만 갤러리(사진첩)에 별도 폴더를 하나 만들어 모아두면 영상 편집을 진행할 때 편리합니다.

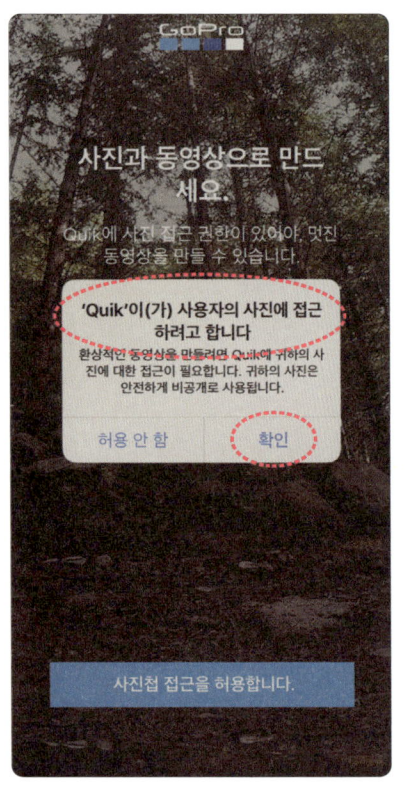

7 이번 예제에서는 아이폰 화면으로 설명하기 때문에 안드로이드폰을 사용하시는 분들은 30~33쪽(〈Quik 앱이 아이폰과 안드로이드폰에서 다른 점〉)을 참고하세요! 앱을 처음 사용할 때에는 반드시 갤러리 접근을 허용해야 합니다.

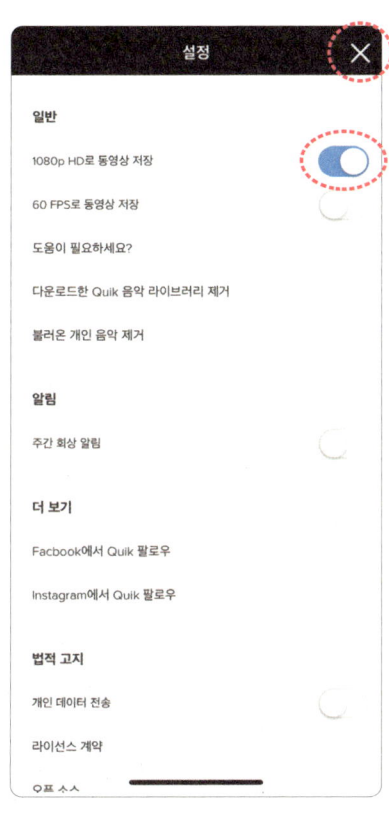

8 편집을 시작하기 전에 Quik 앱 설정 메뉴로 들어가 저장될 영상의 해상도 설정을 '1080p HD'로 변경해줍니다.

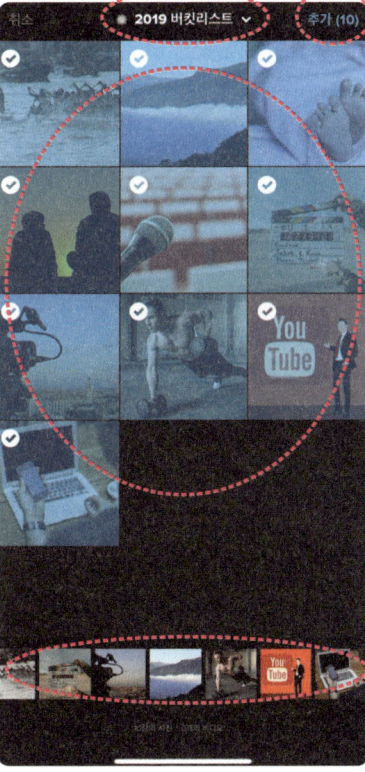

9 시작 버튼을 눌러 사진첩에 따로 모아놓은 이미지 10장을 순서대로 선택한 후 '추가' 버튼을 누릅니다.

Lesson 5

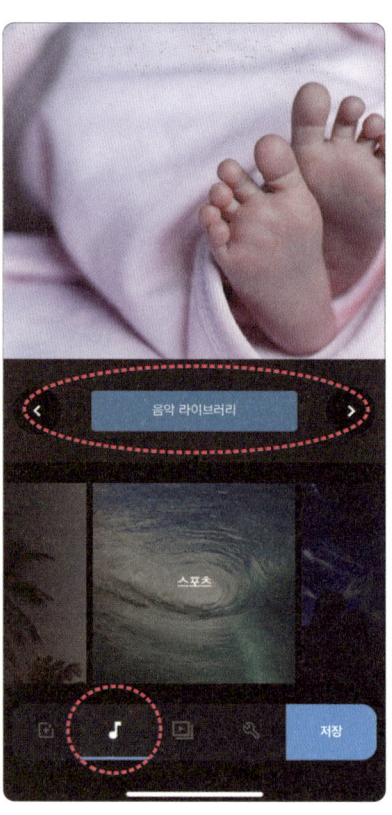

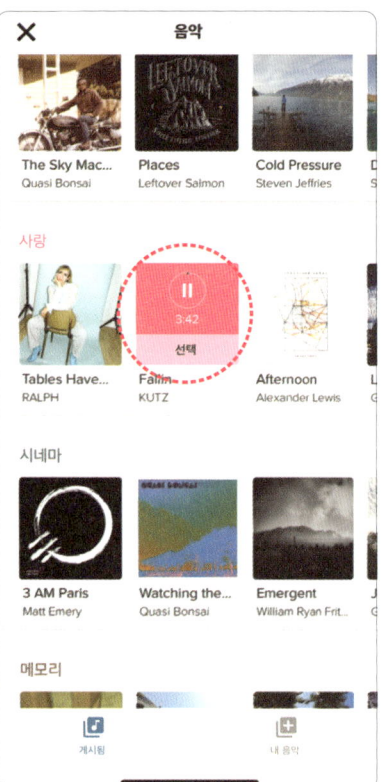

10 첫 번째 메뉴에서 원하는 테마(스타일)를 고르고 두 번째 메뉴에서 음악도 골라봅니다. Quik에서는 음악에 맞춰서 장면이 편집되기 때문에 본인이 생각하는 영상의 느낌이나 속도에 맞는 음악을 선택하면 됩니다.

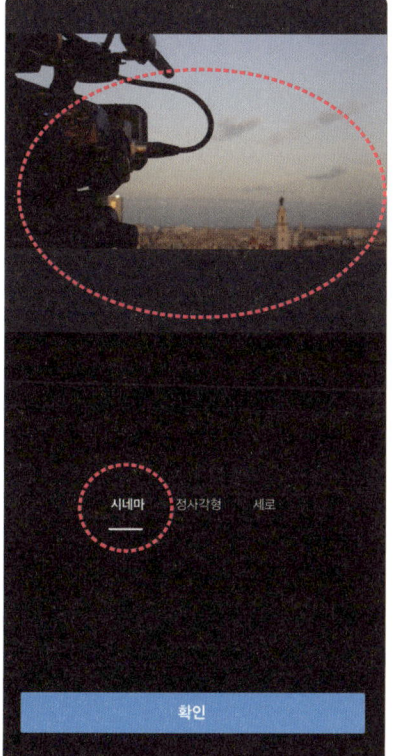

11 이제 Quik에서 몇 가지 설정을 체크하겠습니다. 먼저 화면의 비율을 시네마(가로), 정사각형(1:1), 세로 중 한 가지로 정해야 하는데, 저는 가장 활용 범위가 넓은 시네마(가로)를 선택하겠습니다. 상황에 따라 스마트폰에서 보기 좋은 세로나 인스타그램에 어울리는 정사각형 비율을 선택해도 괜찮습니다.

Lesson 5

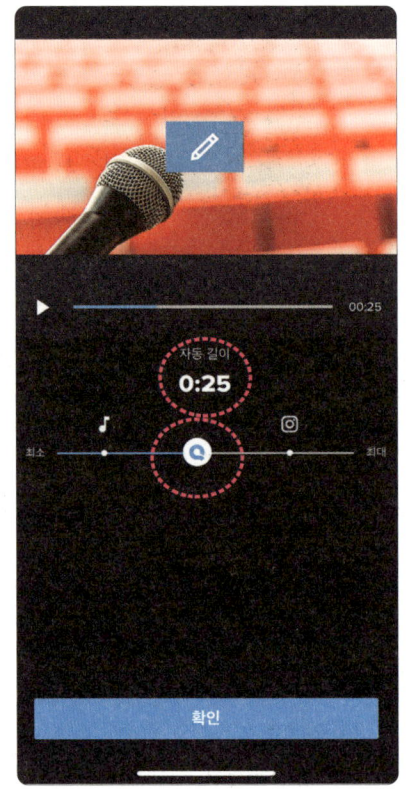

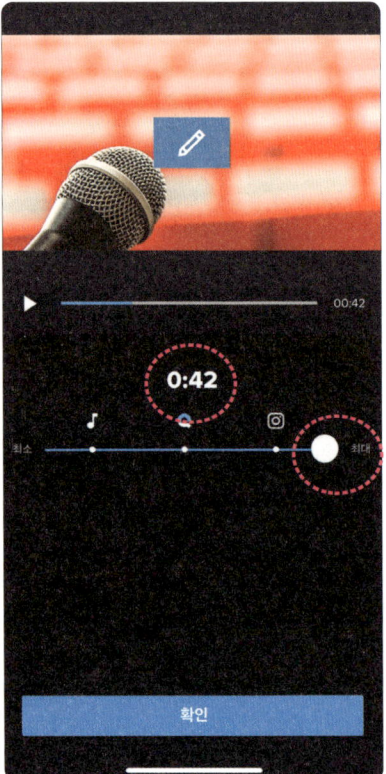

12 '기간' 메뉴에서 영상 전체의 길이를 조절할 수 있습니다. Quik은 음악의 리듬(박자)에 맞춰 장면이 전환되기 때문에 장면 각각의 길이를 원하는 대로 다르게 조정할 수는 없습니다. 이번 실습에서는 자막 넣는 일을 키네마스터에서 할 예정입니다. 그래서 Quik에서 영상 전체 길이를 최대로 늘려 놓고, 나중에 텍스트를 추가하더라도 충분히 인식될 수 있도록 각 장면의 길이를 만들어두는 것입니다.

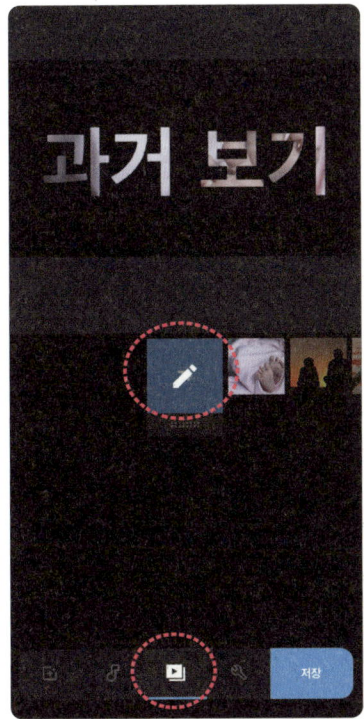

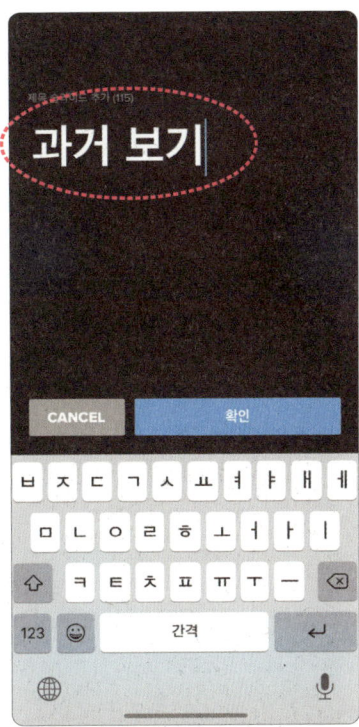

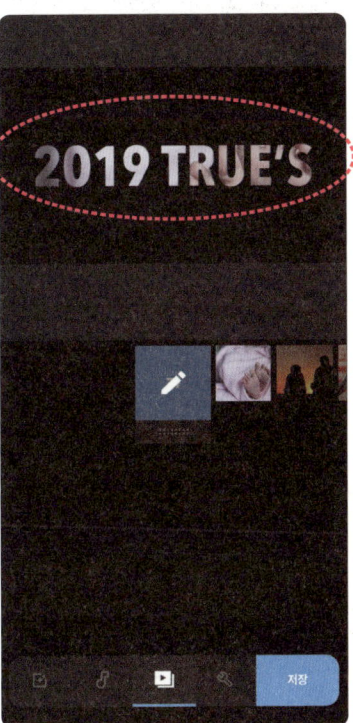

13 📺 버튼을 눌러 이제 '편집' 메뉴로 들어가보겠습니다. 첫 번째에 자동으로 추가되는 제목(안드로이드폰에서는 사진 선택 이후 '타이틀 인트로 추가' 단계가 있음)을 '2019 True's Bucket List'로 수정해보겠습니다. 여기에서 'True'는 제 닉네임이니, 여러분은 'OOO's Bucket List'라고 적어야겠지요?

📺 → 🅰 → 글자 입력 → 확인 → 확인

Lesson 5

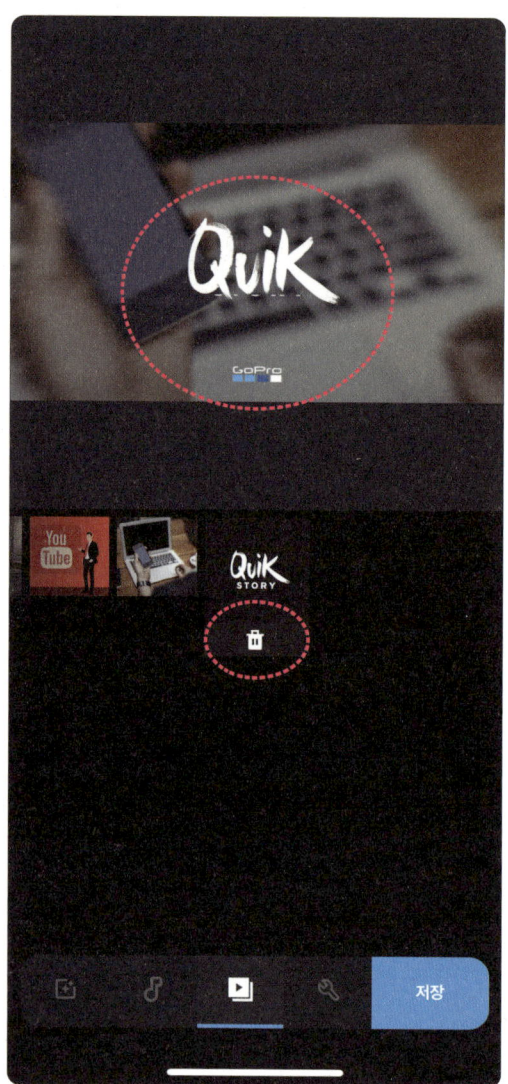 

14 맨 끝 장면에 들어가 있는 Quik 로고 이미지는 휴지통 버튼을 눌러 비활성화하겠습니다. Quik 로고로 영상을 끝내는 것보다는 힘찬 문구를 넣어 마무리하는 것이 낫겠죠?

15 맨 뒤에 있는 사진을 눌러 텍스트 버튼을 누른 후 '텍스트 오버레이(Tᴛ)'가 아닌 '제목 슬라이드 (T)'를 선택하여 내용을 입력합니다.

✏️ → 🅰 → 🆃 → 글자 입력

사진 위에 자막을 넣을 땐
'텍스트 오버레이(🆃ᴛ)'

자막만 단독으로
영상에 나오게 하려면
'제목 슬라이드(🆃)'

Lesson 5

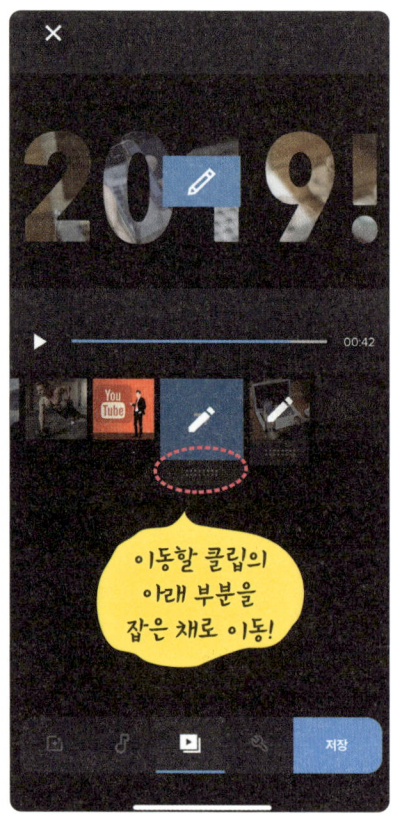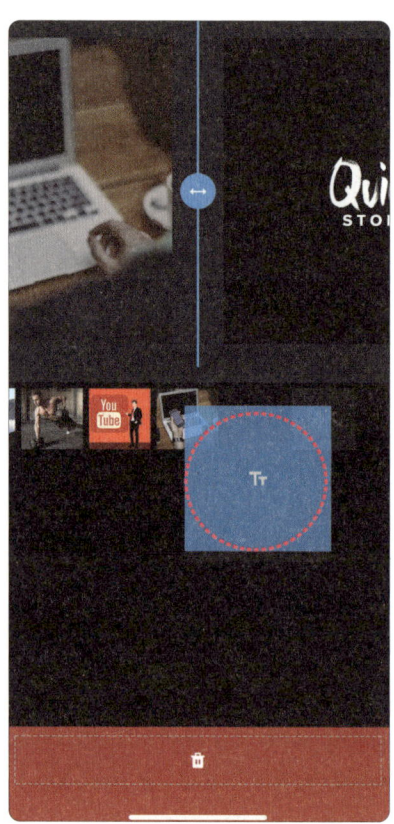

16 맨 뒤에 있는 사진 앞에 '자막' 클립이 별도로 추가됩니다. 자막이 맨 뒤로 가야 하니, 그 클립의 아래 부분을 잡고 맨 뒤로 이동하면 영상을 마무리하는 자막이 됩니다.

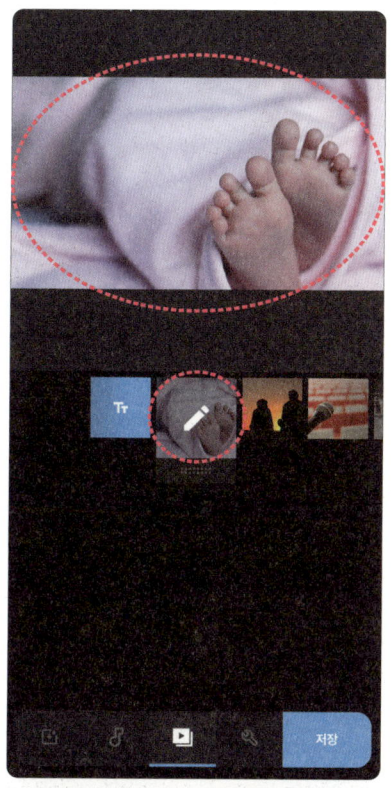
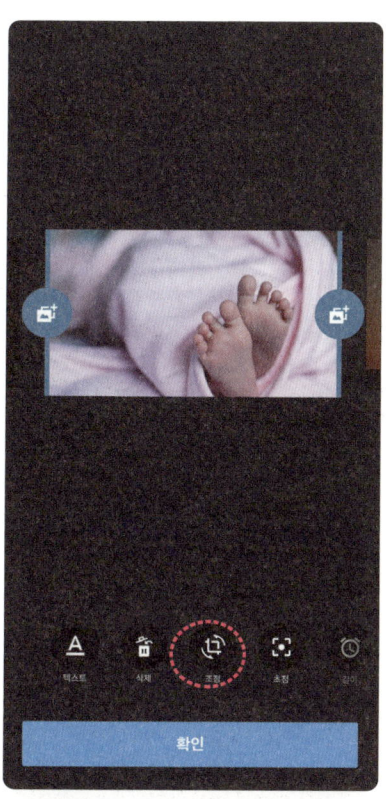

17 이제 재생을 해보면서 장면들이 제대로 보이는지 확인해보고, 혹시 사진의 움직임이 마음에 들지 않을 때에는 사진의 '초점' 메뉴를 이용하여 수정하면 됩니다. 수정 후에는 영상 전체를 몇 차례 반복 재생해보면서 추가로 수정할 부분이 있는지 확인합니다.

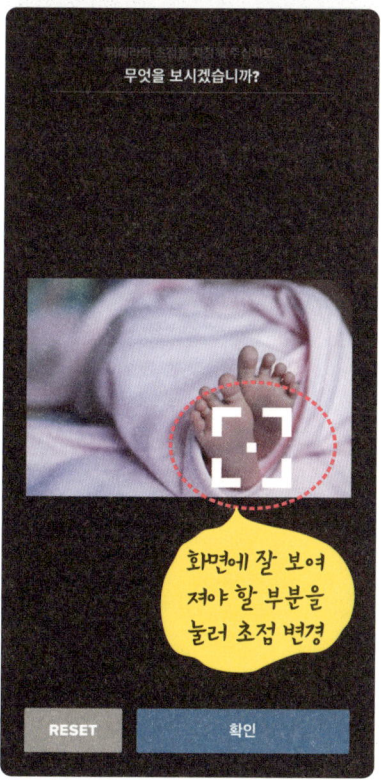
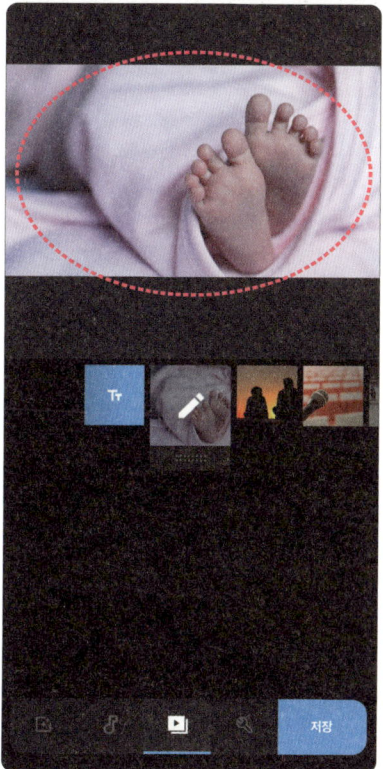

Lesson 5

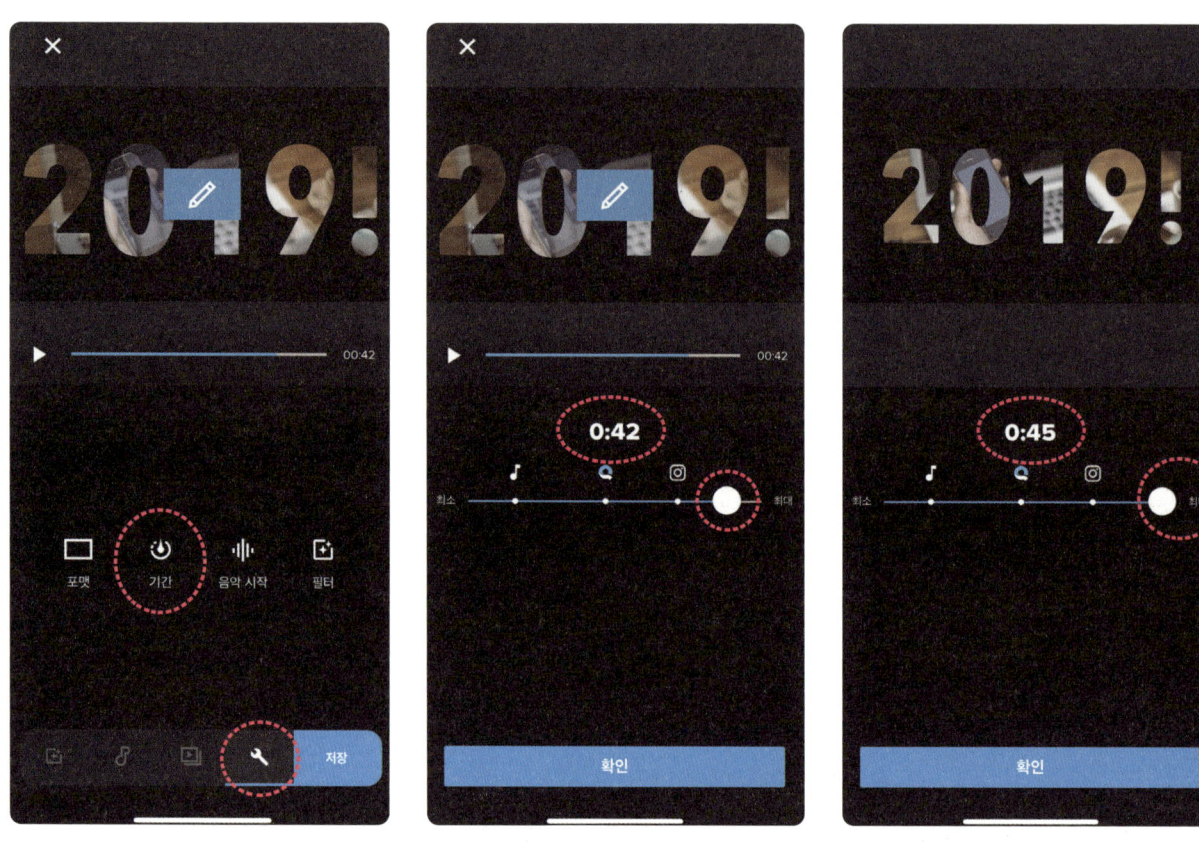

18 맨 뒤에 자막을 하나 추가했기 때문에 설정 버튼 을 누른 후 기간 메뉴로 들어가 영상 전체의 길이를 다시 최대로 맞춥니다.

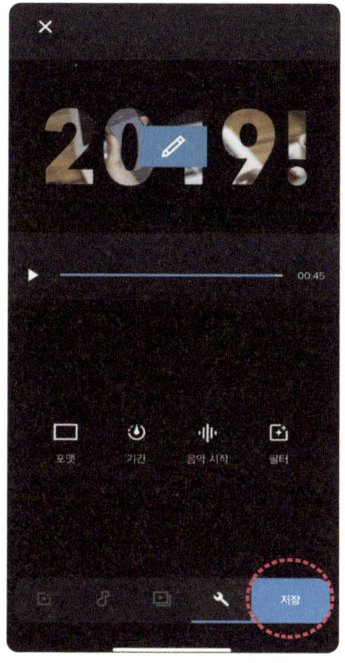 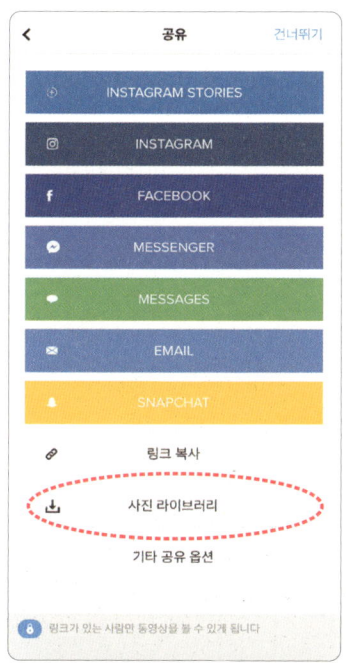 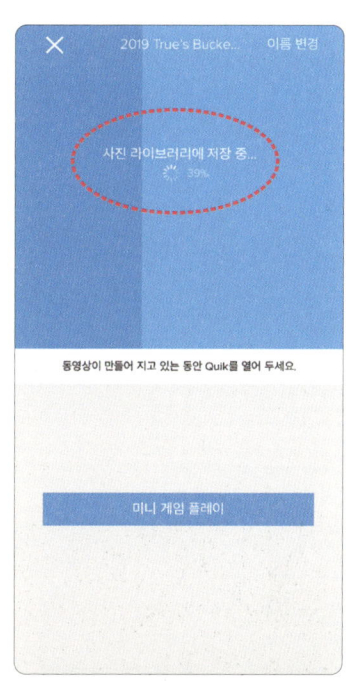
  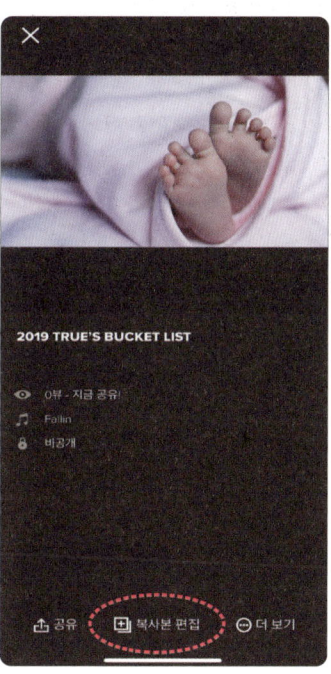

19 사진별로 설명할 자막은 Quik에서 넣지 않고 키네마스터로 작업할 예정입니다. Quik에서 텍스트를 넣으면 스타일에 따라 텍스트의 위치와 크기, 애니메이션 효과 등이 정해지기 때문에 영상 편집자가 자유롭게 텍스트의 형태를 정할 수 없습니다.

더 이상 편집할 것이 없다면, 저장 버튼을 눌러 '사진 라이브러리'를 선택합니다. 다른 앱이나 SNS 등으로 바로 공유하지 않고 먼저 갤러리(사진첩)에 영상을 저장합니다. Quik 앱에는 작업한 프로젝트가 저장되기 때문에 영상을 수정하려면 이 프로젝트를 선택한 후 '복사본 편집'으로 들어가 수정한 후 다시 저장하면 됩니다.

Lesson 5

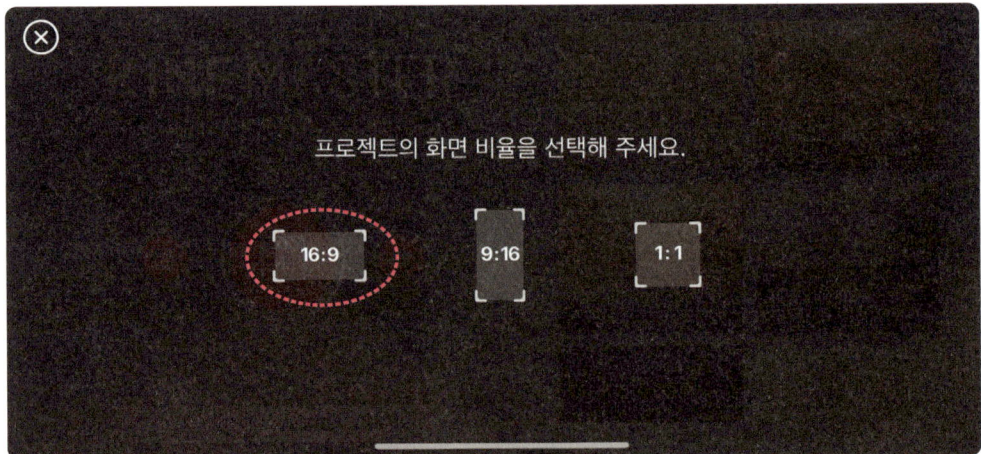

20 Quik에서 편집한 영상에 자막을 넣기 위해 키네마스터 앱을 열어 새로운 프로젝트를 만들겠습니다. 위쪽 화면의 오른쪽에 보이는 것들은 기존에 작업했던 프로젝트가 저장된 것입니다. 화면의 비율은 Quik에서 '시네마(가로)'로 선택했기 때문에 키네마스터에서도 동일하게 '16:9'로 설정합니다. 아래 새 프로젝트 화면에서 버튼에 대한 설명을 먼저 하겠습니다.

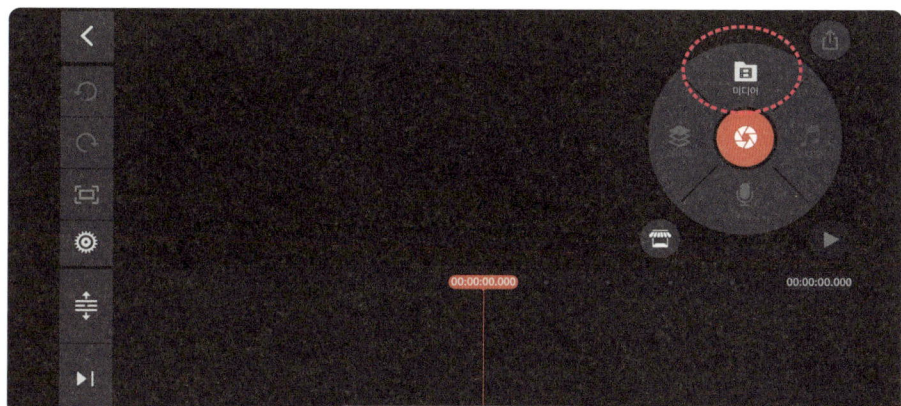

① '미디어'

② '비디오' 또는 '사진' 선택

③ 타임라인에 보임

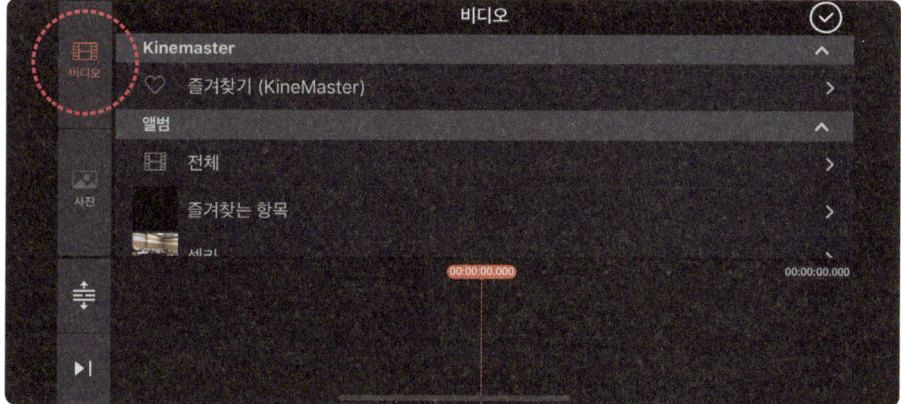

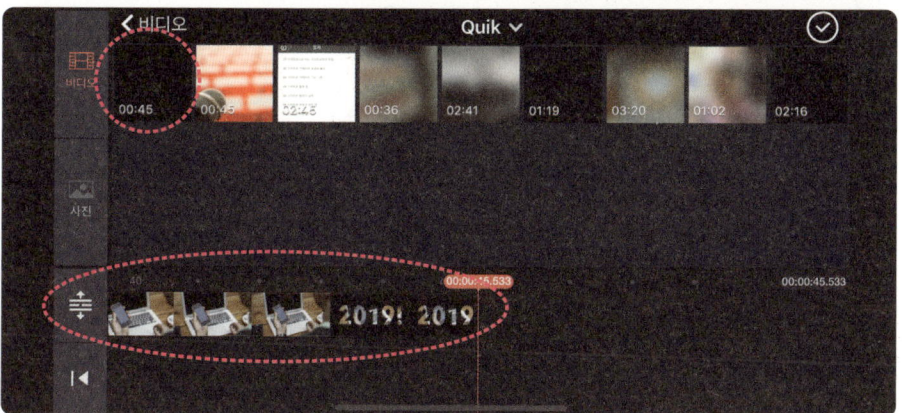

21 '미디어' 버튼을 눌러 Quik에서 편집한 영상을 타임라인에 추가합니다. 아이폰에서는 안드로이드폰과 다르게 '미디어' 버튼을 누르면 '비디오'와 '사진'이 따로 보입니다.

Lesson 5

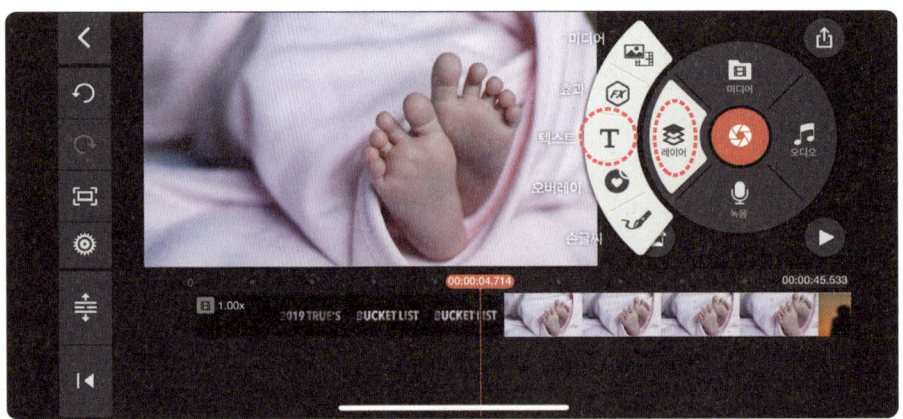

① 자막 넣을 자리에 플레이헤드 맞추기

② '레이어' 누르고 ' T 텍스트' 누름

③ 자막 입력

④ ⊙ 버튼을 누르면 사진이나 영상 위에 자막이 만들어짐

⑤ 원하는 위치와 크기로 조정

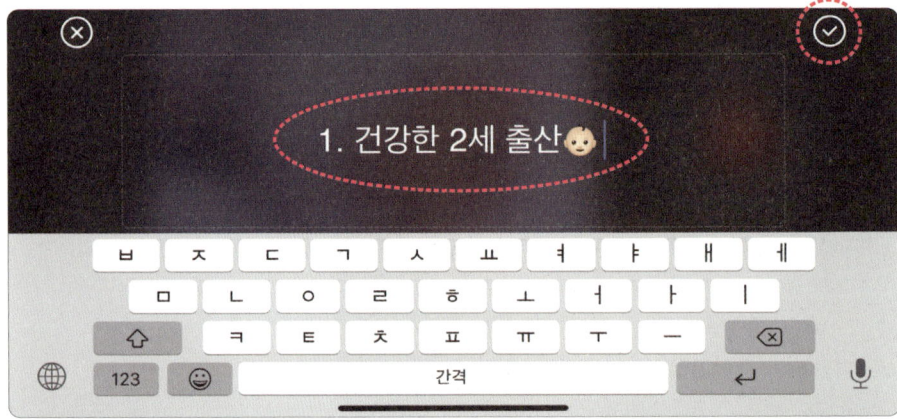

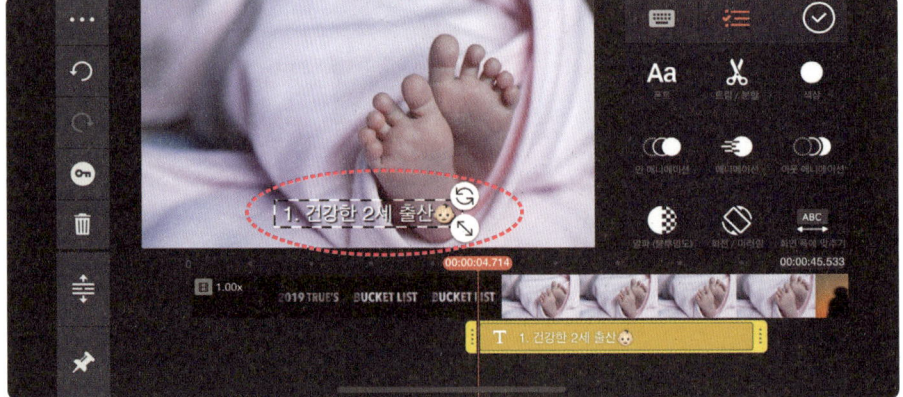

22 첫 번째 자막을 넣을 위치에 플레이헤드를 두고 '레이어-텍스트' 버튼을 눌러, 입력창에 미리 구상해놓은 자막을 쓴 후 ⊙ 버튼을 누릅니다. 미리보기 화면 중앙에 보이는 자막의 오른쪽 하단 화살표 ⟳를 눌러 자막의 크기를 조절할 수 있으며, 화면에서 붙잡고 원하는 위치로 이동이 가능합니다.

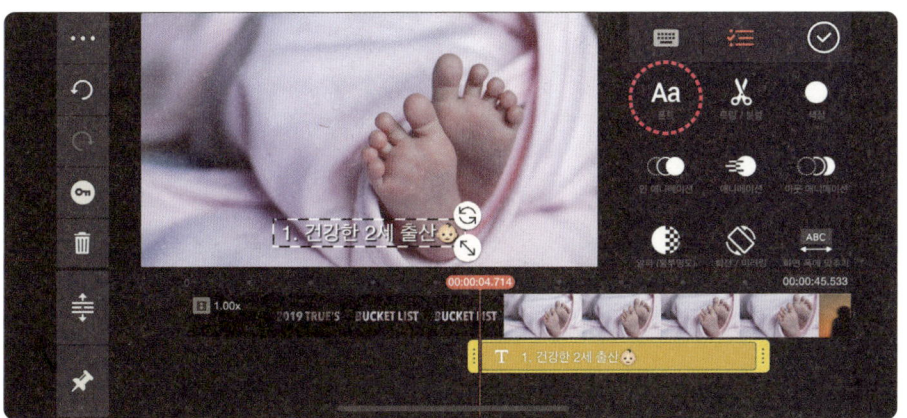

① 자막 바깥 부분 흰색선이 있는 상태에서 ↘를 움직이면 글자가 커집니다.

↻를 움직이면 글자의 각도와 방향이 바뀝니다.

② Aa 버튼을 누르면 서체를 바꿀 수 있습니다.

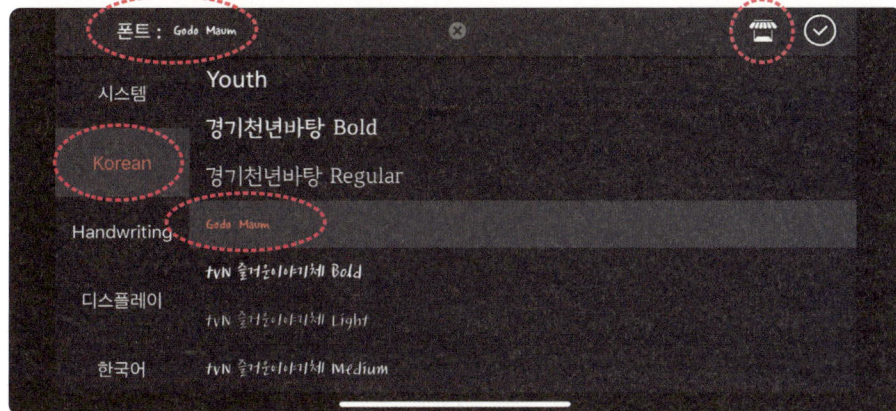

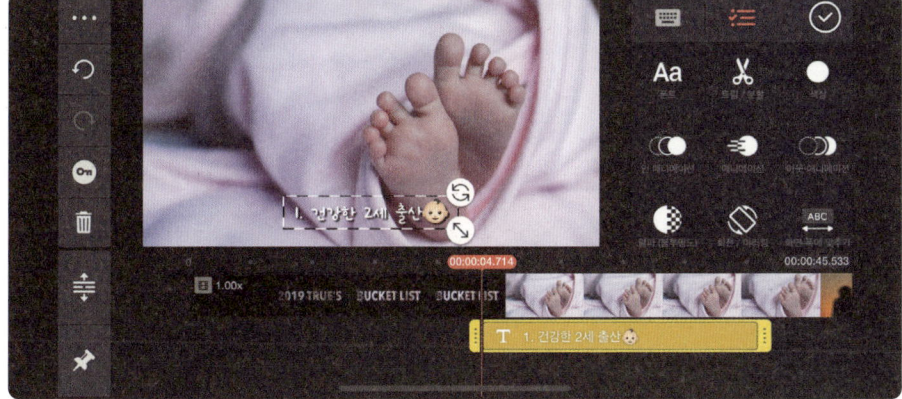

23 자막의 서체(폰트)도 원하는 것으로 변경해봅니다. 🏬 버튼을 눌러 '키네마스터 에셋 스토어'에 들어가면 다양한 한국어 서체 다운로드가 무료로 가능합니다. 서체를 변경하면 글자의 크기가 조금 변경되기도 하므로 다시 원하는 크기로 조정하면 됩니다.

Lesson 5

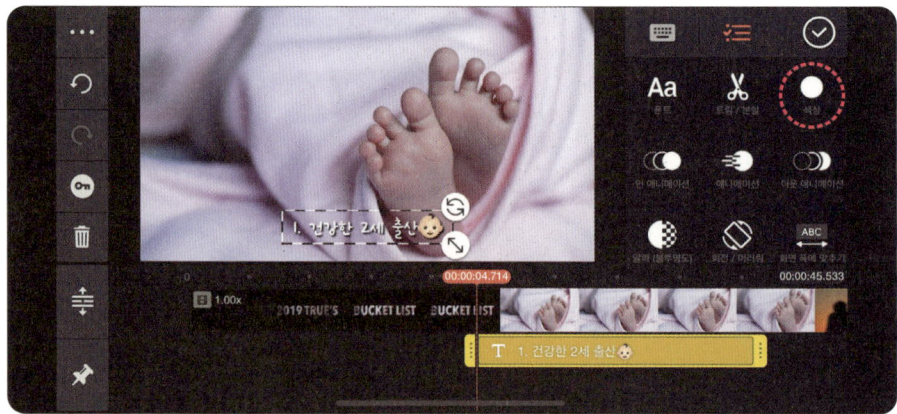

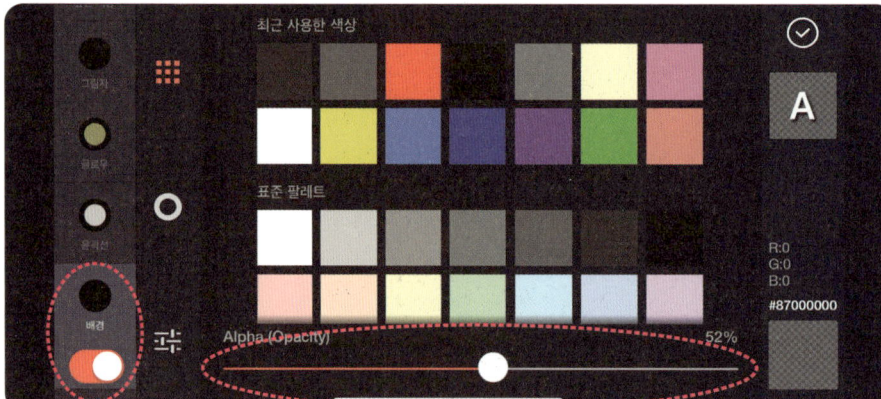

* '글로우'는 글자 윤곽 바깥으로 색이 퍼지게 하는 기능

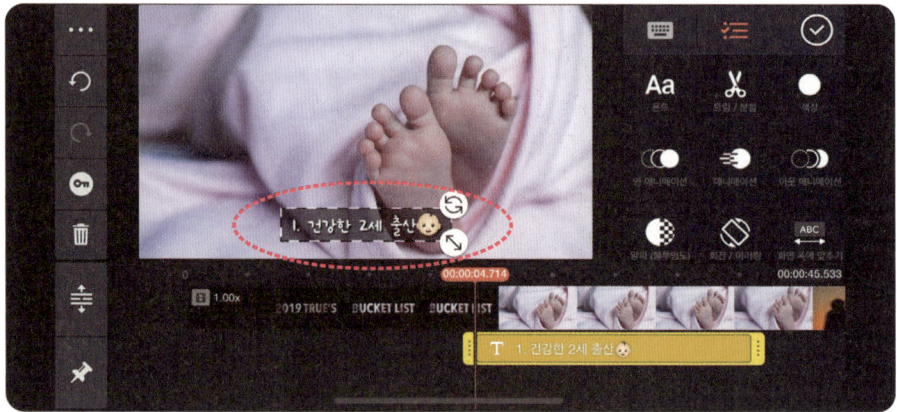

키네마스터 4.12.1 버전 업데이트를 통해, 자막의 색상을 설정하는 메뉴 안에 있던 '그림자/글로우/윤곽선/배경'을 설정하는 메뉴가 별도의 자막 설정 메뉴로 따로 분리되었습니다.

24 이번에는 색상 ◯ 버튼을 눌러 자막의 색상 메뉴로 들어가보겠습니다. 아이폰에서는 이 메뉴 안에서 글자의 색상뿐만 아니라, 그림자/글로우/윤곽선/배경 효과를 적용할 수 있습니다. 저는 흰색 글자가 더 잘 보일 수 있도록 검정색 반투명(투명도 기본값 52%) 배경을 적용해보겠습니다.

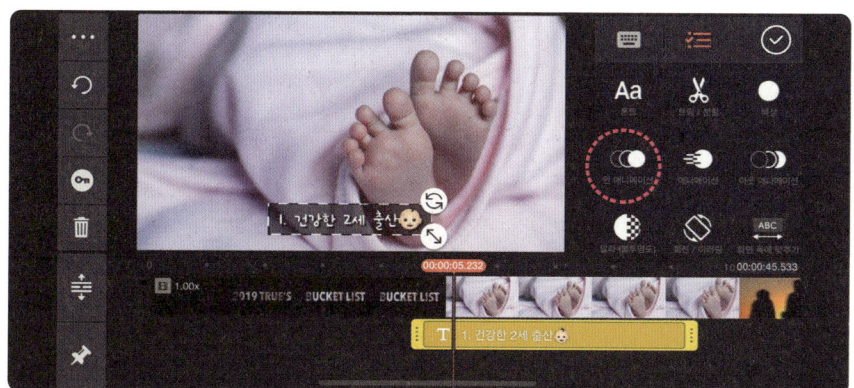

25 Quik에서 장면전환 효과가 적용된 스타일로 선택하여 편집했기 때문에, 그에 맞춰 자막도 나오고 사라질 때 애니메이션 효과를 주기 위해 '인 애니메이션'과 '아웃 애니메이션'을 각각 '없음'에서 '페이드'로 적용합니다.

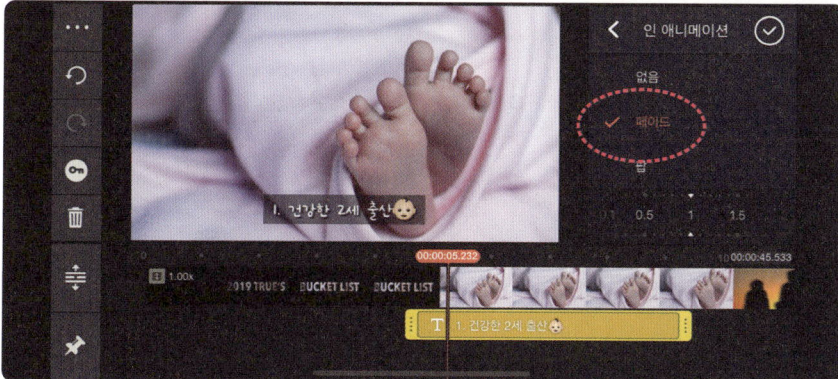

① 플레이헤드를 장면 사진과 자막이 나오는 곳에 맞춤

② 자막에 노란 박스 선이 오게 터치한 후, '◐ 인 애니메이션', '◐ 아웃 애니메이션' 적용

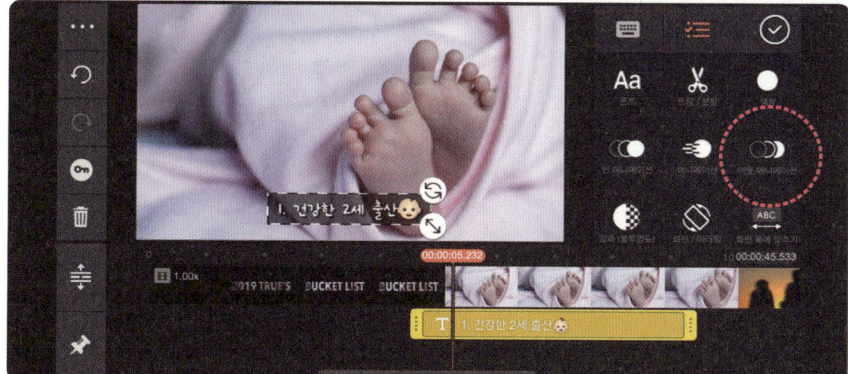

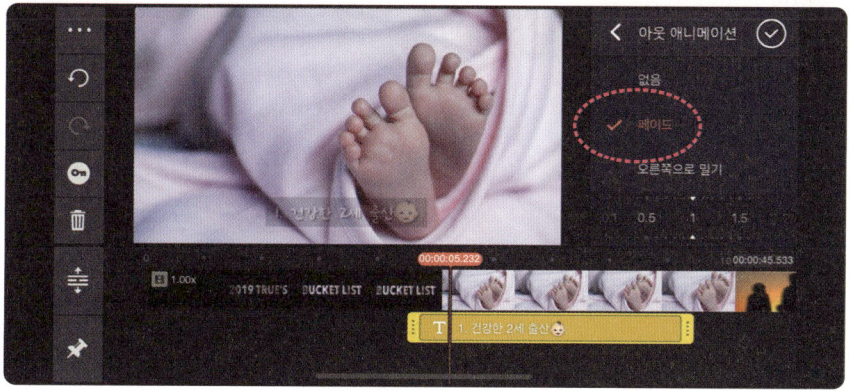

Lesson 5

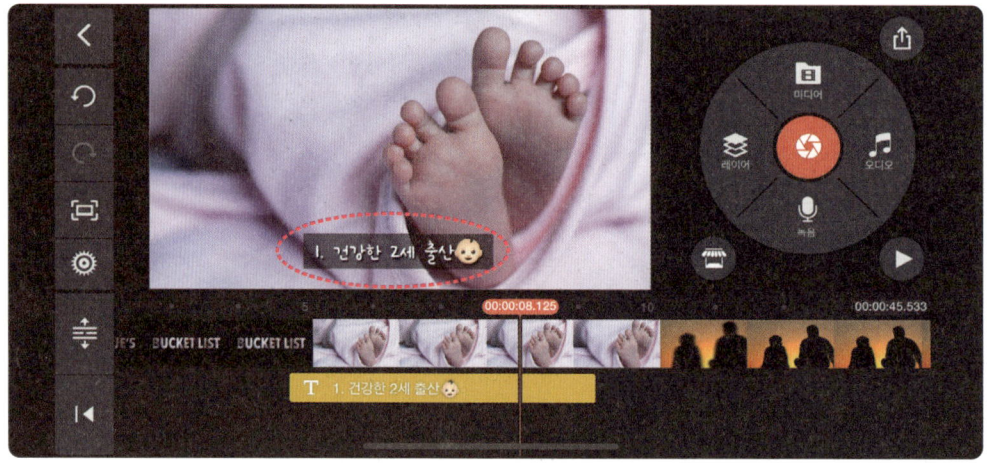

26 자막 뒤 글자를 둘러싼 배경의 좌우 넓이를 여유 있게 만들고 싶다면 자막 수정으로 들어가 자막의 맨 앞과 맨 뒤에 간격 버튼을 눌러 공백을 주면 됩니다.

예제 따라 쉽게 익히는 영상 제작 5

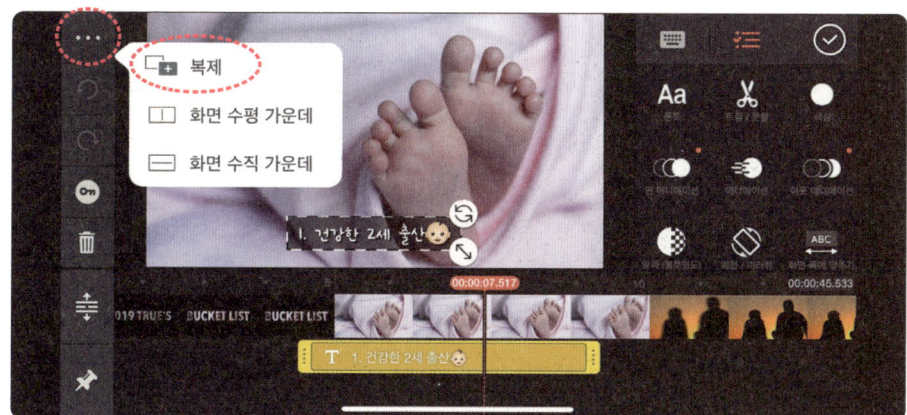

자막 복제 → 복제한 자막
이동 → 자막 내용 변경

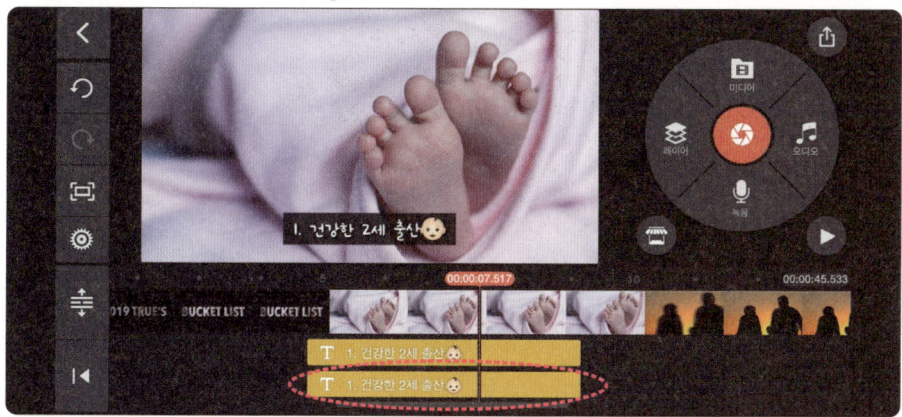

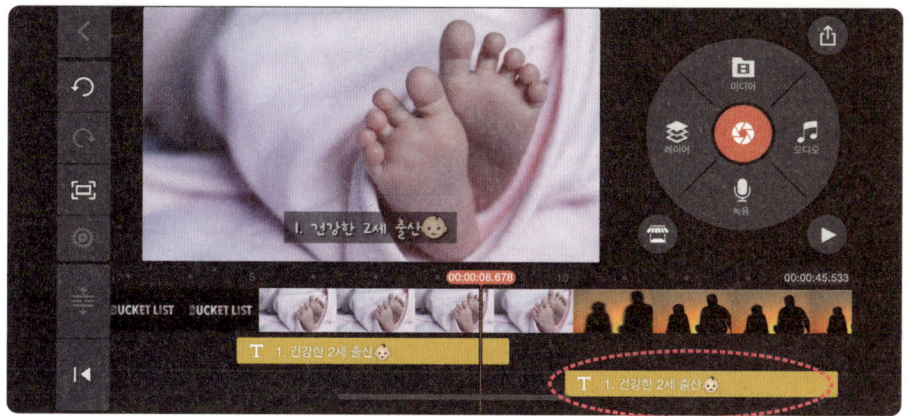

27 이후에 추가할 자막들도 첫 번째 자막과 스타일을 모두 동일하게 할 예정이므로, '레이어-텍스트'로 새로운 자막을 추가하지 않고 첫 번째 자막을 '복제'한 후, 타임라인의 자막 클립을 꾹 누르면서 필요한 위치로 이동하여 자막 내용을 변경하는 방법으로 진행하겠습니다.

Lesson 5

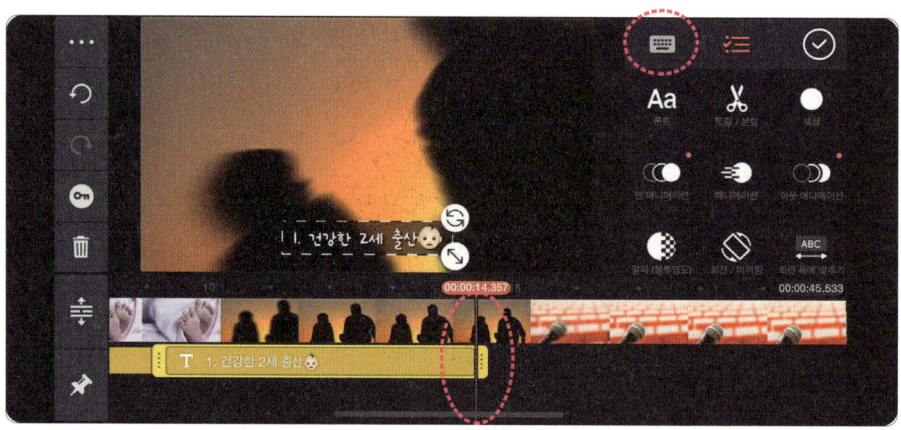

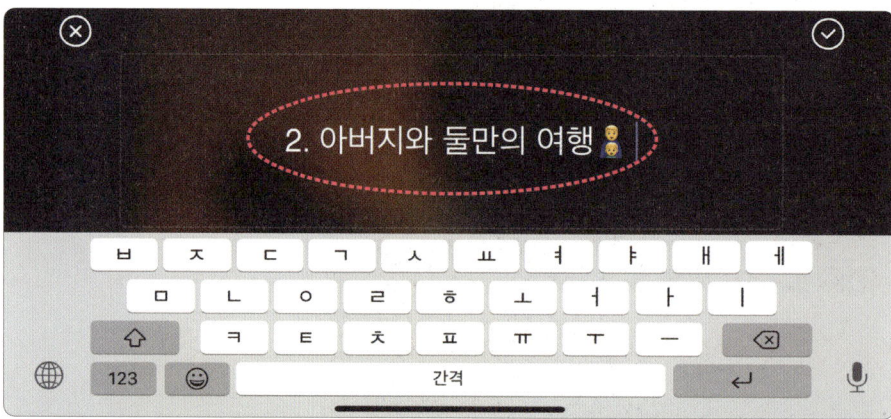

장면에 맞는 자막 내용이
들어가도록 위치 조정

28 자막 클립의 시작 위치와 끝 위치를 조정하여 장면이 나오고 사라지는 타이밍과 맞춰줍니다. 장면과 자막의 타이밍이 맞지 않으면 내용이 효과적으로 전달되지 않으니 반드시 신경 써서 자막의 시작과 끝 위치를 조정해야 합니다. 이제 자막의 내용만 수정하면 됩니다. 첫 번째 자막을 복제하였기 때문에, '인/아웃 애니메이션'까지 두 번째 자막에 똑같이 적용된 것을 확인할 수 있습니다.

29 이후의 자막들도 이전의 자막을 '복제'하여 장면의 타이밍에 맞춰 자막 클립을 이동한 후, 자막의 내용을 수정하는 방식으로 추가하면 됩니다.

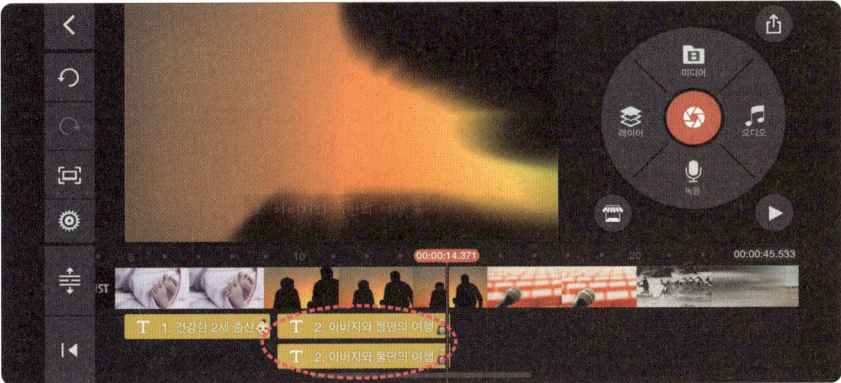

Lesson 2

① 반복 재생(▶)하면서 수정할 곳 점검

② ⬆를 눌러 파일로 내보내기

③ 해상도는 'FHD1080p'로, 프레임레이트는 '30'으로 지정(무료 버전에서는 HD720p로)

④ 사진첩(갤러리)에 영상으로 저장됨

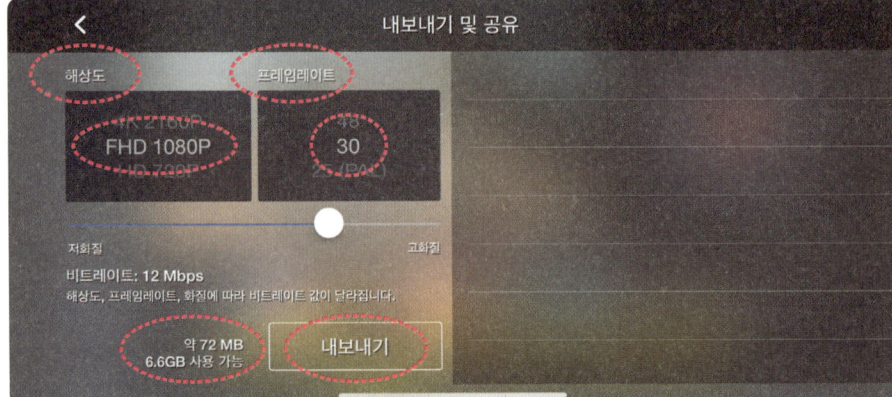

30 10개의 버킷리스트 항목에 맞는 각각의 자막을 모두 타이밍에 맞춰 넣어주었습니다. 편집이 끝나면서 ▶ 버튼을 눌러 반복 재생하면서, 수정할 사항이 더 없는지 확인해봅니다. 더 이상 수정할 사항이 없다면 ⬆ 버튼을 눌러 사진첩(갤러리)으로 영상을 내보내기 하겠습니다. 해상도와 프레임 레이트(FPS: Frames Per Seconds / 초당 프레임 수)는 스마트폰 카메라의 기본 값과 동일하게 'FHD 1080p'와 '30'으로 두고, '내보내기' 버튼을 누릅니다. 영상의 길이와 스마트폰 기기의 성능에 따라 '내보내기'에 걸리는 시간은 다를 수 있습니다. '내보내기'가 완료되면 다시 '내보내기 및 공유' 화면으로 돌아오고 오른쪽 리스트에 항목이 생겨납니다. 사진첩(갤러리)에 영상이 저장되었다는 의미이니 사진첩 앱을 열어 확인하면 됩니다.

31 키네마스터 앱에는 작업한 프로젝트가 자동으로 저장되어 있으니 수정 편집이 필요할 때에는 프로젝트를 선택하여 🖉 버튼을 누르고 들어가서 수정하면 됩니다. 그리고 파일명은 구분하기 쉽게 변경하여 저장해놓는 것이 좋습니다.

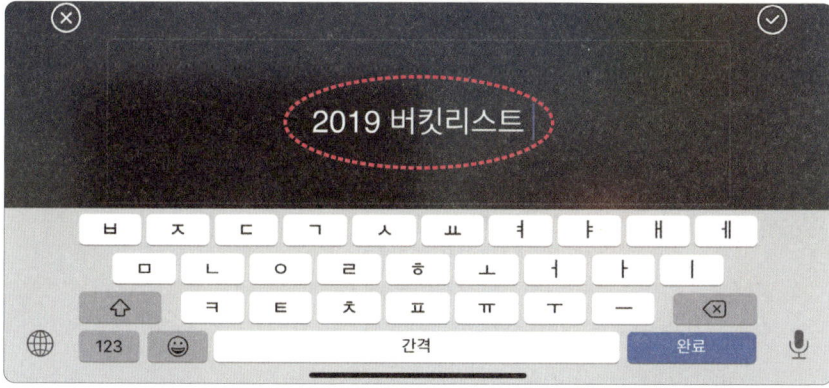

Lesson 6

예제 따라 쉽게 익히는 영상 제작 6

시간을 기록하는 영상

>> 인생 타임랩스
　(실습 화면: 아이폰 + 키네마스터 앱)

이번에 다룰 예제는 꾸준한 기록만으로 멋진 콘텐츠가 되는 매우 의미 있는 영상 제작 방식입니다.
'타임랩스'라는 영상 종류에 대해 들어보았나요?
'타임랩스'는 긴 시간을 압축하여 짧은 순간에 담아내는 촬영 기법입니다.
일정한 타이머를 걸어두고 그에 맞춰 자동으로 촬영되어 완성되는 방식도 있고,
시간의 흐름이 느껴질 만한 기간 동안 수동으로 촬영하여 완성하는 방식도 있습니다.
'백문이 불여일견'이라고 했으니, 제가 깊은 영감을 얻었던 해외의 사례를 한번 볼까요?

Portrait of Lotte, 0 to 20 years
조회수 1542만회 · 9개월 전

후렌스 호프미스터(Frans Hofmeester)라는 사람은 본인의 딸 로떼(Lotte)가 태어난 이후로 20년 동안 매주 한 번 꼴로 딸의 얼굴을 영상으로 기록하고 있습니다. 이 영상들을 조금씩 잘라 붙여 본인의 유튜브 채널에도 업로드하고 있죠.
2019년 10월에 업로드한 로떼의 20년 성장 영상은 2020년 8월 현재까지 약 1500만 회의 조회수를 기록할 정도로 사람들에게 감동을 주고 있습니다.
어떤 감동이 느껴지는지 QR코드 링크로 접속하여 영상을 감상해볼까요?

예제 따라 쉽게 익히는 영상 제작 6

이제부터는 제가 약 5년째 기록 중인 '수동 타임랩스'의 제작 과정을 공개합니다.
저는 주로 오프라인에서 강의를 많이 하는데, 강의할 때마다 교육생들과 의미 있는 기록을 하기로 마음먹었습니다. 처음 시작했을 때가 2015년 11월이었고 현재까지도 계속해서 기록하고 있습니다. 기록하는 방식은 출강한 곳의 명칭 또는 교육 명을 제가 외치면 교육생들이 큰 소리로 환호성 쳐주는 것입니다. 이것을 영상으로 촬영하면 4~8초 정도 되는데, 이를 편집 과정에서 조금씩 자른 후 순서대로 이어 붙이는 것이죠. 왼쪽의 이미지들은 2019년에 제가 기록한 영상 121개를 사진첩에 하나의 폴더로 모아둔 것입니다. 이제 2019년의 제 강의 타임랩스 영상을 편집해보겠습니다.

Lesson 6

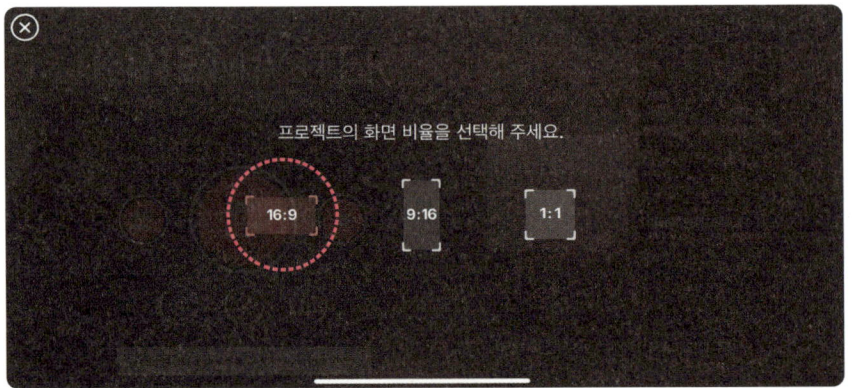

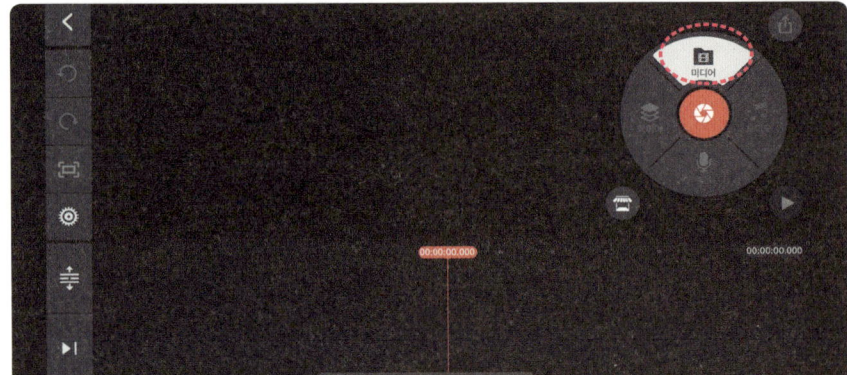

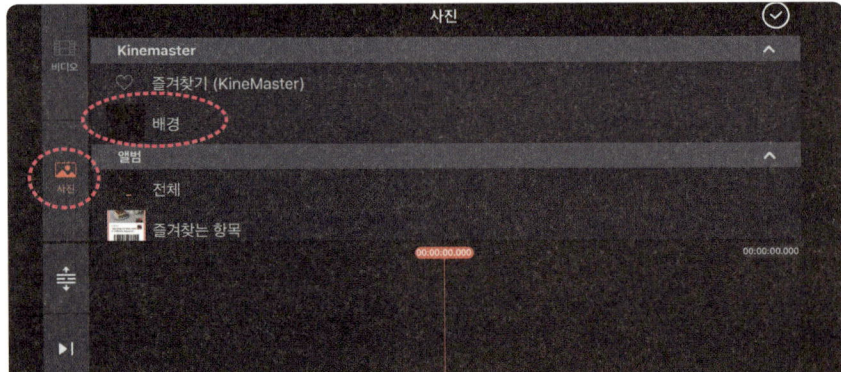

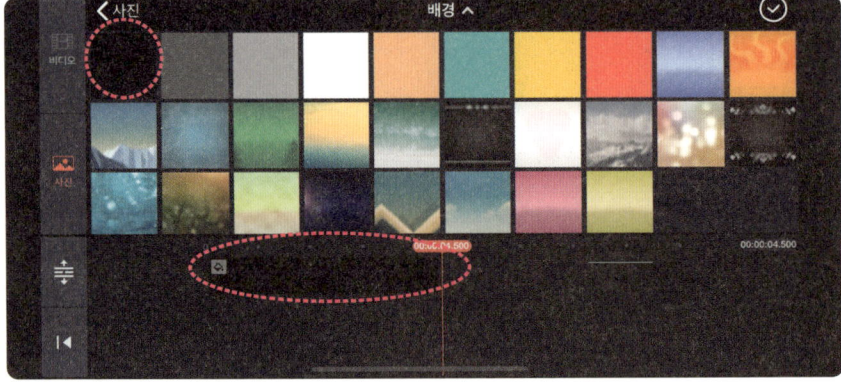

1 키네마스터 앱을 열어 프로젝트 생성 버튼을 누르고 화면 비율을 '가로(16:9)'로 선택합니다. '미디어-사진' 메뉴로 들어가면 '배경'이라는 폴더가 보입니다(안드로이드폰에서는 '미디어-단색 배경'). 이 폴더 안에는 다양한 단색 이미지와 배경으로 사용할 만한 이미지들이 있는데, 이중 검은색 이미지를 선택하여 타임라인에 추가하겠습니다. 빈 화면에 자막만 넣고 싶을 때, 검은색 배경을 먼저 깔아주고 그 위에 자막을 넣는 원리입니다.

📝 → 화면 비율 선택 → 미디어-사진 → 단색 배경 선택

예제 따라 쉽게 익히는 영상 제작 6

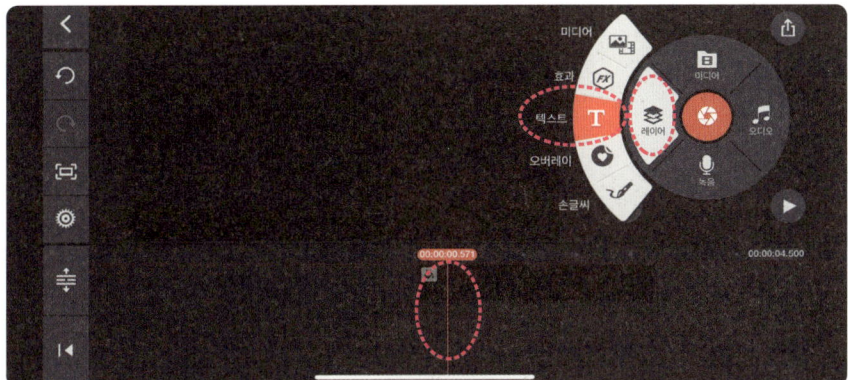

2 자막을 넣을 시점에 플레이 헤드를 맞춰두고, '레이어-텍스트'를 누른 다음 'True Road'라는 자막을 입력했습니다. 참고로 'True Road'는 이 기록 영상의 제목인데, 제 영어 이름 'True'와 제가 가는 길이라는 의미의 'Road'를 합친 것입니다. '폰트' 메뉴를 통해 개성 있는 필기체 느낌으로 바꾸고, 자막의 크기와 위치도 원하는 대로 조정할 수 있습니다.

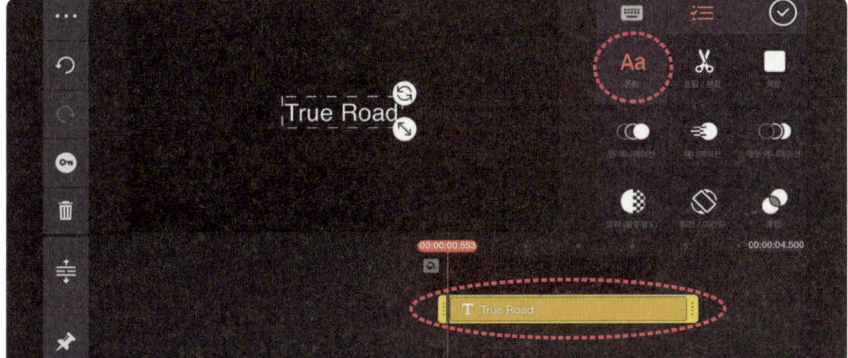

'레이어' → 'T 텍스트' →
자막 입력 → 'Aa 폰트' 선택 →
자막 크기, 위치 조정

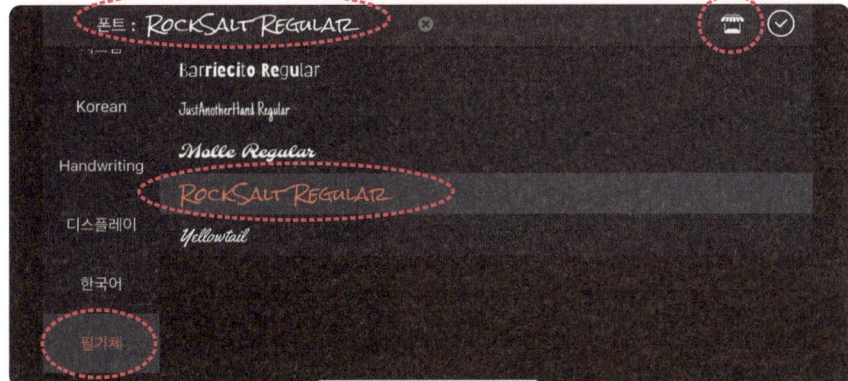

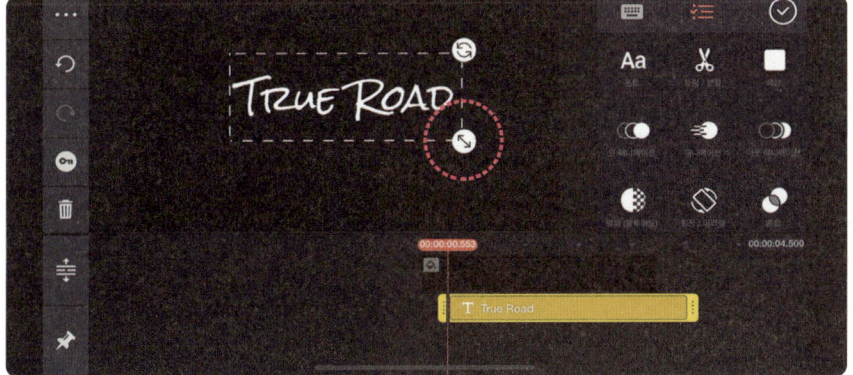

3 자막이 부드럽게 화면에 나왔다가 부드럽게 사라지게 하고 싶을 때에는, '인 애니메이션' 과 '아웃 애니메이션'을 각각 '페이드'로 적용해주면 됩니다.

인 애니메이션 → 페이드

아웃 애니메이션 → 페이드

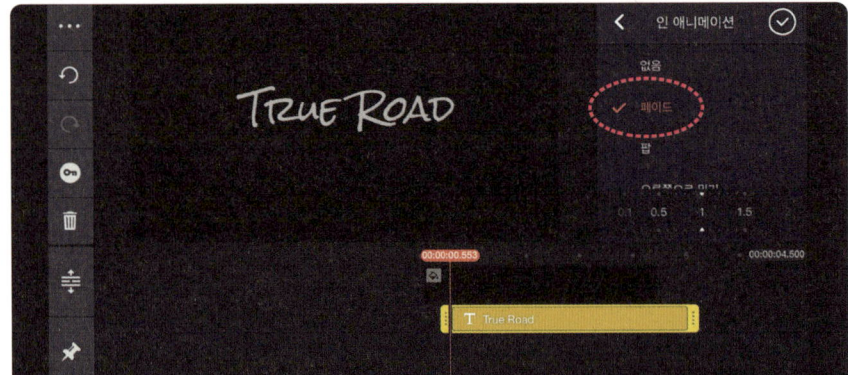

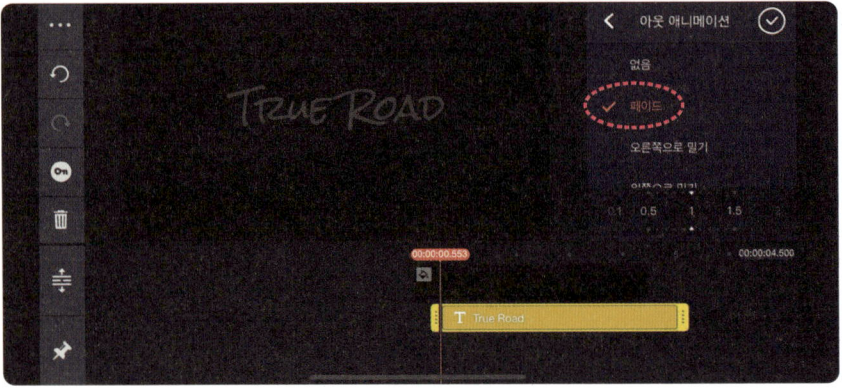

예제 따라 쉽게 익히는 영상 제작 6

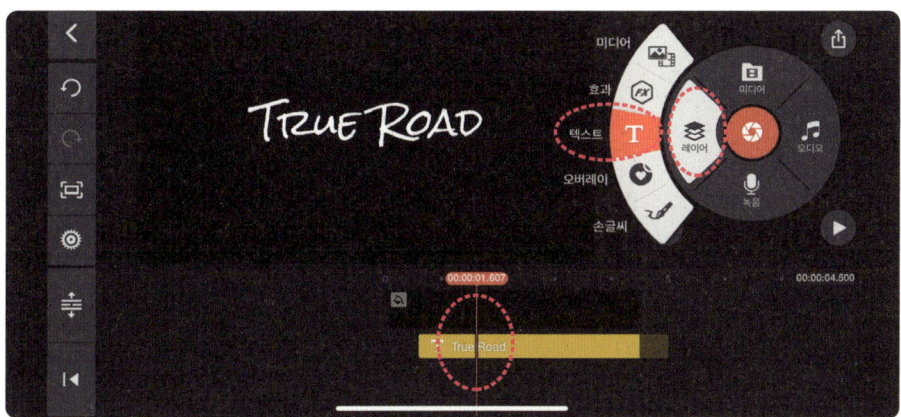

① '레이어' → 'T 텍스트'

② 자막 입력

③ 자막 크기, 위치 조정

④ 'Aa 폰트' 선택

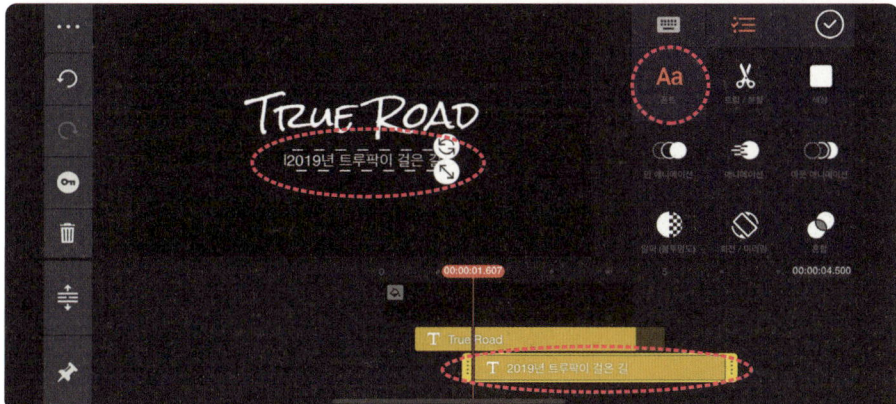

4 'True Road'라는 메인 타이틀 밑에 '2019년 트루팍이 걸은 길'이라는 서브 타이틀을 자막으로 넣어보겠습니다. 메인 타이틀이 나오고 나서 한 박자 늦게 나오게 플레이헤드를 조정한 후, '레이어-텍스트'로 들어가서 자막을 입력했습니다. '폰트' 메뉴에서 얇은 한글 폰트로 바꾸고(한글 폰트는 '폰트' 메뉴 내 상단의 🛒 버튼을 눌러 '에셋 스토어'에서 다운로드 가능), '인/아웃 애니메이션'도 제 의도대로 적용했습니다(인 애니메이션: 타이밍/ 아웃 애니메이션: 페이드).

Lesson 6

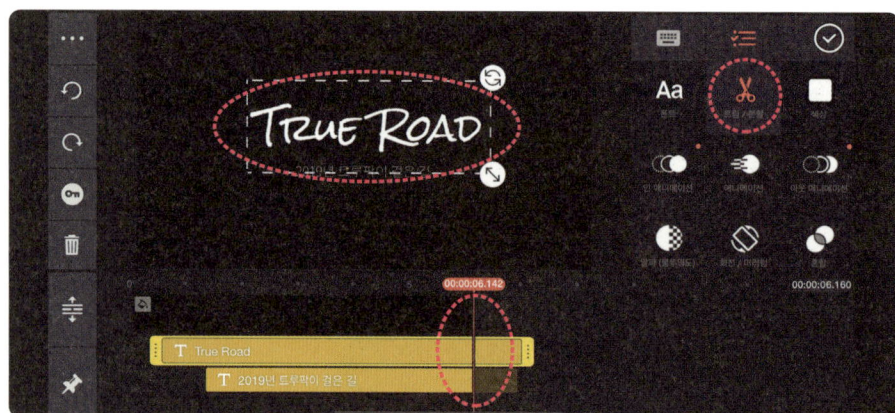

① 플레이헤드 맞추기
② '✂ 트림/분할'
③ '플레이헤드의 오른쪽을 트림'

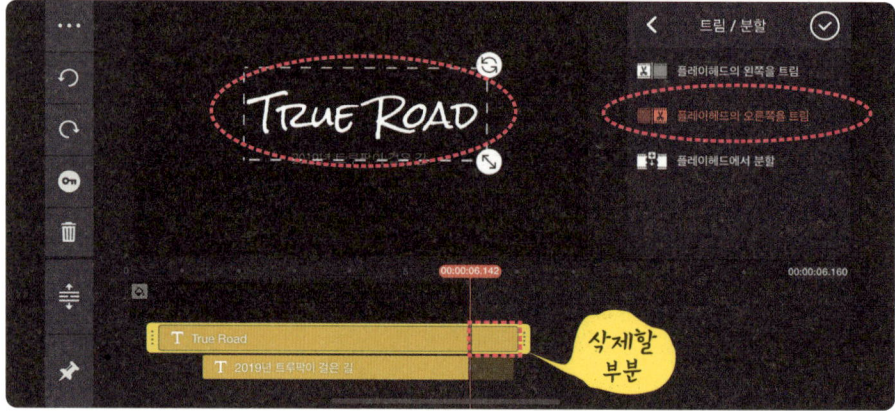

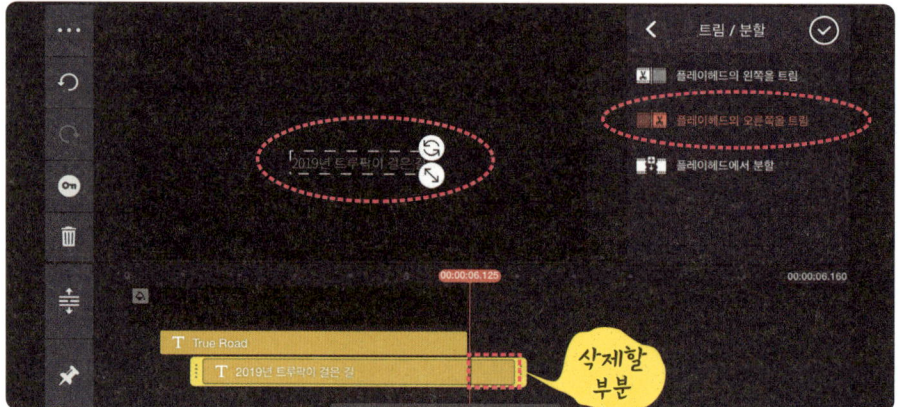

5 메인 타이틀과 서브 타이틀이 시차를 두고 화면에 나오도록 했지만, 화면에서 사라질 때는 두 자막이 동시에 사라지게 하기 위해 플레이헤드를 움직이지 않은 상태에서 각각 '트림/분할' 메뉴를 통해 똑같이 끝부분을 자릅니다.

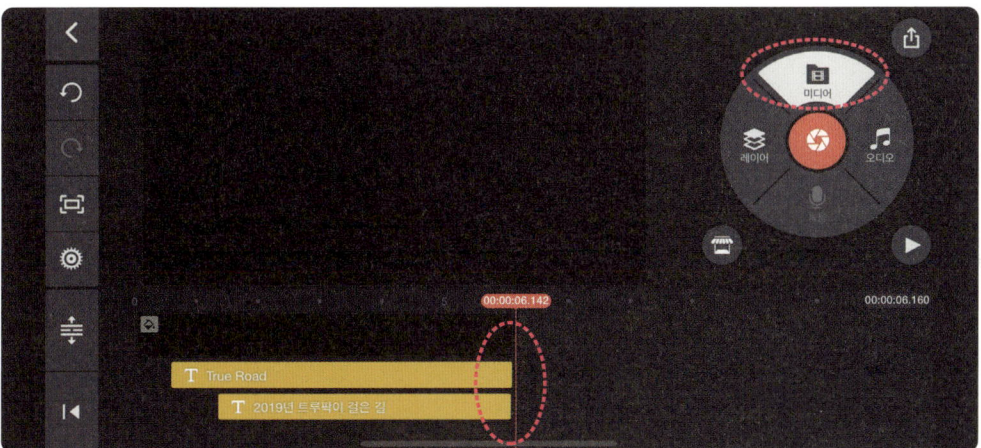

'미디어' → '비디오'

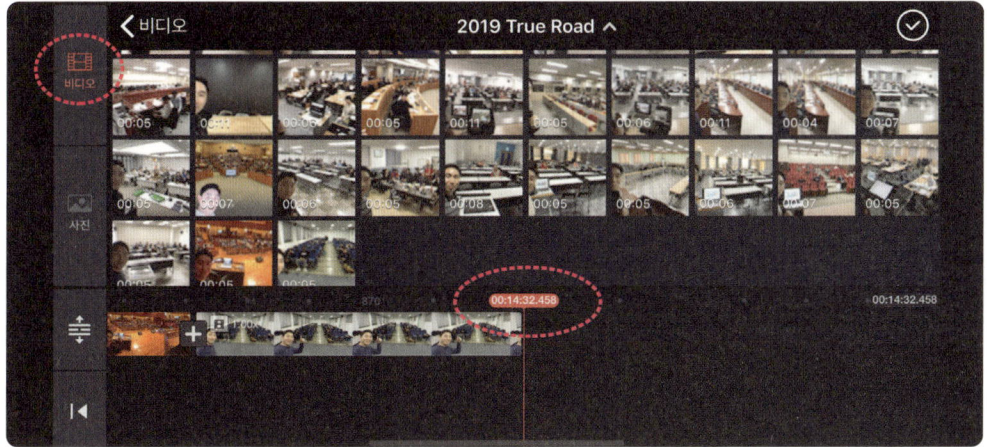

6 타이틀이 끝난 시점에 플레이헤드를 고정시킨 후, '미디어' 버튼을 눌러 사진첩에 하나의 폴더로 모아둔 기록 영상들을 시간 순서대로 선택하여 타임라인에 추가합니다. 121개의 영상을 타임라인으로 불러왔더니 영상의 길이가 총 14분 32초 정도 되었는데, 이제 영상을 하나씩 확인해보면서 필요 없는 부분을 잘라보겠습니다.

Lesson 6

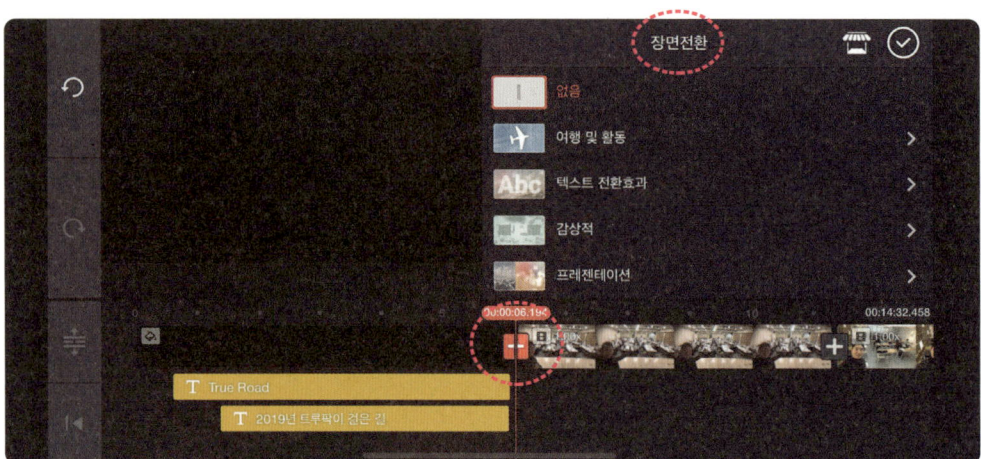

① ➕ 버튼 누르기

② '장면전환'

③ '대표 장면전환 효과'

④ '겹침'

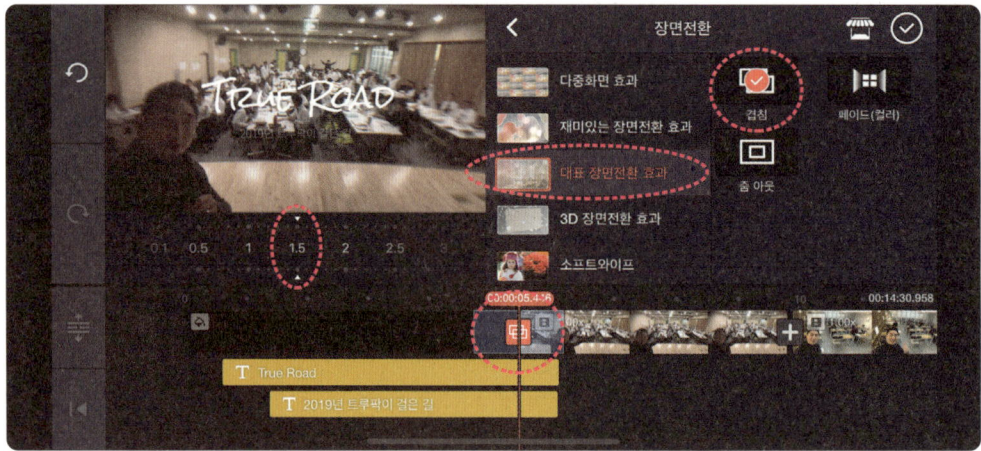

7 타임라인 위의 클립과 클립 사이에는 ➕로 연결되어 있는데, 이 버튼을 눌러 '장면전환' 메뉴로 진입하여, 타이틀 부분과 첫 영상이 자연스럽게 이어지도록 '대표 장면전환 효과-겹침'을 1.5초로 설정했습니다.

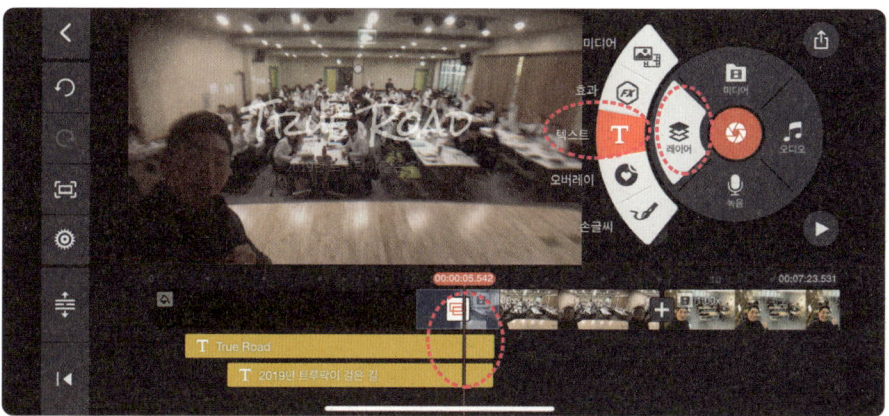

① '레이어' → 'T 텍스트'

② 폰트, 자막 크기, 길이 선택

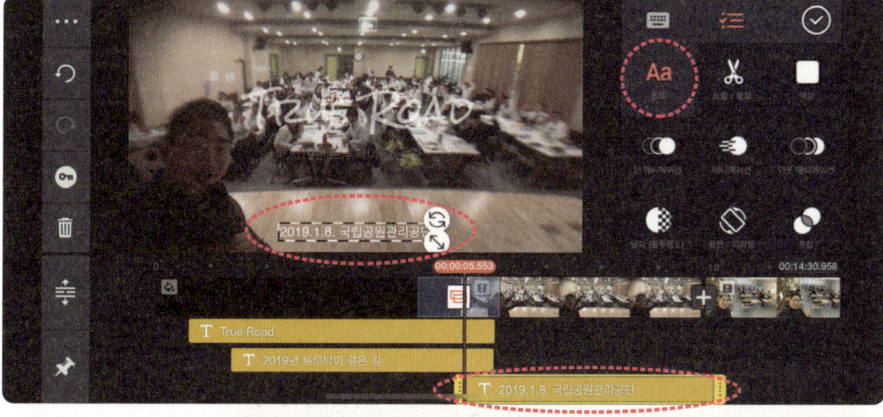

③ 복제한 후 각 영상에 동일하게 적용

④ 영상 내용에 맞게 자막 수정

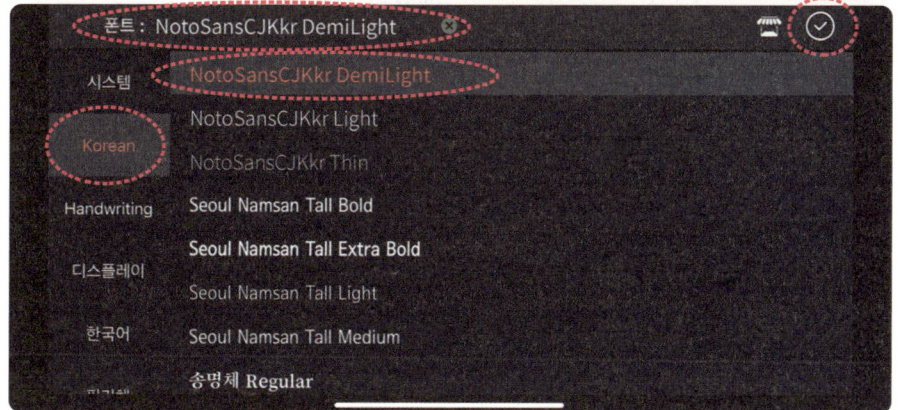

8 각 기록 영상마다 '강의한 날짜와 강의한 곳의 명칭'을 하단 자막으로 넣어줄 예정입니다. 기록한 영상 121개 각각에 자막을 동일한 스타일(위치, 크기, 폰트, 색상 등)로 모두 넣을 것이기 때문에, 첫 번째 자막의 스타일을 잘 설정하여 앞선 예제들에서 했던 것처럼 자막을 복제하여 사용하겠습니다.

Lesson 6

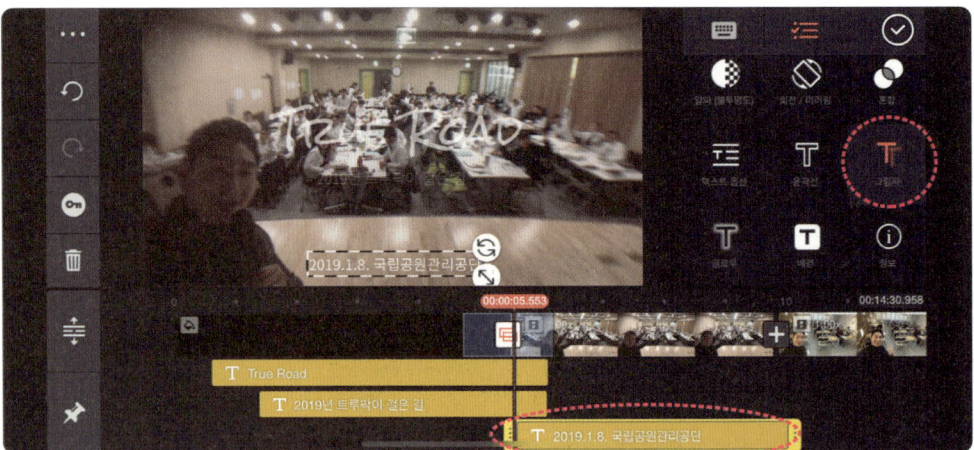

자막 클립을 선택하면 노란색 박스 선이 만들어집니다. 이 상태에서 텍스트 색 및 다양한 효과를 줄 수 있습니다.

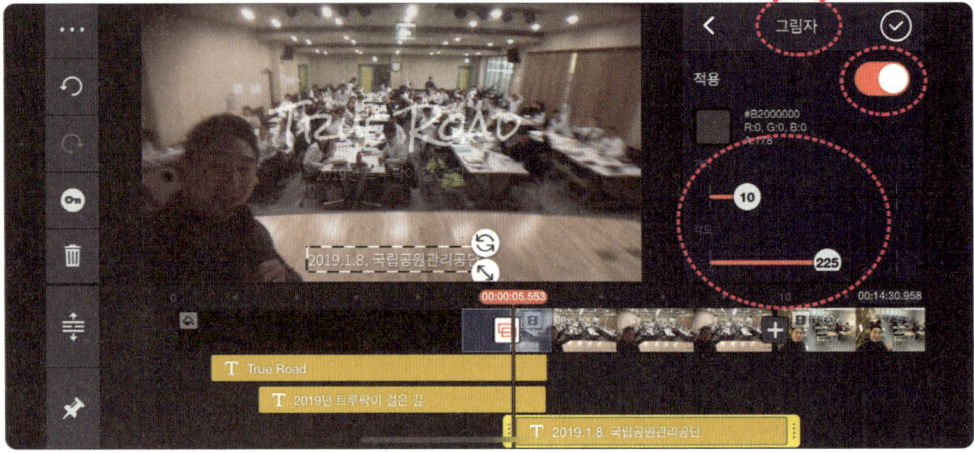

9 텍스트의 옵션 중, '윤곽선 / 그림자 / 글로우 / 배경'은 자막을 꾸며주는 메뉴들입니다. 저는 이중 '그림자' 메뉴를 통해 흰색 자막이 화면 속에서 더 잘 보이도록 연한 검은색 그림자를 적용했습니다. 차이가 느껴지나요? (그림자 초기 설정값: 색상 'R:0 G:0 B:0' / 투명도 69% / 거리 10 / 각도 225 / 퍼짐 10 / 크기 10, 그림자 변경한 설정값: 퍼짐 27 / 크기 13으로 변경)

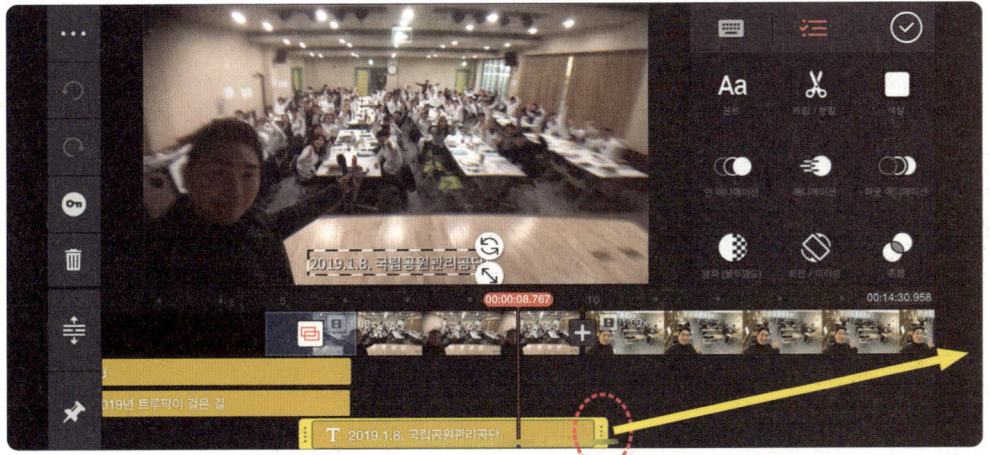

노란색 박스 선
두꺼운 부분을 검지
손가락으로 누른 채로
타임라인 끝까지 자막
길이 늘리기

타임라인
두 손가락으로
좁히기

10 스타일 설정을 완료한 첫 번째 기록 영상의 자막을 똑같은 스타일에 내용만 바꿔 다른 기록 영상에도 넣어보겠습니다. 먼저 첫 번째 기록 영상의 자막을 타임라인 끝, 즉 맨 마지막 기록 영상이 있는 곳까지 길이를 늘려줍니다. 이때 타임라인을 두 손가락으로 좁혀놓고 작업하면 좀 더 쉽고 빠르게 자막의 길이를 늘려줄 수 있습니다.

Lesson 6

① 삭제할 부분 결정
② 플레이헤드 맞추기
③ '✂ 트림/분할'
④ '플레이헤드에서 분할'

11 각 기록 영상마다 삭제할 부분은 '트림/분할' 메뉴를 통해 잘라내고, 잘라낸 영상 끝 부분에 맞춰 플레이헤드를 고정시킨 후 길게 늘인 자막 클립을 선택하여 '트림/분할 – 플레이헤드에서 분할'해주면 영상 길이에 맞게 자막이 분리됩니다.

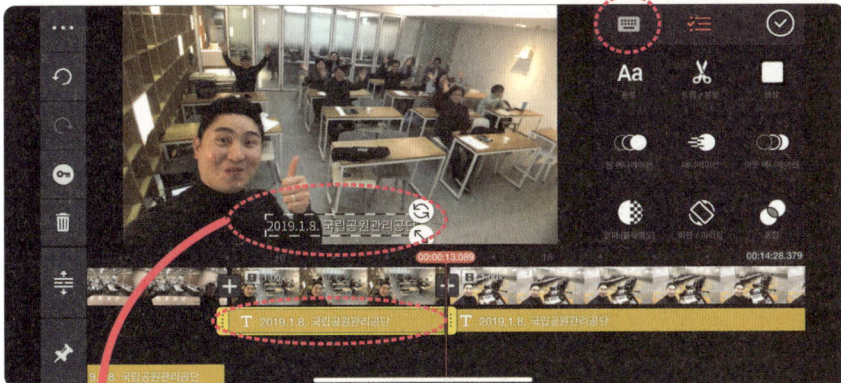

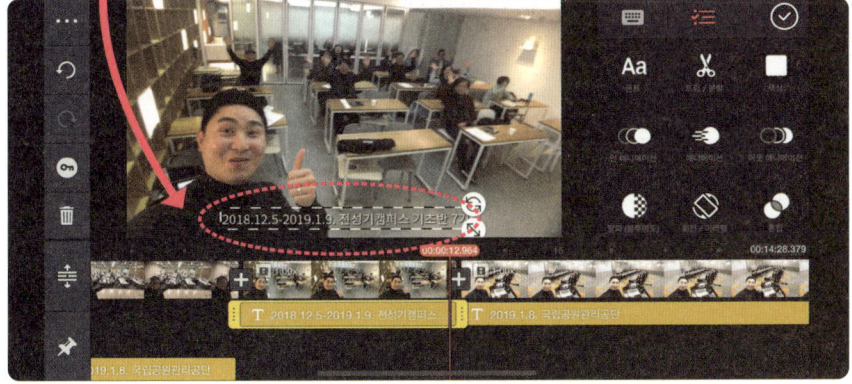

12 두 번째 기록 영상을 작업해보겠습니다. 촬영한 영상의 뒷부분은 필요 없기 때문에 '트림/분할' 메뉴로 들어가 잘라내고, 동일한 플레이헤드 위치에서 하단 자막 클립을 선택하여 '트림/분할 – 플레이헤드에서 분할' 해주면 두 번째 기록 영상 길이에 맞게 자막이 분리됩니다. 버튼을 눌러 내용만 수정합니다.

같은 방법으로 나머지 119개의 영상도 삭제할 부분을 잘라내고 그에 맞춰 자막도 분리하여 내용을 수정하면 됩니다.

영상이 다닥다닥 붙어 있고 하단 자막의 길이를 각 영상 길이와 똑같이 넣어주는 일이라 이러한 자막 편집 방식이 매우 효율적입니다.

Lesson 6

13 여기까지 편집이 완료된 영상을 사진첩으로 내보내겠습니다. 프로젝트 상단 오른쪽의 📤 버튼을 눌러 '내보내기 및 공유' 메뉴로 진입합니다(안드로이드 버전에서는 📤 버튼).

해상도는 'FHD 1080p', 프레임 레이트는 '30'으로 설정하고 '내보내기' 버튼을 누르면 내보내기가 진행되고, 완료되면 목록에 파일명이 표시됩니다. 스마트폰 사진첩으로 가서 확인해보면 편집된 영상이 저장되어 있습니다(키네마스터 무료 버전에서는 '내보내기' 버튼 누른 후, 구독 안내 화면에서 상단 '건너뛰기' 버튼 클릭하면, 영상 안에 워터마크가 들어간 채로 사진첩에 저장됩니다).

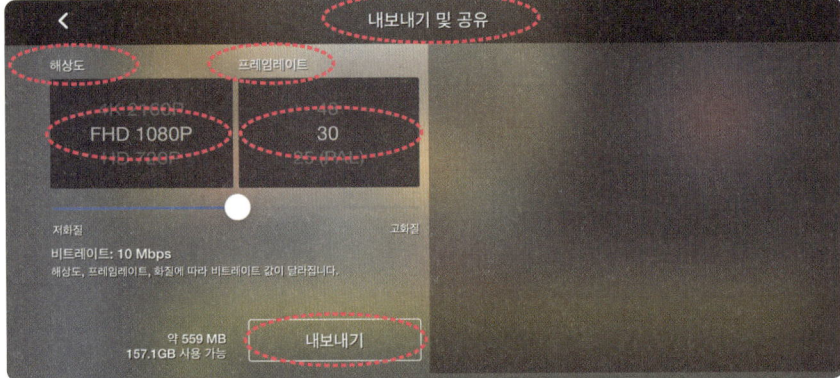

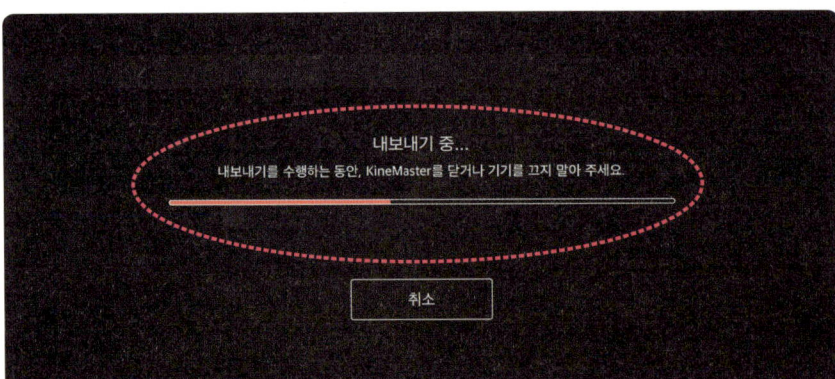

① 📤 → '내보내기 및 공유'

② 해상도, 프레임레이트 설정

③ '내보내기'

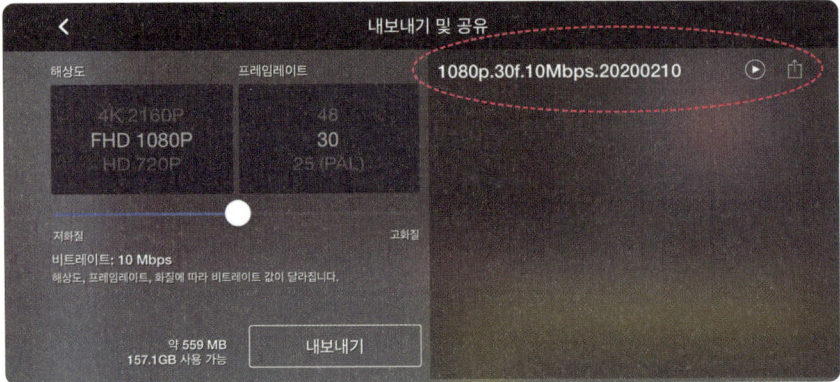

예제 따라 쉽게 익히는 영상 제작 6

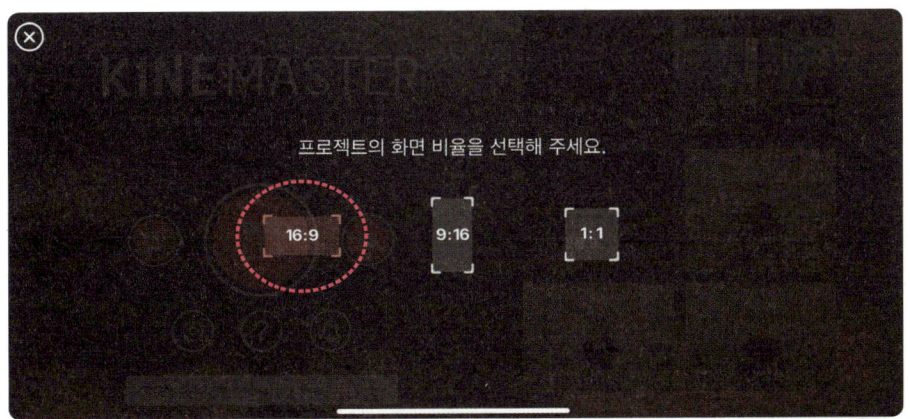

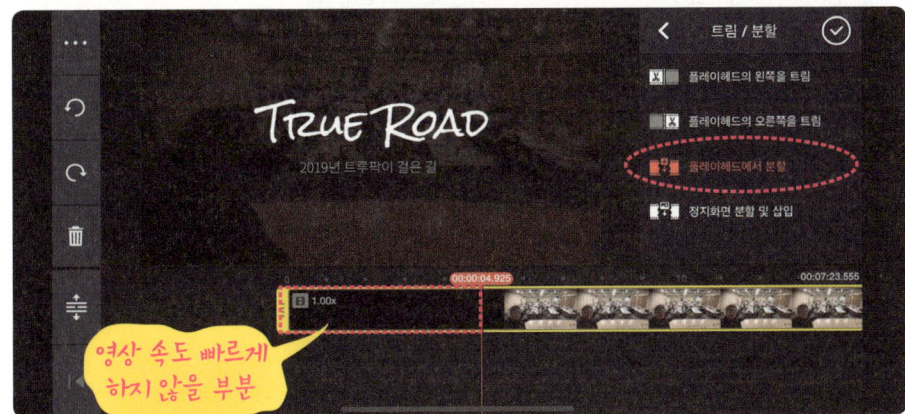

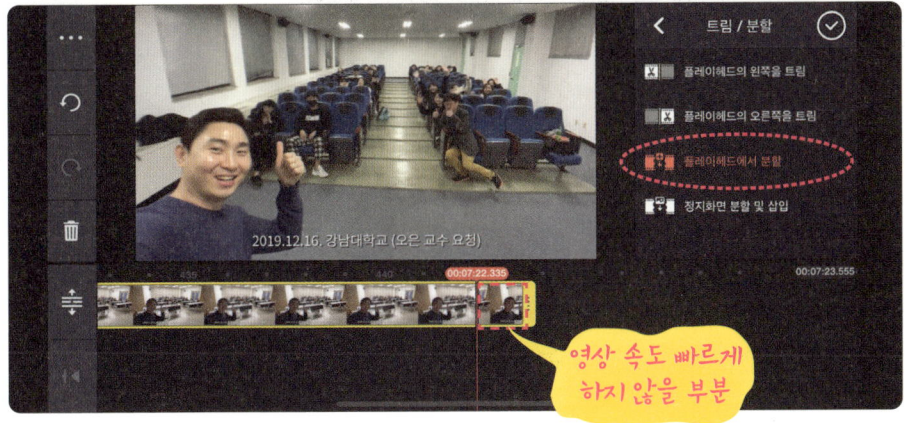

14 새로운 프로젝트를 16:9 비율로 만듭니다. 앞에서 저장한 영상을 '미디어' 메뉴로 들어가서 다시 불러온 후 영상 일부분의 속도를 조절하려고 합니다. 개별 기록 영상의 속도를 일일이 조절하는 것보다 하나의 영상을 완성한 다음 한 번에 조절하는 것이 훨씬 수월합니다.

Lesson 6

① 속도를 빠르게 할
　클립(영상 부분) 누르기

② '🕑 속도'

② 1.5 선택

　(1x : 정상속도,
　4x : 4배 빠르게,
　8x : 8배 빠르게)

③ ✓ 속도 조절 완료

* '속도'에서 '1' 왼쪽에 있는 0.5, 0.125를 누르면 영상 속도가 느려집니다.

15 영상 맨 앞 타이틀 부분과 맨 마지막 부분은 잘라서 분리한 다음 기록 영상 121개가 이어지는 중간 부분만 '속도' 메뉴로 들어가 1.5배 빠르게(1이 정상 속도) 조절했습니다. 영상 일부분의 속도가 빨라지면서, 전체 영상의 길이가 '7분 23초'에서 '4분 57초'로 짧아진 것을 확인할 수 있습니다.

예제 따라 쉽게 익히는 영상 제작 6

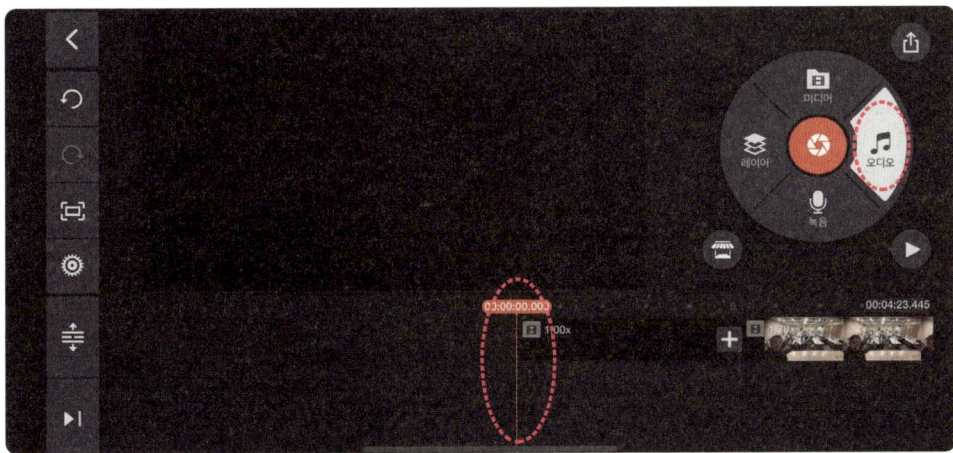

① 시작점에 플레이헤드 맞추기
② ' 🎵 오디오'
③ '음악' 선택
④ ⊕ 버튼 눌러 타임라인에 추가

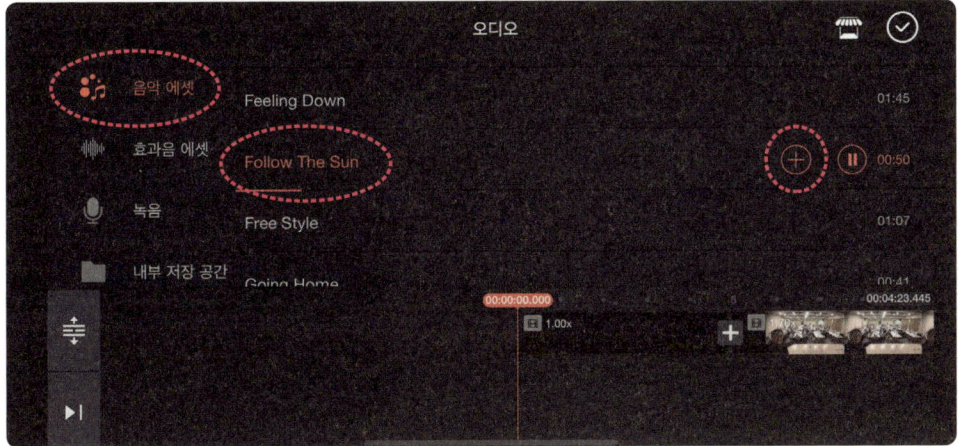

16 전체적으로 분위기를 살려줄 음악을 넣어보겠습니다. '오디오' 메뉴로 들어가 '에셋 스토어'에서 다운로드해놓은 음악을 '음악 에셋' 목록에서 찾은 후, ⊕ 버튼을 눌러 타임라인에 추가합니다.

Lesson 6

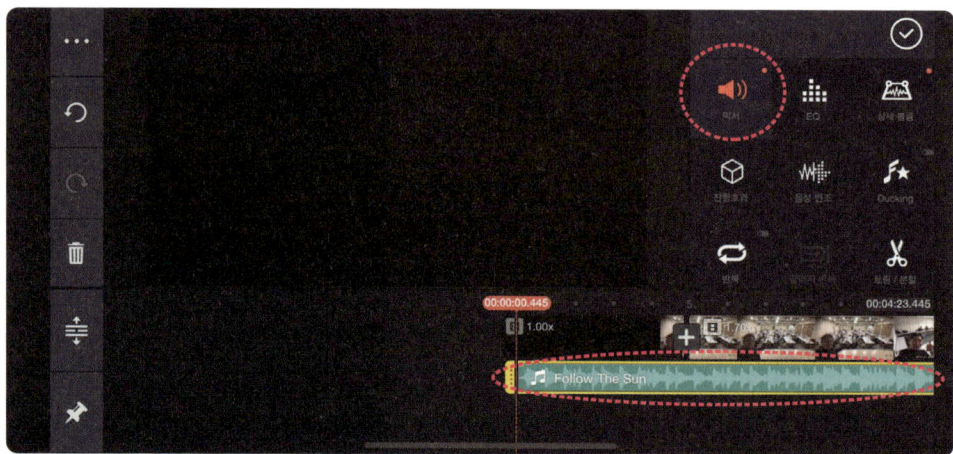

① 음악 클립 선택

② '🔊 믹서'

② 왼쪽 🔊 버튼 아래 숫자 표시된 원을 위아래로 내리면서 볼륨 조절

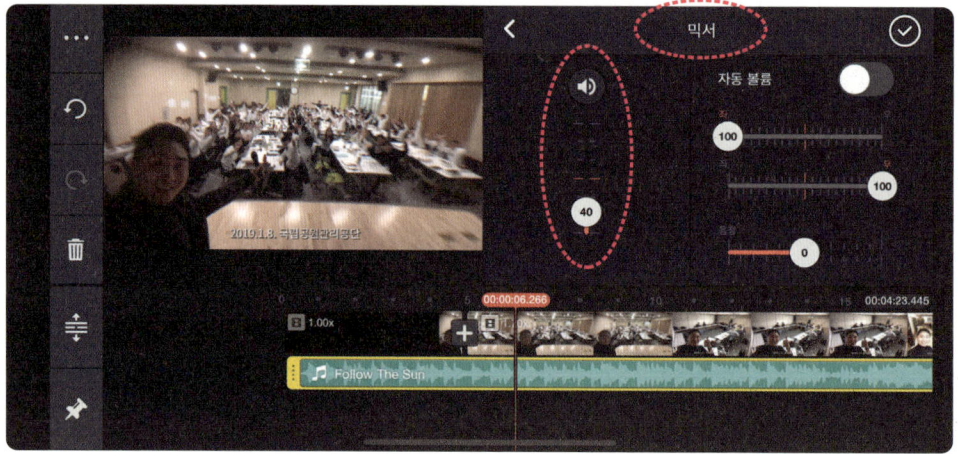

17 영상 속 소리(제 목소리와 수강생들의 환호성)가 중요하므로, 음악 클립의 '믹서' 메뉴로 들어가 음량을 적절하게 낮춰주는 것이 좋습니다.

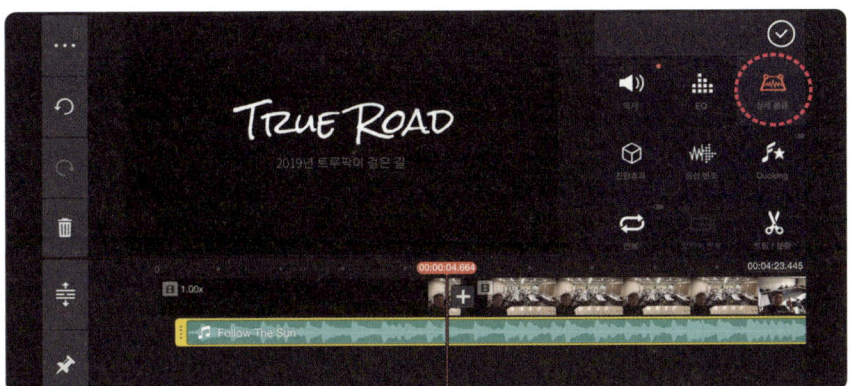

18 '믹서'는 오디오 클립의 음량을 전체적으로 조절하는 메뉴이고, 맨 앞 타이틀이 나오는 부분에서는 음악 소리를 크게 했다가 기록 영상이 시작되는 순간부터 소리가 작아지게 하는 식의 부분 음량 조절은 '상세 볼륨' 메뉴에서 구간을 이동하면서 음량을 조절하면 됩니다.

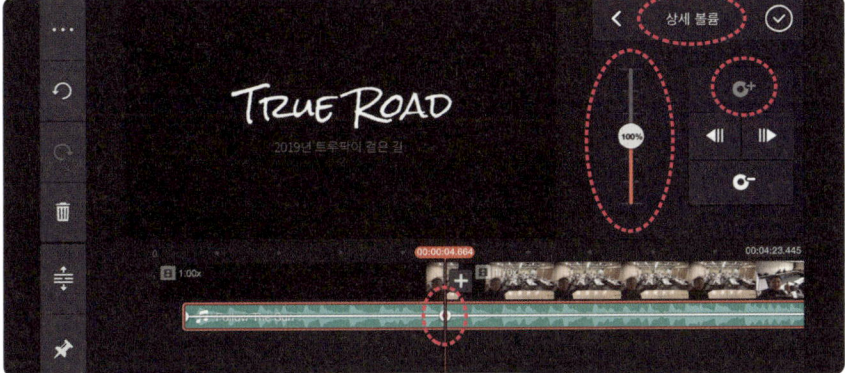

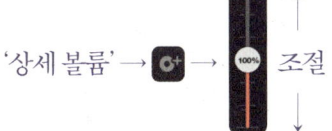

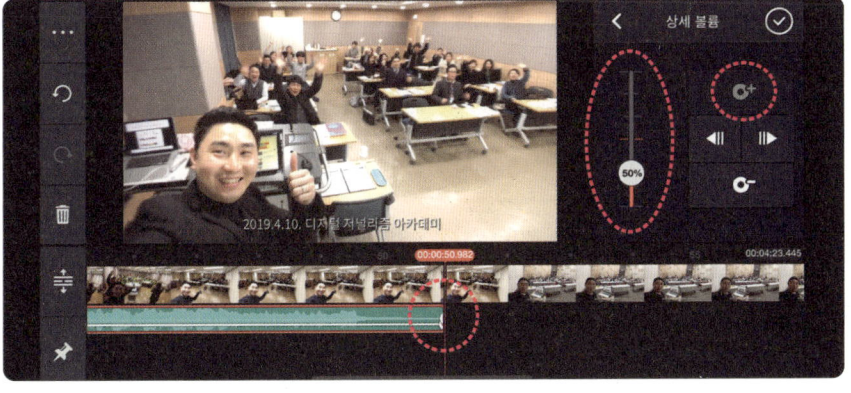

Lesson 6

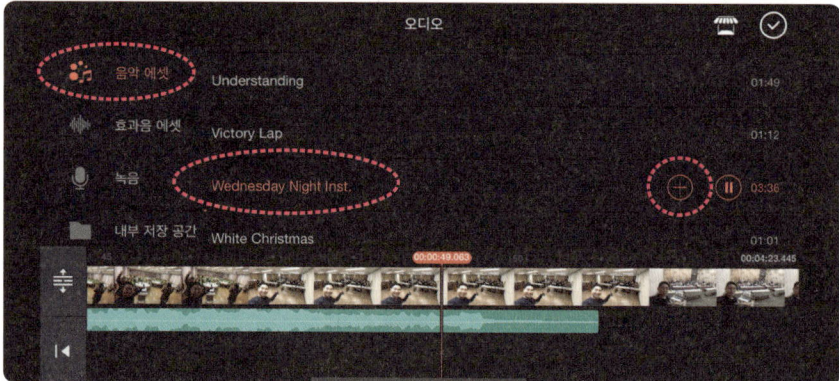

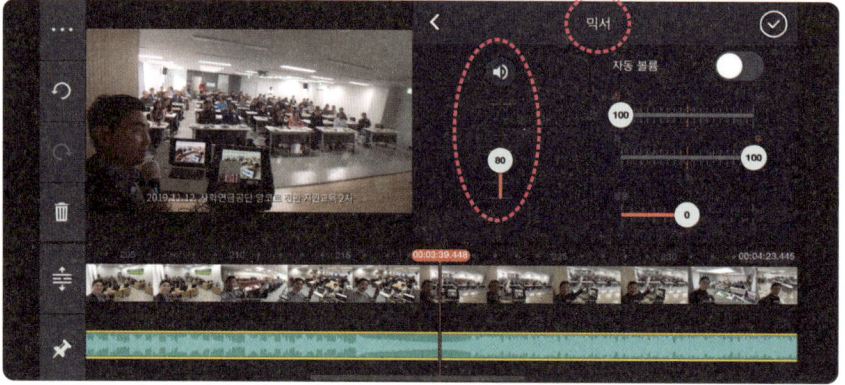

19 타임라인에 추가한 음악이 영상보다 짧을 경우, 자연스럽게 다른 음악을 적절한 타이밍(앞의 음악과 살짝 겹쳐주는 것이 자연스럽게 전환되는 방법입니다)에 추가하는 방법이 있습니다. 저는 두 번째 음악을 고를 때 분위기에 맞는지도 고려했지만, 이 영상의 끝까지 길이가 충분한지를 확인하면서 선택했습니다. 새롭게 추가한 음악이 영상과 잘 어우러지는지 재생해보고, '믹서' 메뉴를 통해 음량도 조절하면 됩니다.

'🎵 오디오' → 음악 선택 →
'🔊 믹서' → 볼륨 조절

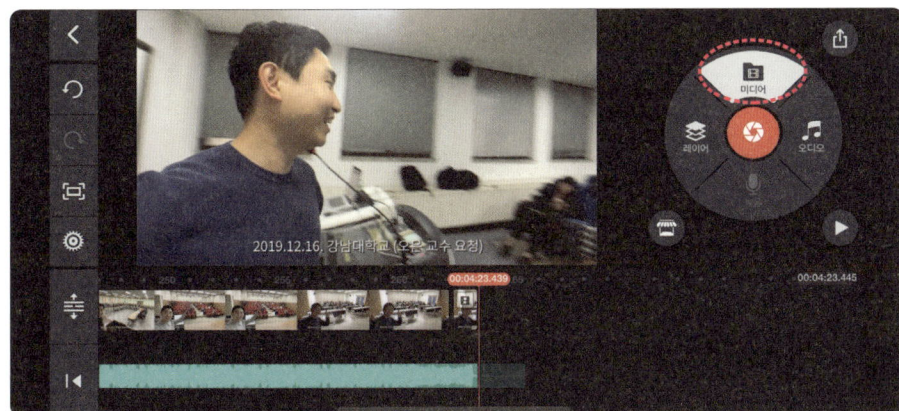

'미디어' → '사진' → '배경'
→ 마지막 화면 추가

(안드로이드에서는
'미디어' - '단색 배경')

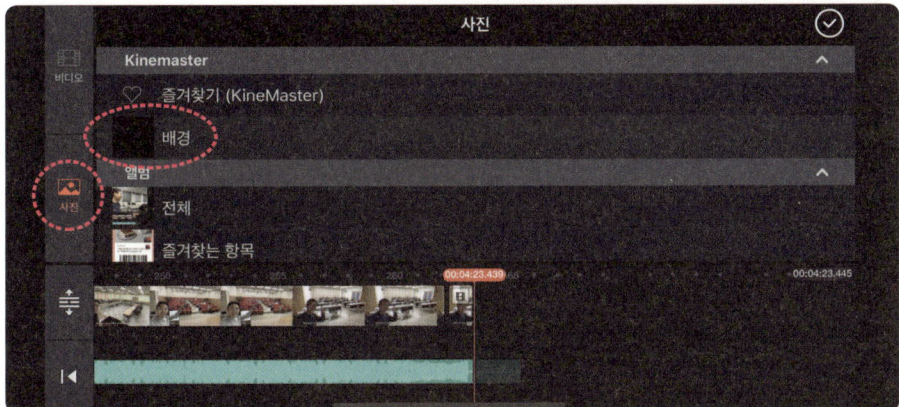

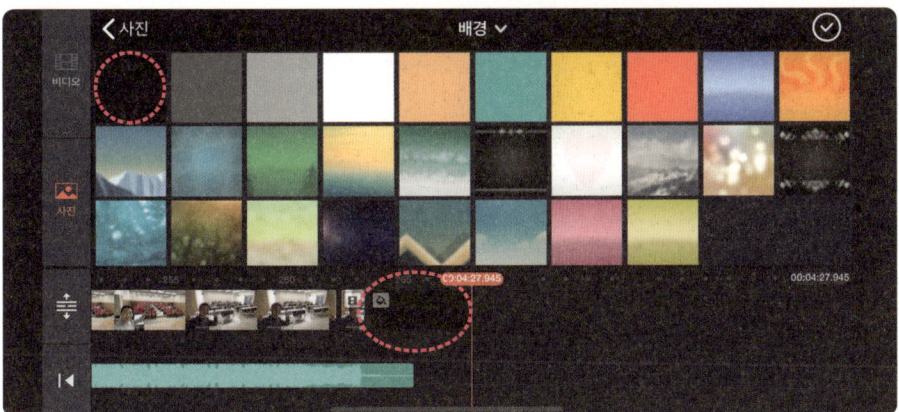

20 영상의 맨 마지막은 처음과 마찬가지로 마무리 자막을 넣기 위해, 먼저 검은색 배경 이미지를 '미디어'로 넣습니다.

어떤 클립도 선택하지 않은 상태에서는 타임라인을 넓히거나 좁히면서 볼 수 있습니다.
전체 영상 길이에는 영향을 주지 않습니다.

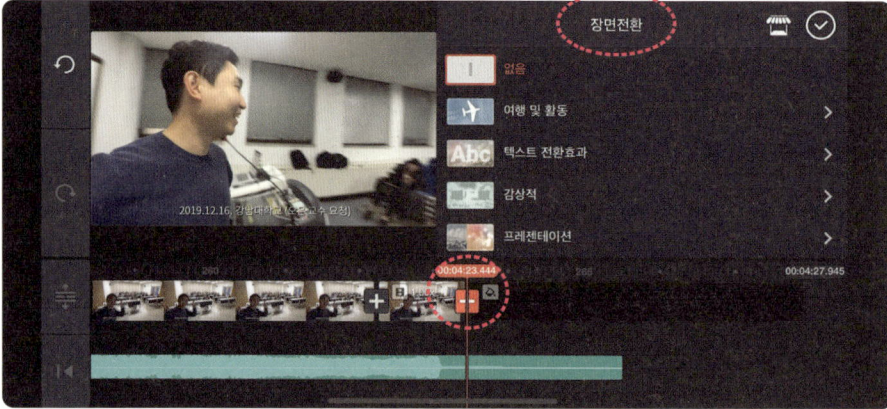

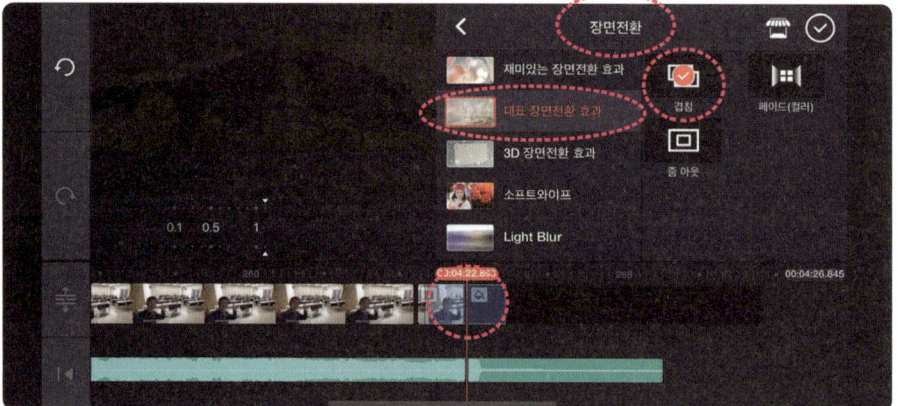

21 맨 마지막 기록 영상과의 '장면전환' 효과를 '겹침'으로 설정하여, 자연스럽게 기록 영상이 어두워지고 나서 마무리 자막이 나오게 해보겠습니다.

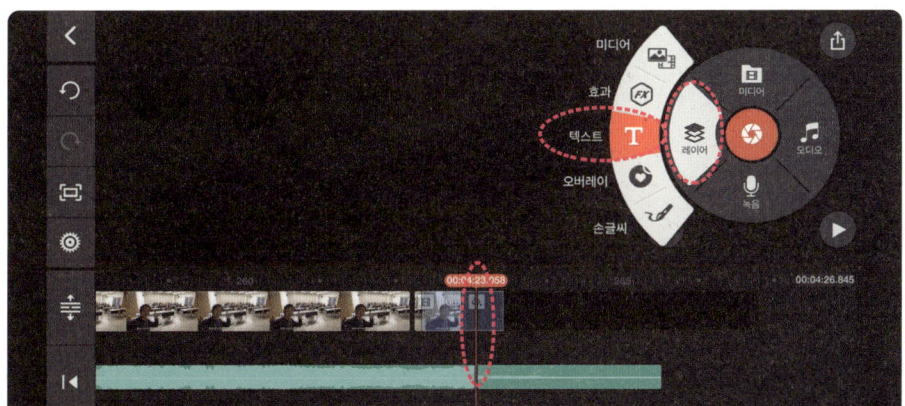

영상이 끝나는 부분에 자막을 넣으려면 영상 마지막 부분에 플레이헤드를 고정시킨 후, '레이어' → 'T 텍스트'로 자막 추가

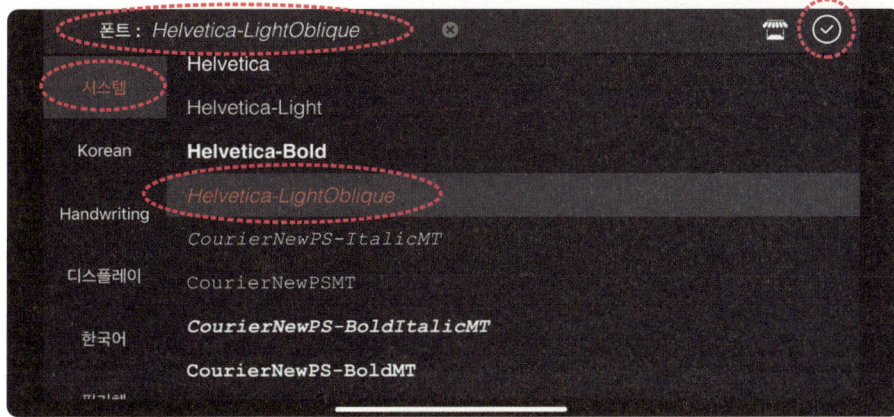

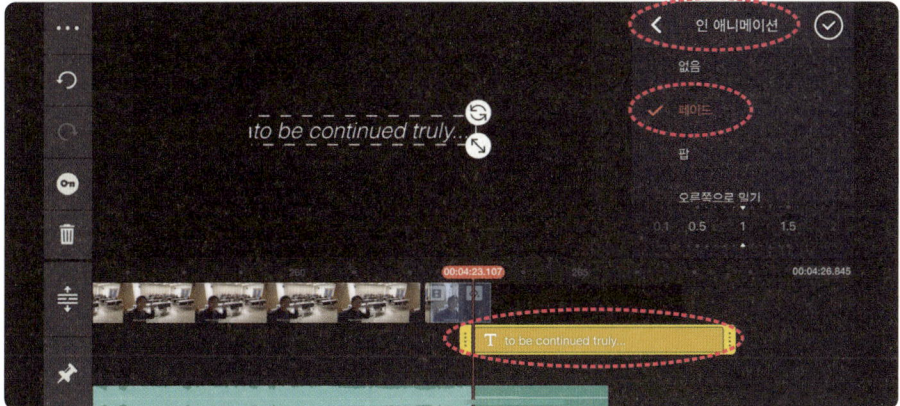

22 플레이헤드를 마무리 자막이 들어갈 위치에 두고, '레이어-텍스트'로 들어가 'to be continued truly…'라고 입력했습니다. 'Aa 폰트'와 'C 인 애니메이션'을 의도하는 대로 선택하고, 자막의 크기와 위치 그리고 자막 클립의 길이까지 조정해주면 됩니다.

Lesson 6

23 마지막으로 편집이 완료된 영상을 사진첩에 저장하겠습니다. 프로젝트 상단 오른쪽의 📤 버튼을 눌러 '내보내기 및 공유' 메뉴로 진입하여, 해상도는 'FHD 1080p', 프레임 레이트는 '30'으로 설정하고 '내보내기' 버튼을 누른 후에, 내보내기가 완료되면 목록에 파일명이 표시됩니다. 스마트폰 사진첩으로 가서 영상이 제대로 저장되었는지 확인해보면 끝입니다.

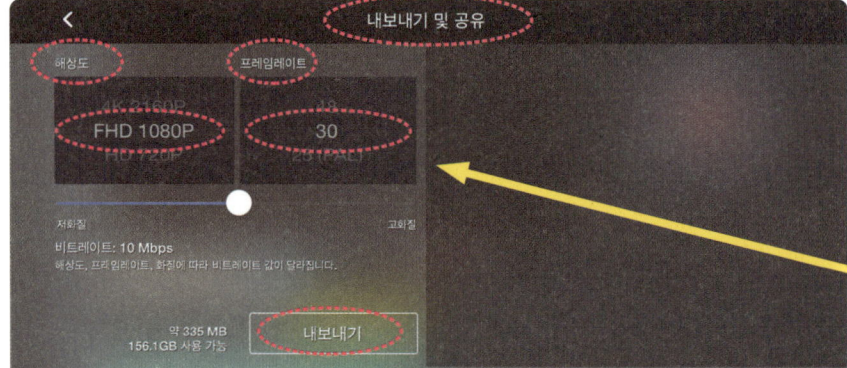

키네마스터 무료 버전에서는 해상도 HD720p까지 가능

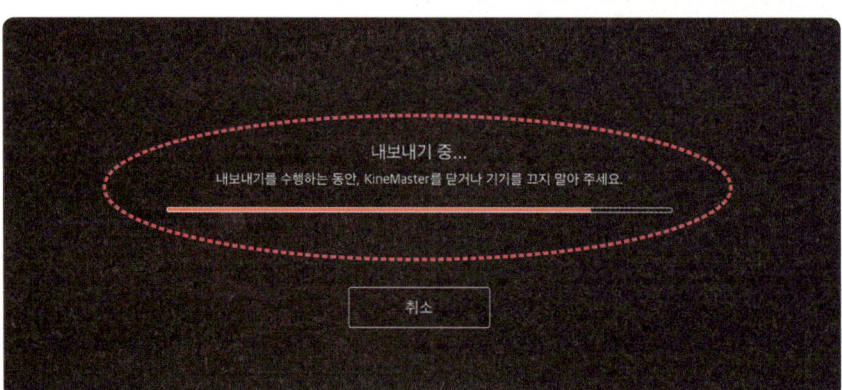

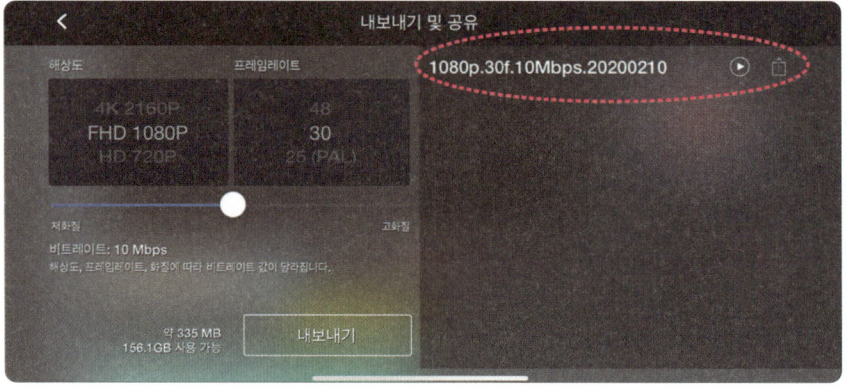

PART 4

전문 유튜버처럼 영상 만들기

Lesson 7

예제 따라 쉽게 익히는 영상 제작 7

일상을 담는 브이로그 영상 만들기

>> 어느 가을날의 브이로그
  (실습 화면: 아이폰 + 키네마스터 앱)

요즘 유튜브에서 가장 많이 볼 수 있는 영상 중 하나가 바로 '브이로그'입니다.
이는 '비디오'와 '블로그'의 합성어 또는 '비디오'와 '로그(log; 기록하다)'의 합성어입니다.
'미니 홈피'나 '블로그'가 한창 유행이던 시절엔 텍스트와 이미지 중심으로 기록하였지만,
이제는 자신의 일상을 촬영하고 한 편의 영상으로 편집하여 유튜브와 같은 동영상 플랫폼에 업로드합니다.
유명하지도 않은 일반인의 일상을 누가 궁금해할까 생각할 수도 있지만, 평범한 누군가의 일상을 보며 '공감'하거나
나와는 다른 누군가의 일상을 '대리만족'하면서 현실에 대한 위로를 얻는다고 합니다.
저 역시 매우 평범한 '어느 가을날의 일상 브이로그'를 예제로 보여주려 합니다. 제 일상 속으로 함께 떠나보실래요?

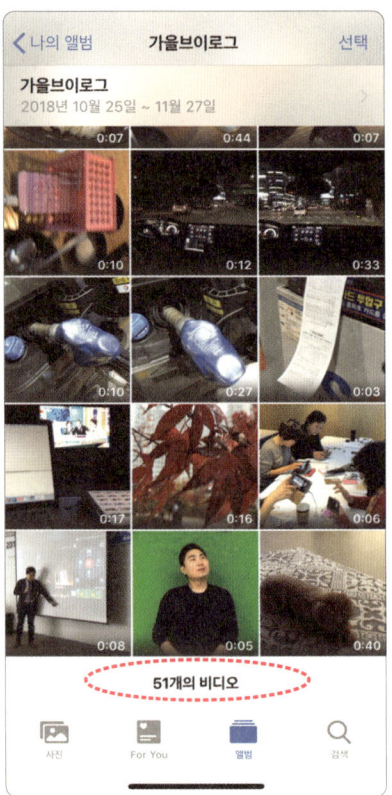

사진첩에 '가을 브이로그'라는 앨범을 만들어 촬영한 영상들을 모아두었습니다.
완성될 영상에서는 하루의 일상인 것처럼 보이지만, 실제로는 대부분을 하루에 촬영하고 부족한 몇몇 장면들은 이후 다른 날에 추가로 촬영하였습니다.
그렇게 모아놓은 촬영분이 총 51개입니다.

예제 따라 쉽게 익히는 영상 제작 7

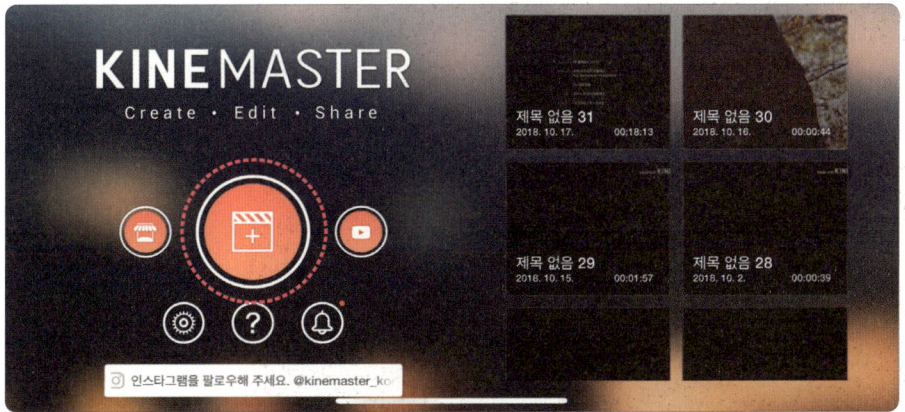

① 🎬
새로운 영상을 만들 땐 항상 이 버튼!

② '미디어' 버튼 누르고

③ '비디오'에서 저장해둔 동영상 찾아서 넣기

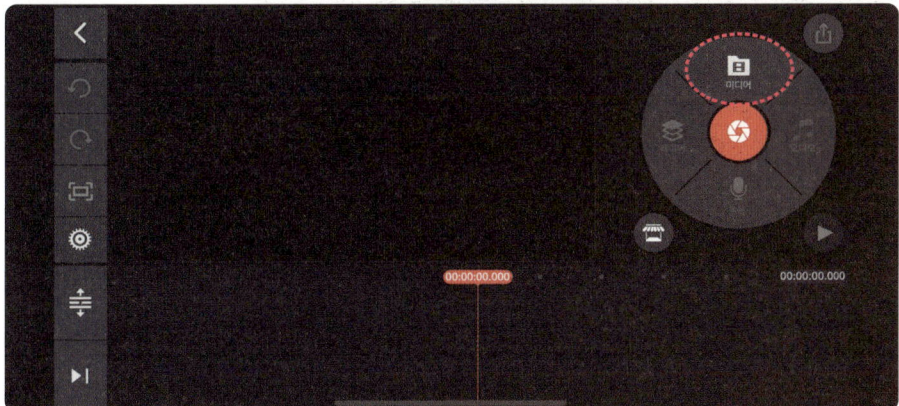

1 키네마스터 앱을 열어 프로젝트 생성 버튼을 누르고 화면 비율을 '가로(16:9)'로 선택합니다. '미디어 - 비디오' 메뉴로 들어가 사진첩 내 '가을 브이로그' 앨범 속에 있는 영상들을 구상한 순서대로 선택하여 타임라인에 불러옵니다. 타임라인에 추가하기 전, 영상을 미리 확인해보고 싶을 때에는 작게 보이는 영상을 길게 누르면 됩니다.

Lesson 7

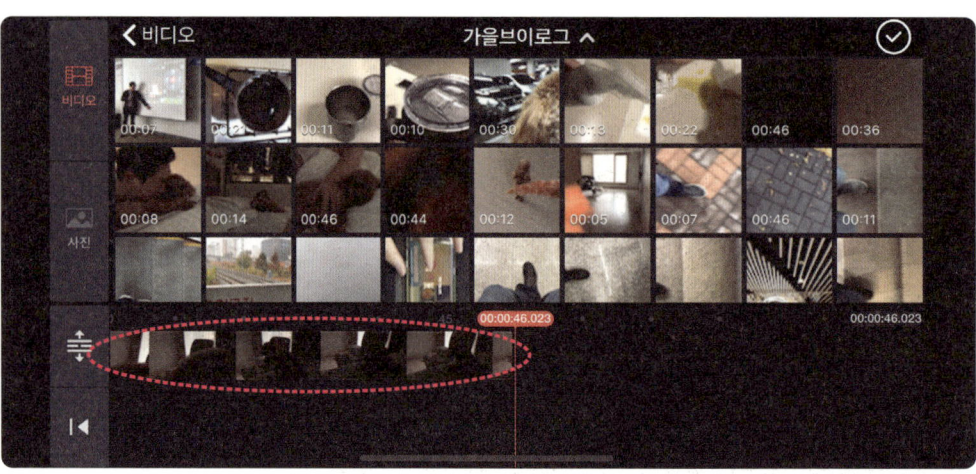

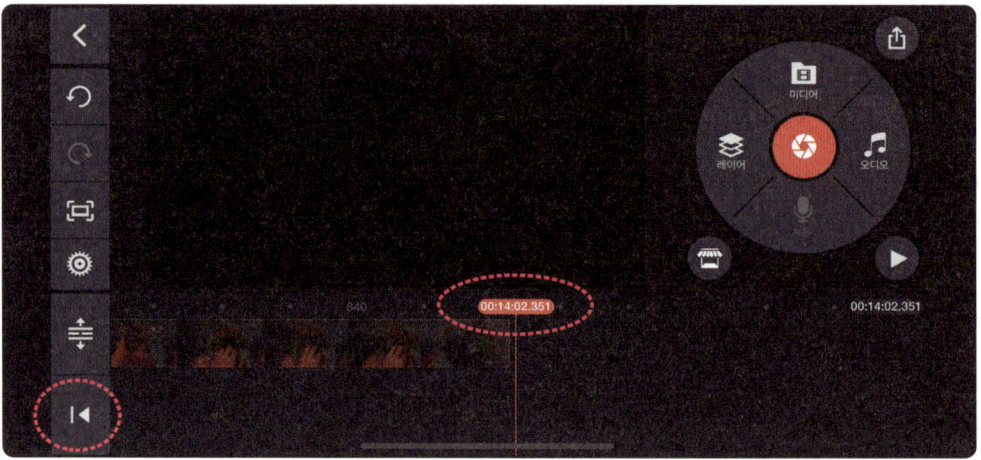

2. 필요한 영상을 타임라인에 모두 추가하였더니 영상의 총 길이가 14분 2초 정도 되었습니다. 왼쪽 하단의 버튼을 길게 눌러 타임라인의 맨 앞으로 이동하여 앞에서부터 차근차근 컷 편집을 진행하겠습니다.

예제 따라 쉽게 익히는 영상 제작 7

① '🎵 오디오' 버튼 누르고 '음악' 선택

② 영상에 맞는 음악이 없으면 🏪 에셋스토어

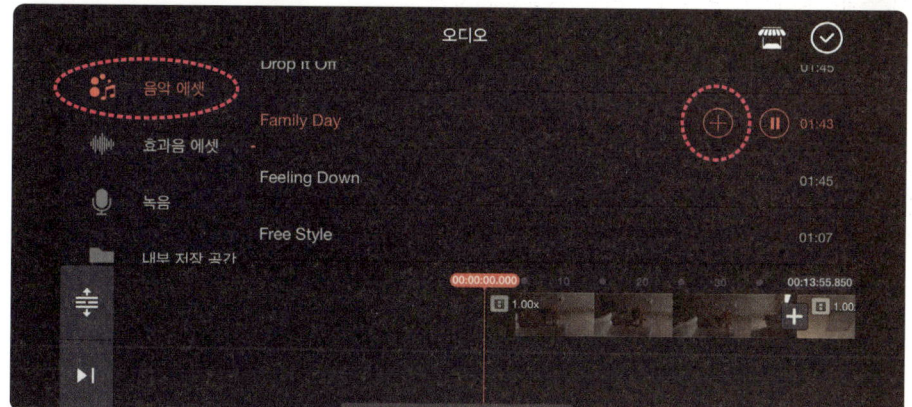

3 이번 영상에서는 배경 음악을 미리 타임라인에 넣어 놓고 편집을 진행하겠습니다. 그 이유는 촬영한 영상들에 있는 배경 소리가 중요하지 않기 때문에, 음악을 따로 넣어 분위기를 만들려고 합니다. '오디오' 메뉴로 들어간 다음, 오른쪽 상단의 🏪 버튼을 눌러 'Kinemaster 에셋 스토어'에서 영상 제목에 맞는 음악을 찾아봅니다. 미리 음악을 재생해보고 마음에 드는 음악을 '다운로드' 합니다. '오디오-음악 에셋' 목록에 다운로드한 음악을 찾아 ⊕ 버튼을 누르면 타임라인에 오디오 클립이 추가됩니다. 장면을 모두 편집하고 나서 배경 음악을 아무거나 넣는 것보다는 배경 음악의 리듬과 맥락이 바뀔 때 장면도 바뀌도록 편집하면, 영상을 보는 사람이 편집자가 의도한 감성과 분위기를 더 제대로 느낄 수 있습니다.

Lesson 7

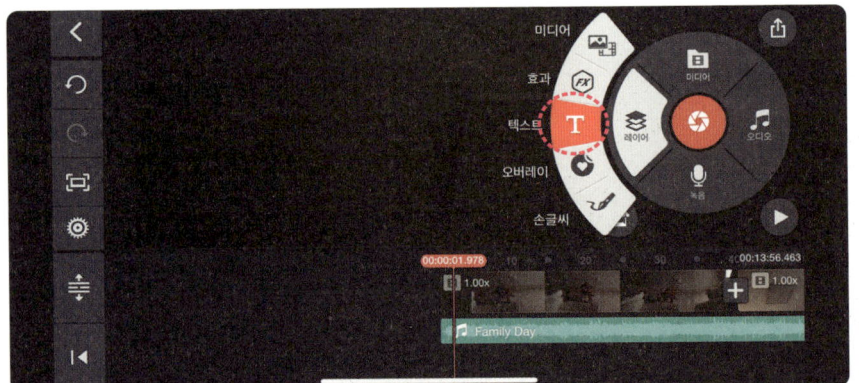

4 촬영한 영상에는 대사가 없기 때문에, 장면별로 상황에 대한 설명을 하단 자막으로 넣으려고 합니다. 첫 번째 자막을 넣을 위치에 플레이헤드를 두고, '레이어-텍스트' 메뉴로 들어가 자막을 입력합니다. Aa 버튼을 누르고 본인이 원하는 한글 폰트를 선택합니다.

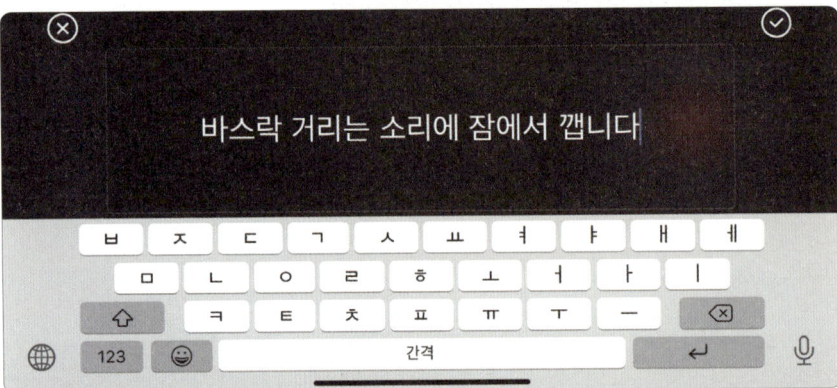

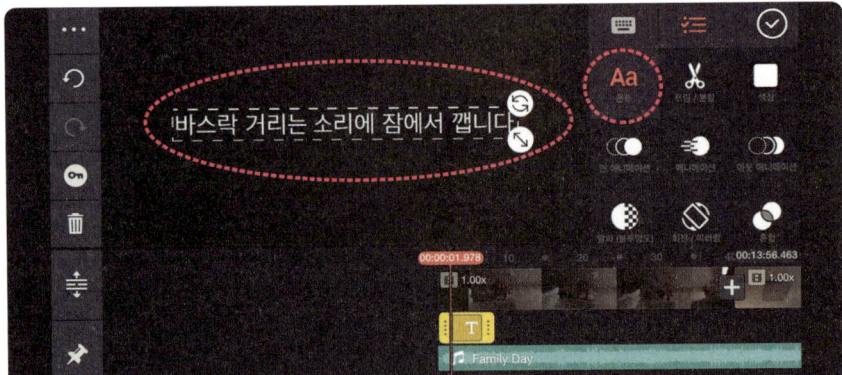

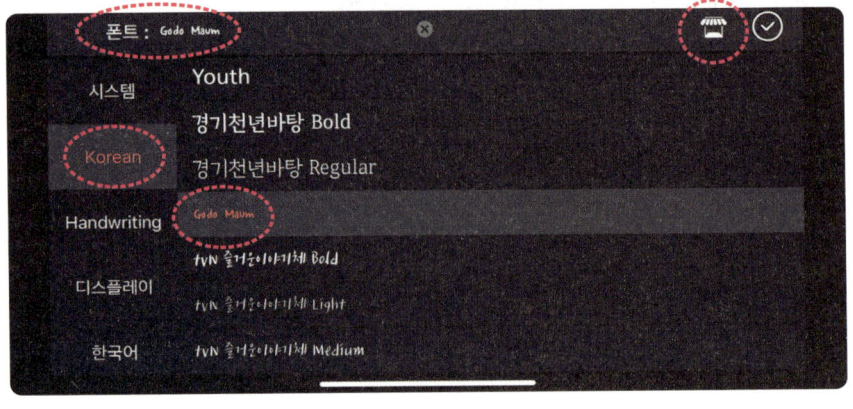

한글 폰트는 🛒 에셋스토어에서 다운로드

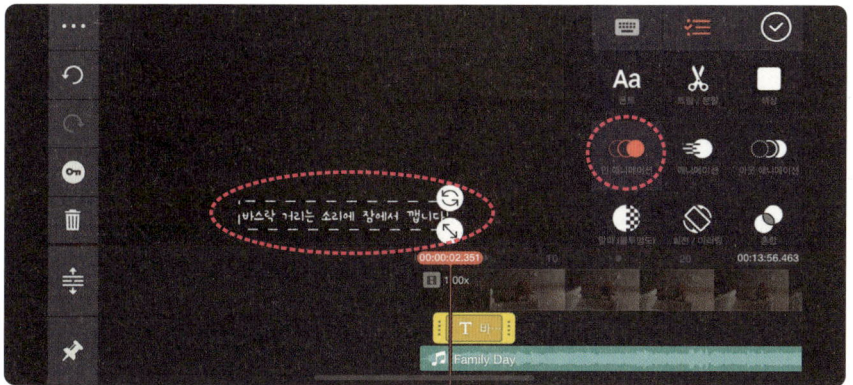

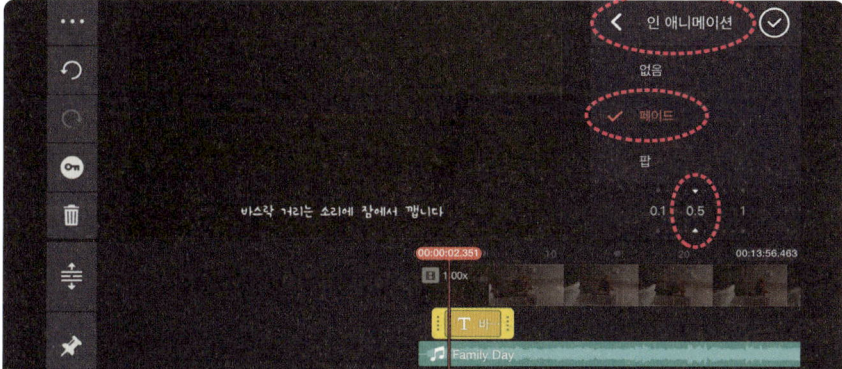

5 자막의 크기와 위치를 설정한 다음, 첫 번째 자막에만 '인 애니메이션'에서 '페이드' 효과를 0.5초로 적용합니다. 두 번째 자막부터는 장면의 길이와 동일하게 자막을 넣을 예정이라 애니메이션 효과는 넣지 않겠습니다. 자막 색은 흰색이 가장 무난하지만, 장면에 따라 흰색 자막이 안 보일 수도 있으니 '그림자' 효과를 검은색(기본 투명도 69%)으로 적용하면 보기에 좋습니다(또는 '윤곽선' 효과 적용).

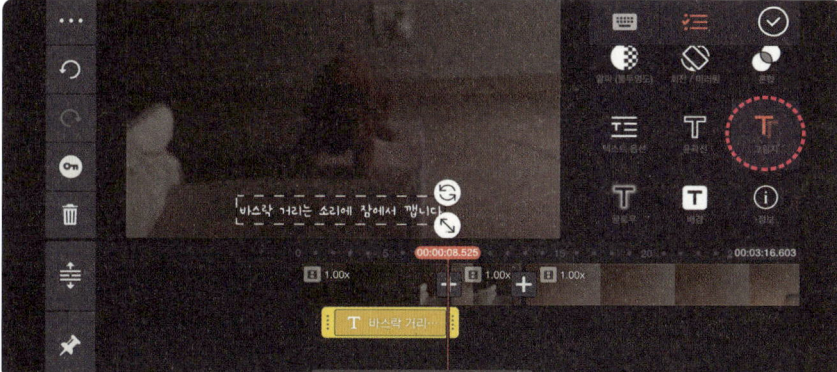

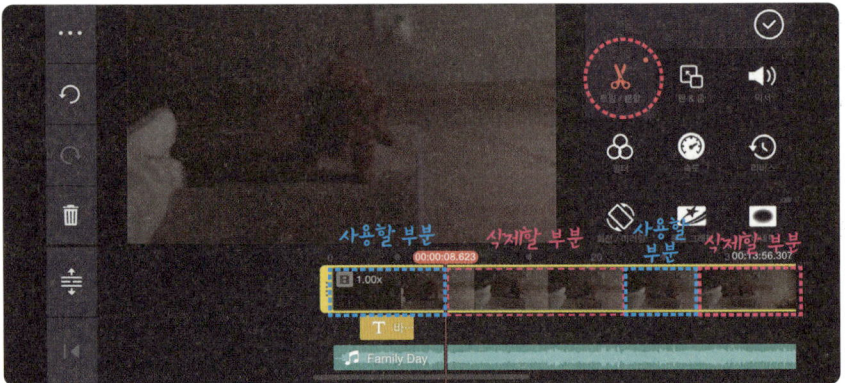

6 첫 번째 영상 클립을 '트림/분할'해보겠습니다. 음악의 리듬을 고려하여 플레이헤드를 놓아두고, ✂ 버튼을 이용하여 사용할 부분과 삭제할 부분을 분리합니다. 음악의 흐름이 바뀌는 순간에 맞춰 장면도 바뀌도록, 영상 클립의 구간을 조절합니다.
위 설명 화면의 경우, 12초 935 부분에서 음악의 리듬이 바뀌니 첫 번째 영상 클립이 필요한 구간만 분리하여 12초 935 길이로 만들어주는 것이죠.

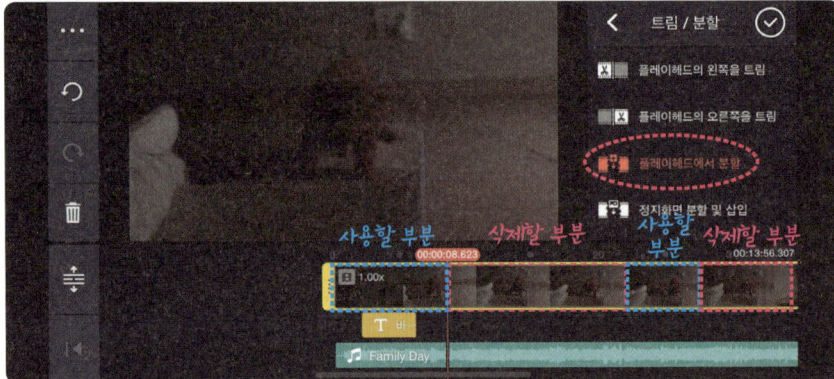

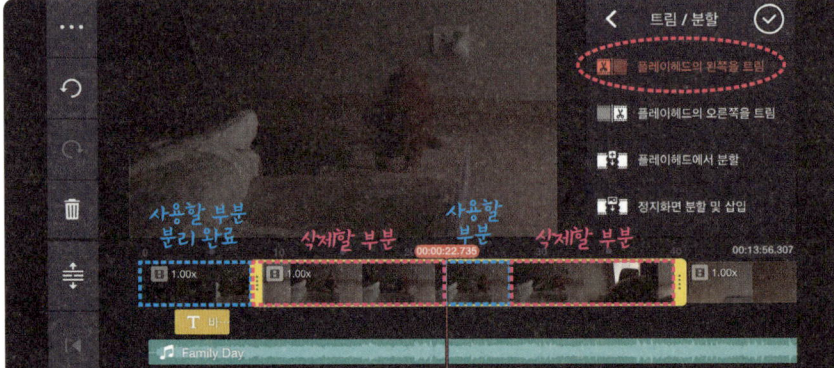

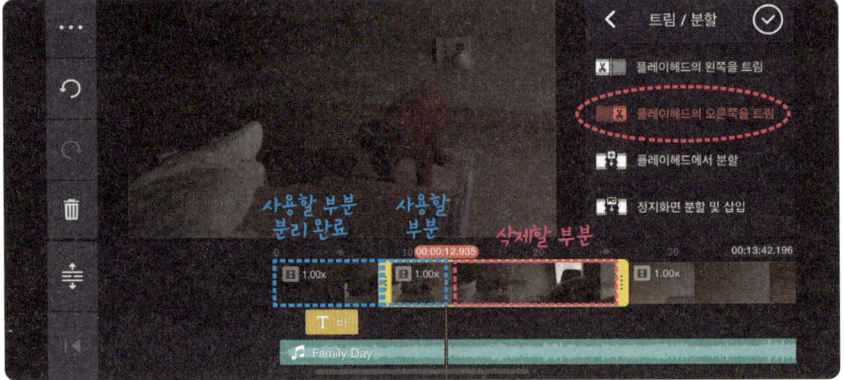

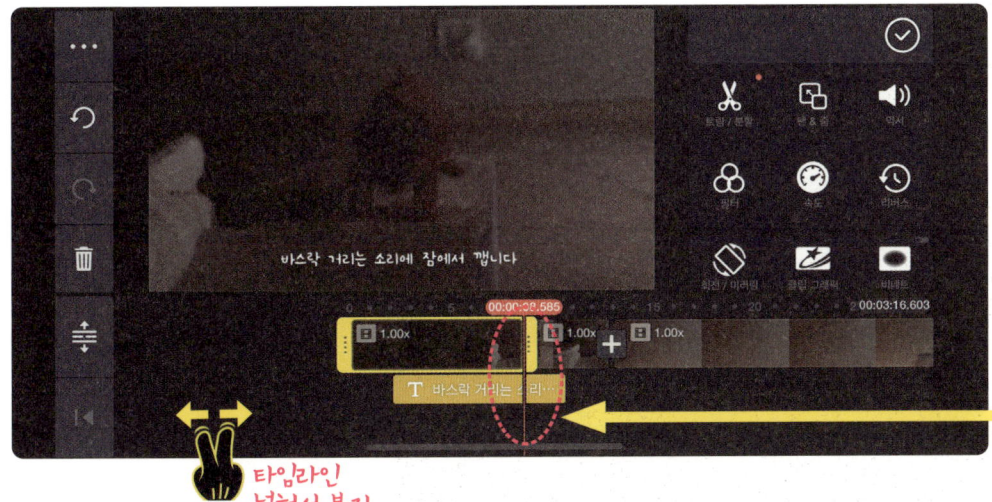

7 타임라인의 첫 번째 영상 클립과 첫 번째 자막이 화면에서 동시에 사라지게 하기 위해, 먼저 자막 클립을 영상보다 여유 있게 늘려 놓고, 영상 끝에 플레이헤드를 맞춰놓은 후, 자막을 선택하여 자막의 뒷부분을 잘라냅니다.
자막이 한 박자 늦게 사라진다거나 두 개의 자막이 겹치는 등의 실수는 '영상 초보'가 자주 하는 실수입니다. 타임라인을 두 손가락으로 넓혀 놓고 편집하면 좀 더 세심한 작업이 가능합니다.

Lesson 7

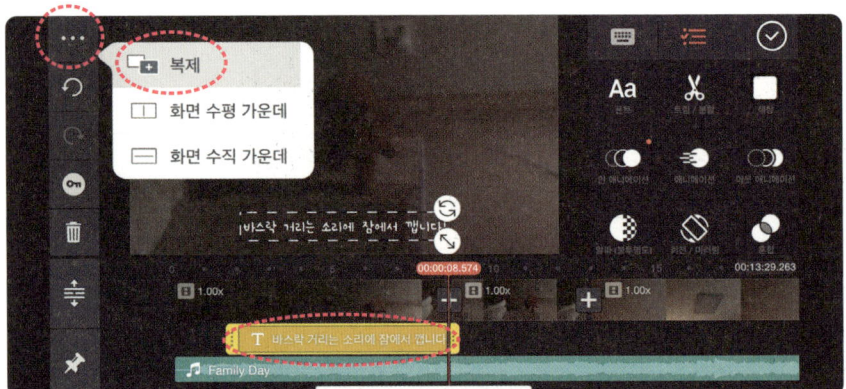

8 두 번째 자막은 첫 번째 자막 스타일과 동일하게 넣을 것이기 때문에, 새로 추가하지 않고 첫 번째 자막을 '복제'한 후 '이동' 하여 내용만 수정해서 사용하는 방법을 씁니다. 그리고 앞 단계에서 했던 것처럼 첫 번째 자막과 두 번째 자막이 겹치지 않게 하기 위해 세심한 작업이 필요합니다.

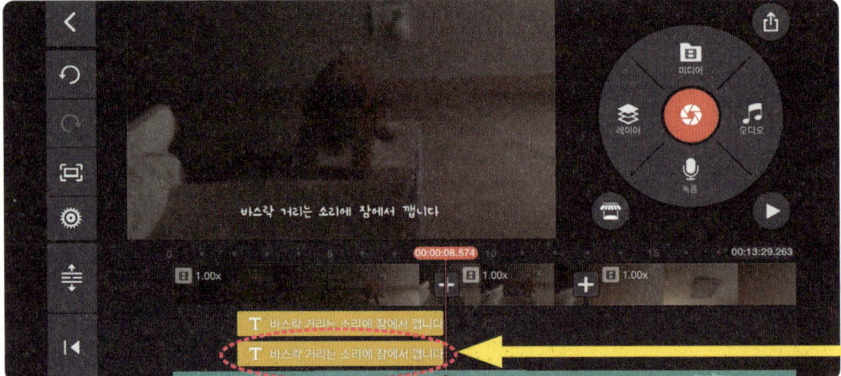

복제된 자막 클립을 꾹 잡고 필요한 위치로 이동

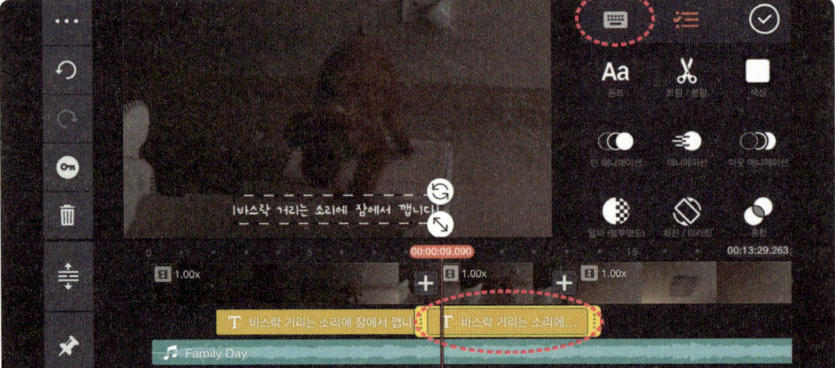

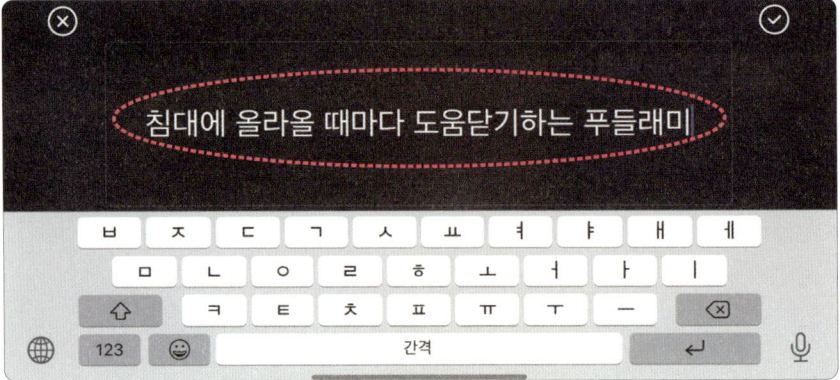

① 효과를 줄 자막 클립 선택

② '◐ 인 애니메이션'

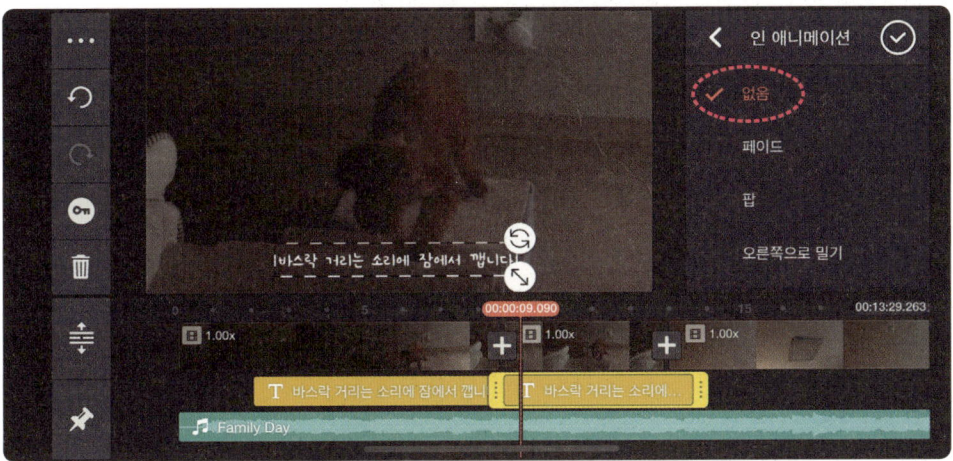

9 첫 번째 자막에만 '인 애니메이션'을 적용하고, 복제한 두 번째 자막의 '인 애니메이션'은 '없음'으로 다시 변경합니다.

Lesson 7

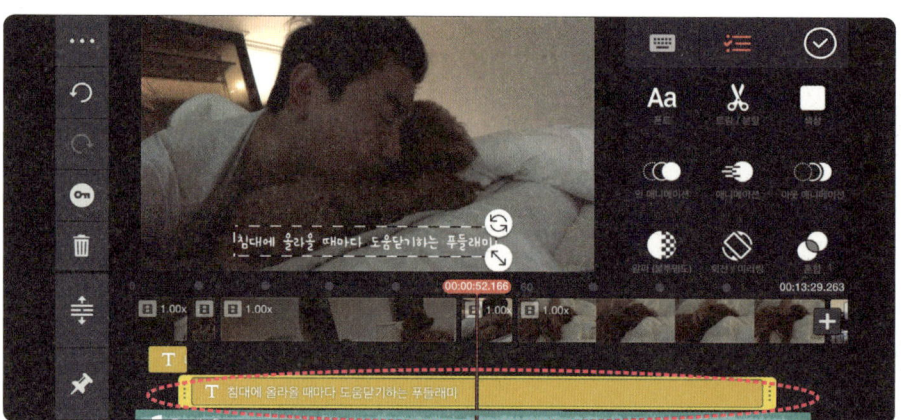

① 클립 선택
② '✂ 트림/분할'
③ '플레이헤드에서 분할' 선택

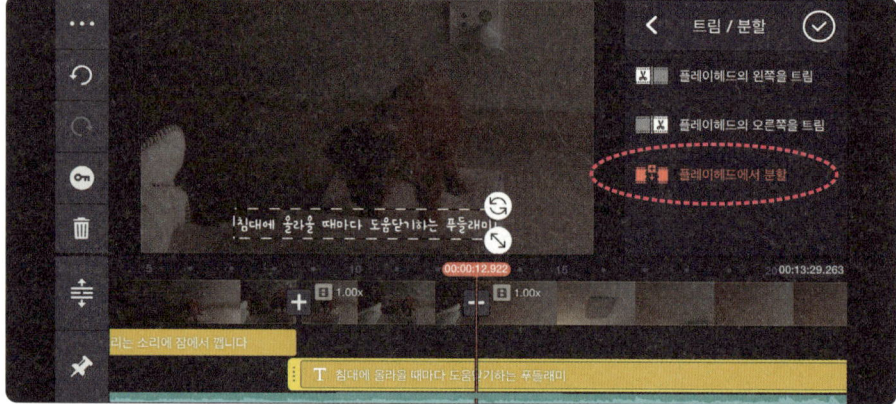

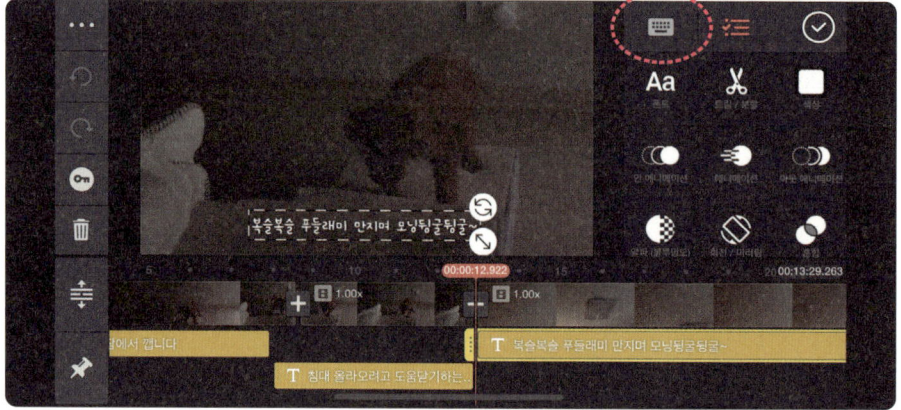

10 세 번째 자막부터는 자막을 복제하지 않고, 두 번째 자막을 길게 늘린 후에 영상의 길이에 맞게 '분할'하면서 내용만 수정하는 식으로 작업하겠습니다.

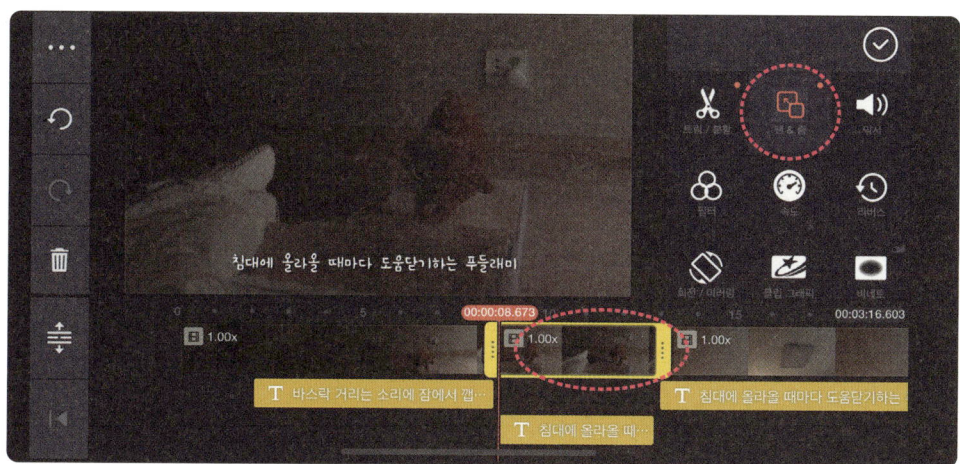

① 영상 클립 선택
② '🗂 팬&줌'
③ '시작 위치', '끝 위치' 설정

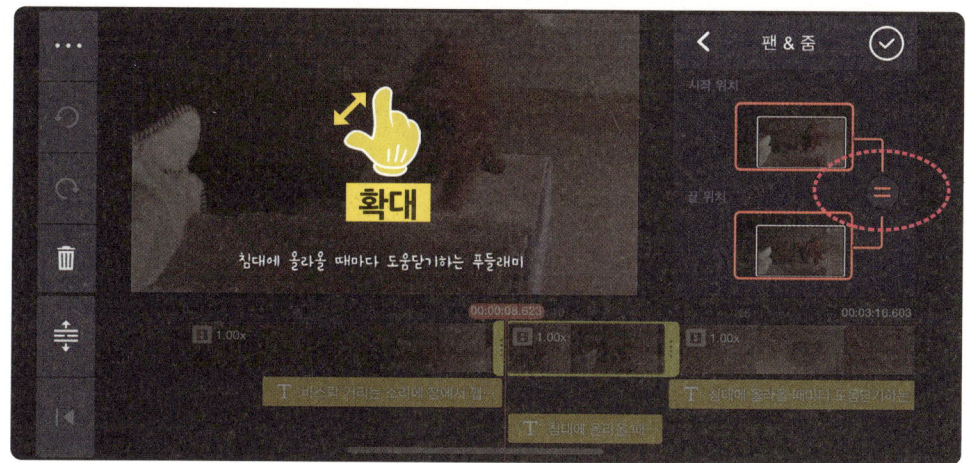

11 두 번째 영상 클립은 장면을 확대시키려고 미리 분리해놓은 것이기 때문에, '팬&줌'을 누른 후, 메뉴로 들어가 먼저 '시작 위치'와 '끝 위치'를 같게(장면의 움직임 고정) 해준 후에, 미리보기 화면에서 두 손가락으로 필요한 만큼 확대해 주면 됩니다.

Lesson 7

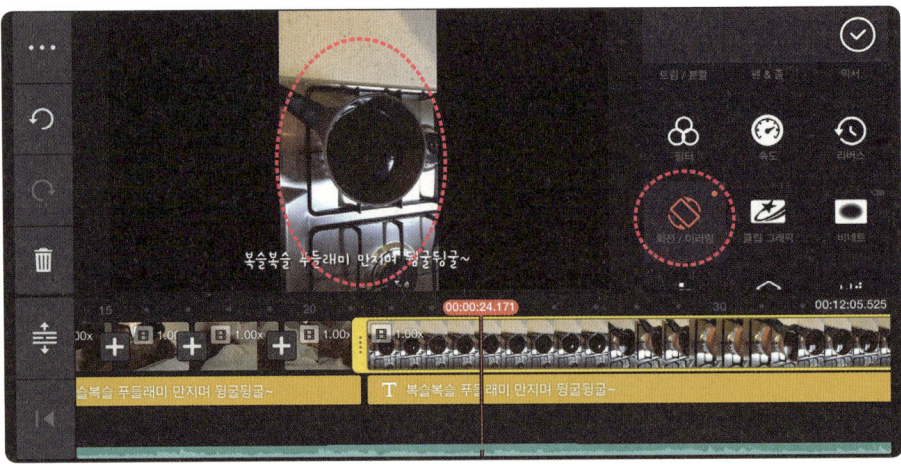

'미러링'을 적용하면 사진의 좌우, 상하가 바뀝니다.

12 간혹 스마트폰으로 촬영한 영상의 회전이 잘못되어 있는 경우가 있는데, 이럴 때에는 '회전/미러링' 메뉴로 들어가 90도 단위로 회전한 후에 편집하면 됩니다.

| 예제 따라 쉽게 익히는 영상 제작 7

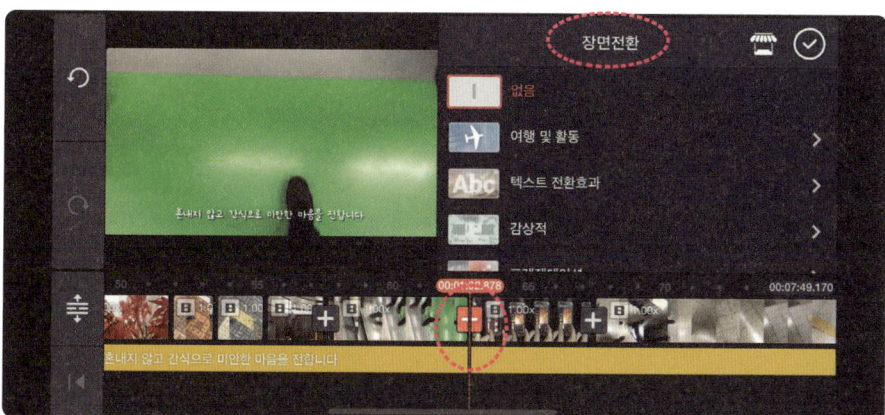

① ➕ 버튼을 누르면

② '장면전환' 메뉴

③ 다양한 효과 선택 사용

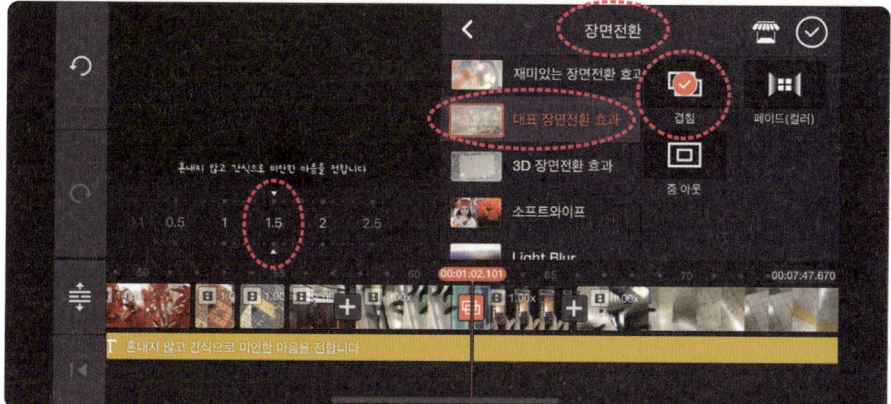

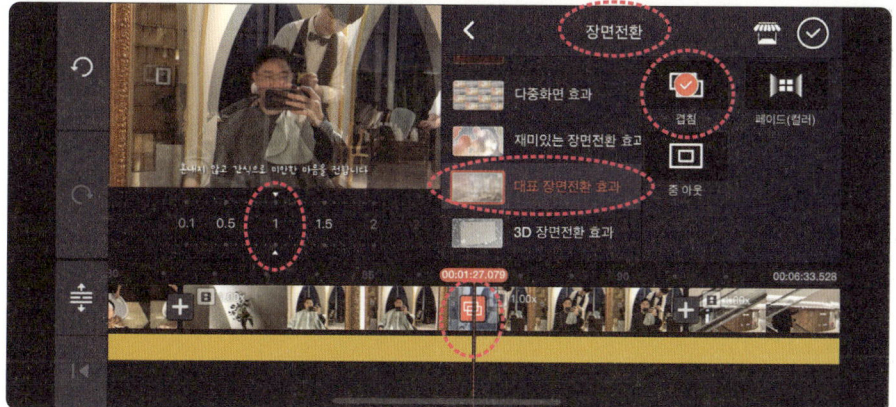

13 영상 클립과 클립 사이에 ➕ 버튼은 '장면전환' 메뉴로 앞의 영상에서 뒤의 영상으로 바뀌는 곳에 애니메이션 효과를 줄 때 사용합니다. 기본 값은 '없음'으로 되어 있으니 필요한 부분에 각각 적용(일괄적으로 적용 불가)해주면 됩니다. '장면전환'은 멋을 내기 위해 남발하지 말고 내용에 맞게 의도를 갖고 적용해주는 것이 좋습니다. 예를 들면, 제가 걸어가는 여러 곳의 장면들이 장면전환 없이 이어지다가 어느 곳에 정착한 장면으로 바뀔 때 '대표 장면전환 효과 – 겹침'을 1.5초의 시간으로 적용해주는 것입니다. 제가 머리 미용을 하기 전과 후의 영상을 붙였을 때에도 변화가 자연스럽게 보이게 '겹침' 효과를 1초로 적용했습니다.

Lesson 7

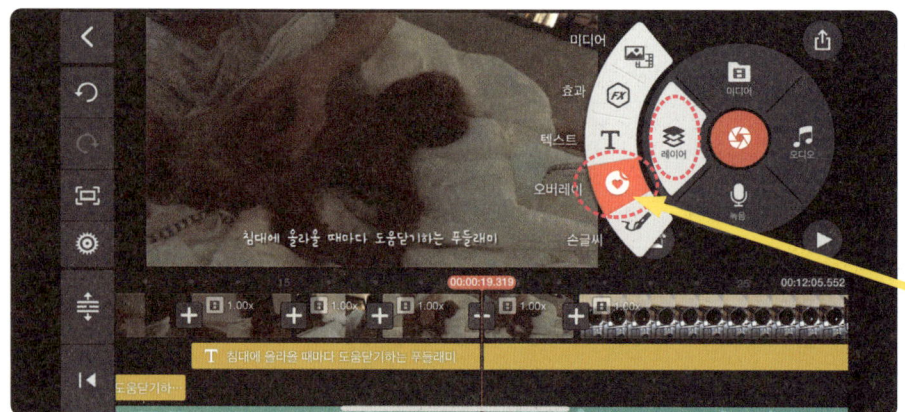

아이폰, 안드로이드폰
모두 메뉴명이
'스티커'로 통일됨

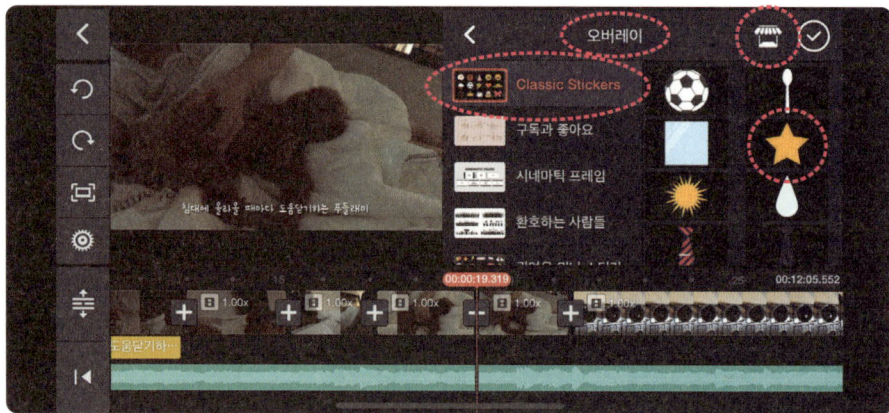

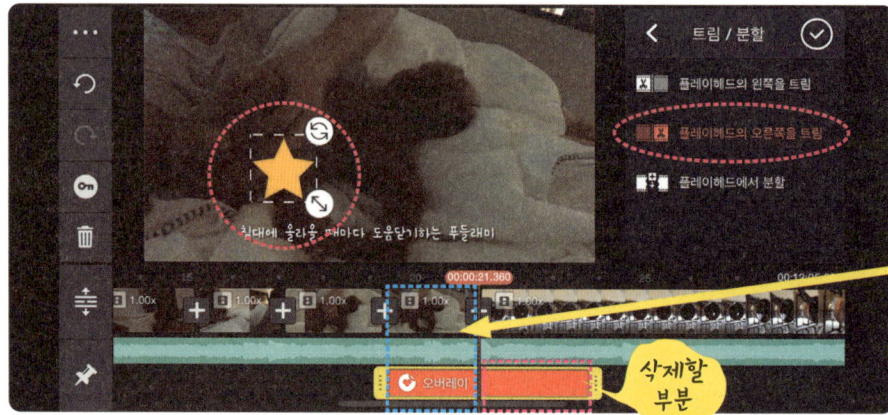

영상 길이와 동일하게
스티커 길이 조절

14 '레이어-스티커' 메뉴를 통해, 다양한 스티커나 애니메이션을 활용할 수 있습니다. 저는 반려견의 중요 부위를 가릴 목적으로 '별 스티커'를 붙이려고 합니다. 스티커가 필요한 타임라인 위치에 플레이헤드를 두고, '스티커-Classic Stickers'에 있는 '별 스티커' 클립을 타임라인에 추가합니다. 스티커의 위치와 크기는 자유롭게 조절이 가능하며, 스티커 클립의 길이 또한 필요한 길이만큼 ✂ 버튼을 이용하여 정확하게 자르는 것이 가능합니다. 기본적으로 제공되는 스티커 아이템 외에도 🏪 버튼을 눌러 '에셋 스토어'에 가면 더 다양한 아이템을 다운로드하여 활용할 수 있습니다.

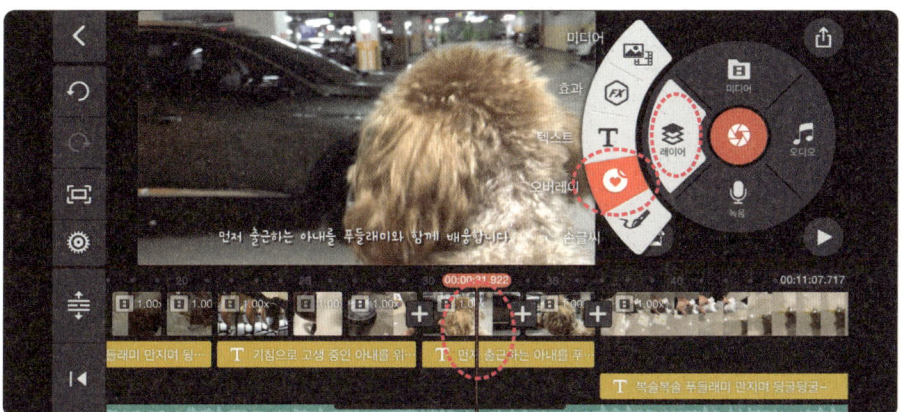

① '레이어' 누르고

② '스티커'

③ '기본 스티커' 중에서 선택 또는 '에셋스토어'에서 선택

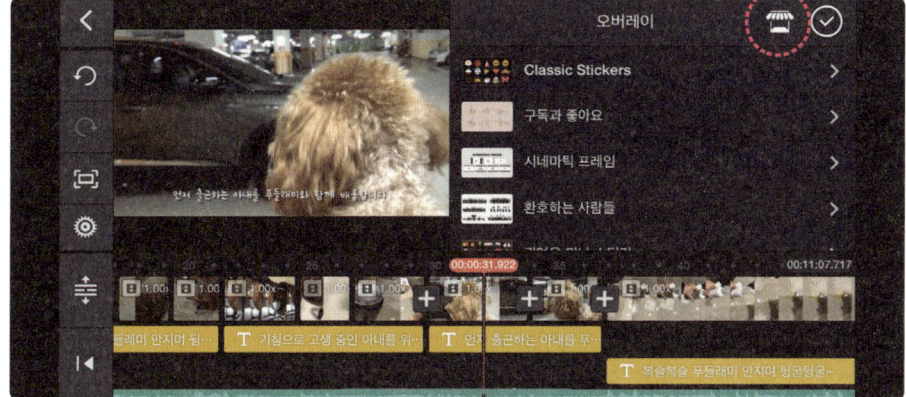

15 이번엔 하단 자막이 아닌 말풍선 스타일의 자막을 넣어보려고 합니다. 방법은 먼저 말풍선 스티커를 넣은 다음 그 위에 자막을 넣는 것입니다. '레이어-스티커' 메뉴로 들어가 '에셋 스토어'에서 '텍스트 라벨-낙서 스타일의 말풍선' 스티커를 다운로드합니다.

Lesson 6

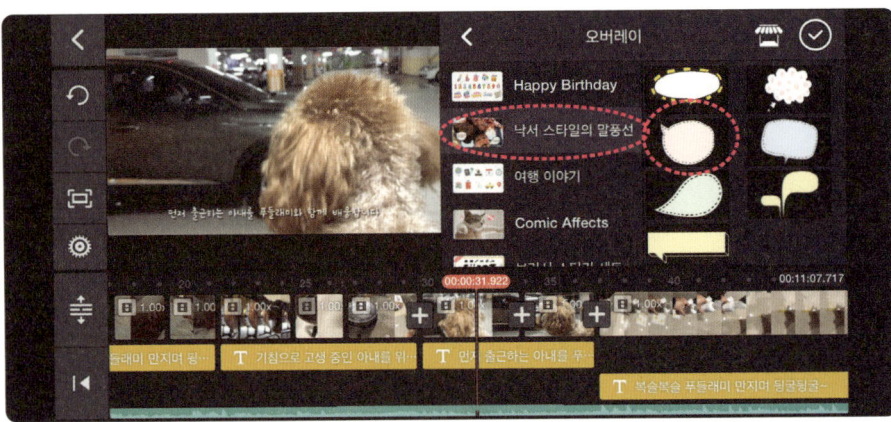

① 말풍선 스티커를 타임라인에 추가

② '레이어'에서
'T 텍스트' 누른 후
텍스트 입력

③ 말풍선과 텍스트 길이를 같게 조절한 후, 텍스트를 말풍선 안으로 이동

16 스티커 목록에 설치된 '낙서 스타일의 말 풍선'을 눌러 마음에 드는 말풍선 스티커 하나를 타임라인에 추가합니다. 말풍선의 크기와 위치를 조정한 후, 말풍선 스티커를 넣은 동일한 플레이헤드 위치에서 '레이어-텍스트'를 추가합니다.

바탕에 색이 있는 말풍선을 선택한 경우에도 글자색을 말풍선 바탕색과 어울리게 바꿔 줍니다.

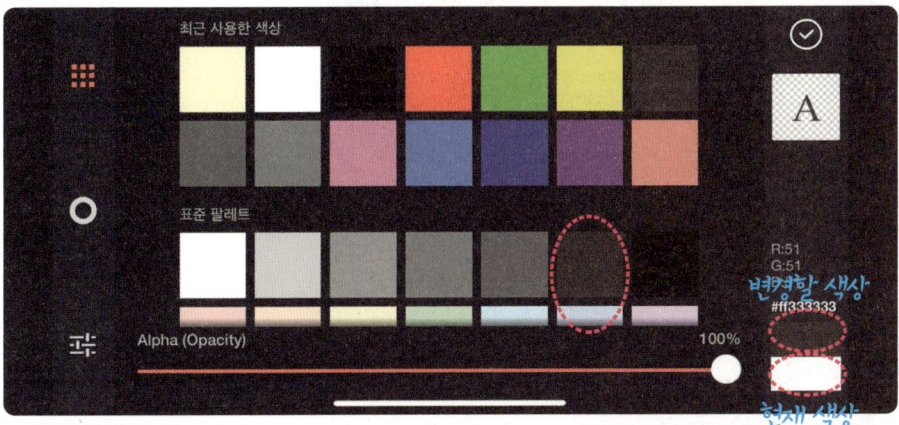

17 흰색 자막이 밝은 색 계열의 말풍선 위에서 잘 보이지 않기 때문에, 글자색을 어두운 색으로 변경하고, 폰트도 적절한 한국어 폰트를 골랐습니다. 말풍선과 자막, 각각의 크기와 위치를 다시 한 번 맞춥니다.

Lesson 7

① 말풍선 클립 선택

② '인 애니메이션' → '페이드'

③ 텍스트 클립 선택

④ '인 애니메이션' → '페이드'

18 말풍선과 자막이 화면에 나올 때 부드럽게 나오게 하기 위해 말풍선과 스티커, 말풍선 위의 텍스트를 따로따로 선택하여 '인 애니메이션-페이드'를 0.5초씩 설정합니다.

19 말풍선 자막이 화면에서 필요한 길이만큼 말풍선과 텍스트 두 개의 클립을 같은 플레이헤드 위치에서 잘라냅니다.

Lesson 7

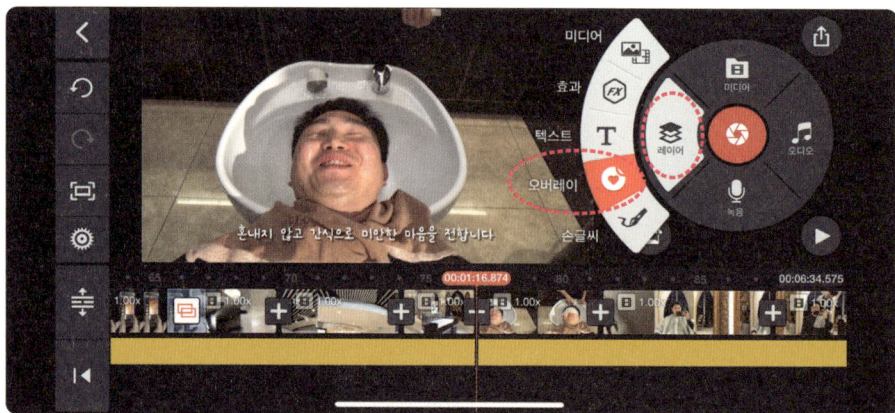

① '레이어' 누르고

② '스티커' 누른 후

③ '기본 스티커(Classic Stickers)' 중에서 선택

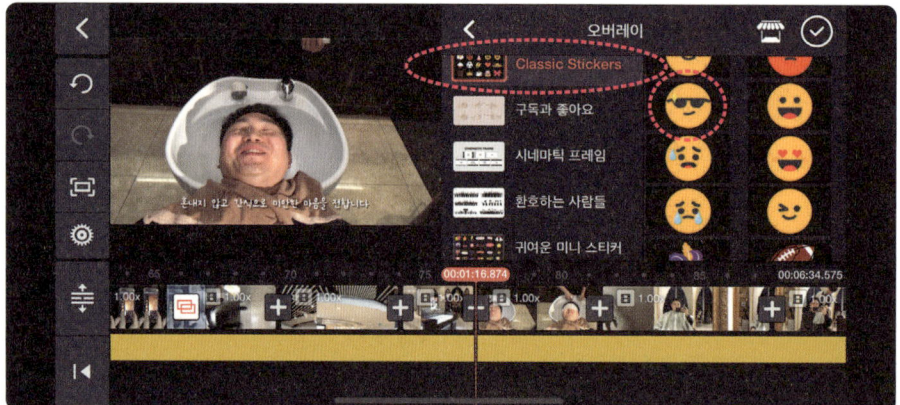

20 제가 못생기게 나온 장면에서 제 얼굴을 가리기 위해 스티커를 활용하려고 합니다. '기본 스티커'의 스티커를 하나 추가하고, 장면 클립 길이에 맞게 클립의 길이를 똑같이 맞춰줍니다.

예제 따라 쉽게 익히는 영상 제작 7

음악이 끝나는 지점에
플레이헤드를 두고,
새로운 음악 추가

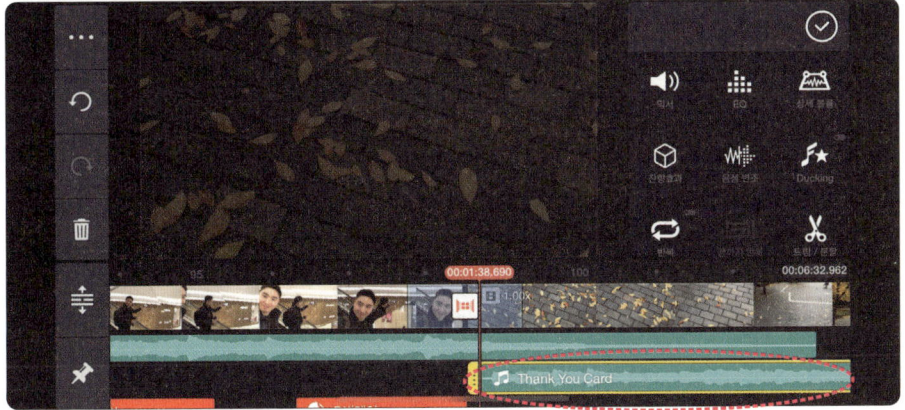

21 앞서 타임라인에 넣었던 음악이 중간에 끝나서 새로운 음악을 추가하겠습니다. 음악이 바뀌는 시점에 맞춰 장면이 어두워졌다가 밝아지는 '장면전환 - 페이드(컬러)' 효과를 주었습니다. 그리고 스토리의 맥락도 음악이 바뀌는 것에 맞춰 바꿔주면 좋습니다.

Lesson 7

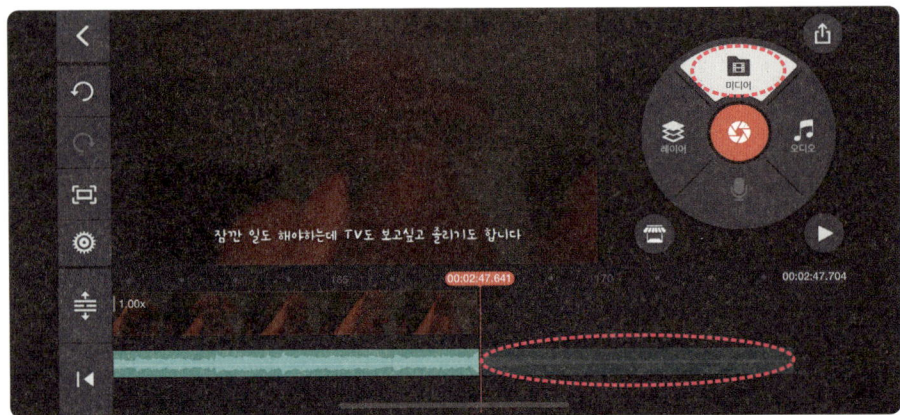

① 음악이 끝나는 지점에
  플레이헤드를 두고,

② '미디어' 누른 후

③ '사진' → '배경' 선택
  (안드로이드는 '단색 배경')

④ 배경 위에 마무리 자막은
  '레이어' → 'T 텍스트'
  → 글자 입력

22 새로 넣은 두 번째 음악이 영상의 끝 장면 이후에도 조금 남기 때문에, 맨 끝에 검은색 배경 이미지를 하나 넣고 그곳에 마무리하는 자막을 넣으려고 합니다. 음악이 중간에 끝나는 것보다는, 장면과 음악이 함께 끝나는 것이 보는 사람에게 안정적으로 느껴지기 때문입니다.

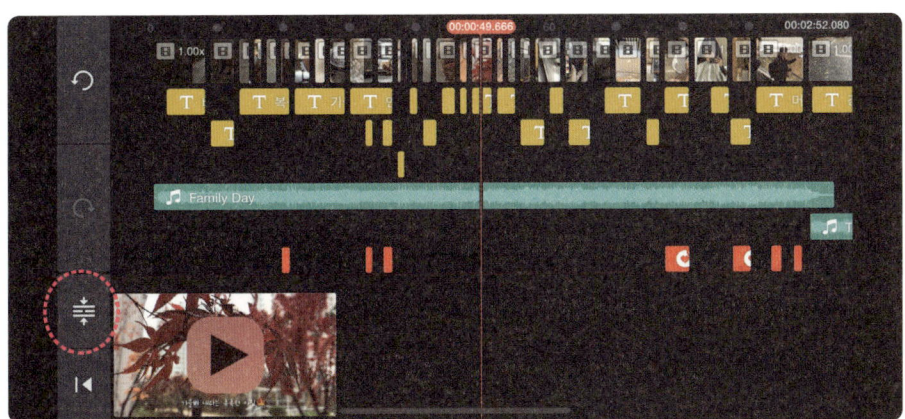

① 전체 영상을 재생하면서 최종 점검

② 버튼을 누르고 파일로 내보내기

③ 해상도는 FHD1080p, 프레임레이트는 30으로 (키네마스터 무료 버전에서는 해상도 HD720p까지 가능)

23 사진첩으로 영상을 내보내기 전에 왼쪽 하단 버튼을 눌러 타임라인의 구성을 전체적으로 검토해보면서 추가하거나 삭제할 곳이 없는지 확인합니다. 모든 편집이 마무리되었다면 버튼을 눌러 '내보내기 및 공유' 메뉴로 들어가, 해상도는 'FHD 1080p', 프레임 레이트는 '30'으로 설정한 후 '내보내기' 버튼을 누릅니다. 내보내기가 완료되면 목록에 파일명이 표시되고, 스마트폰 사진첩으로 가서 영상이 제대로 저장되었는지 확인하면 됩니다.

Lesson 8

예제 따라 쉽게 익히는 영상 제작 8

키네마스터로 즐겨보는
신비한 세로 영상의 세계

》 세로 영상 제작 노하우
　 (실습 화면: 아이폰 + 키네마스터 앱)

키네마스터를 활용한 영상 편집이 조금 숙달되었나요?
이번에는 시청자와 소통하는 1인 방송 스타일의 유튜버처럼 영상을 만들어보려고 합니다.
요즘은 많은 사람들이 스마트폰으로 영상을 시청하기 때문에
스마트폰 화면에 최적화된 '세로 영상' 스타일로 제작해보겠습니다.
세로 영상만의 매력, 함께 경험해볼까요?

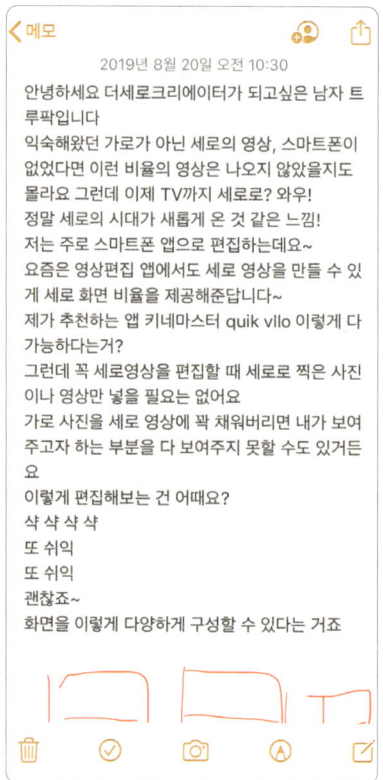 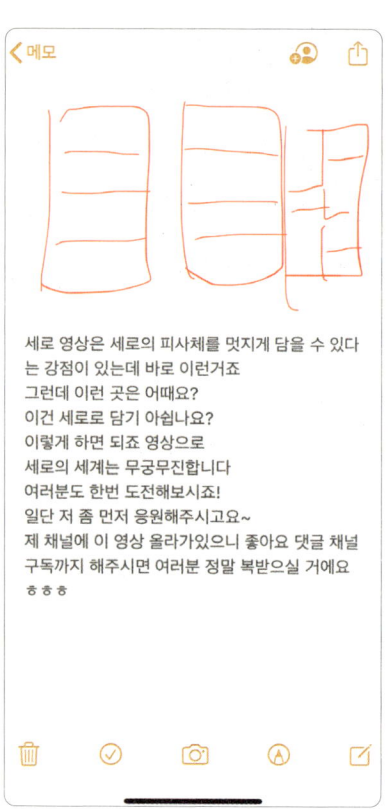

1 제가 출연하여 시청자에게 노하우를 전달하는 이야기로 영상을 제작할 계획이라, 대략적인 대본과 구성을 스마트폰 메모장에 정리했습니다. 촬영할 때 그대로 보면서 읽기 위한 대본이 아니라, 전체 맥락을 이해하고 촬영을 효율적으로 하기 위한 기획 과정입니다. 영상 편집 때 장면을 어떻게 구성할지 미리 스케치해본다면, 편집 과정까지 더욱 원활하게 진행할 수 있습니다.

2 두 번의 NG를 거쳐 딱 2분짜리 영상 촬영에 성공했습니다. 아무도 앞에 없지만 많은 시청자들이 있다고 상상하면서 준비한 내용을 뻔뻔하게 이야기하는 것이 중요합니다. 잘 나가다가 중간에 살짝 실수했을 경우에는 촬영을 종료하지 말고 잠시 쉬었다가 다시 이어서 말하면, 나중에 편집 과정에서 얼마든지 삭제가 가능합니다. 대사가 영 생각나지 않으면 아래와 같은 '텔레프롬프터(대본을 원하는 속도와 형태로 화면에 디스플레이하는 장치)' 앱을 활용하는 방법도 있습니다.

dv Prompter
(아이폰/안드로이드폰)

BIGVU-텔레프롬프터
(아이폰/안드로이드폰)

Simple Teleprompter
(안드로이드폰 전용)

전문 비디오 텔레프롬프터
(아이폰 전용)

Lesson 7

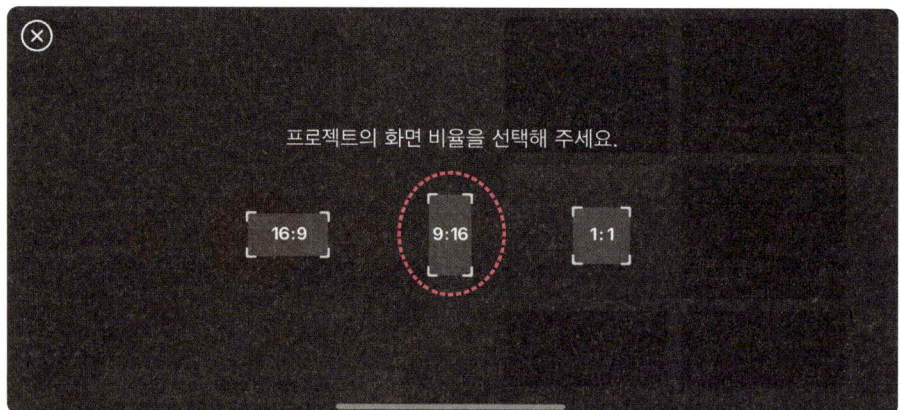

새로운 영상 만들기를
시작할 땐 가장 먼저
📇 누르기 잊지 않으셨죠?

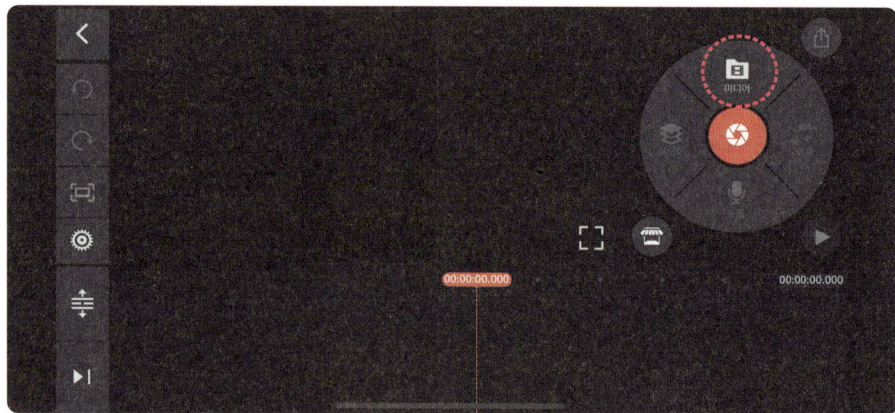

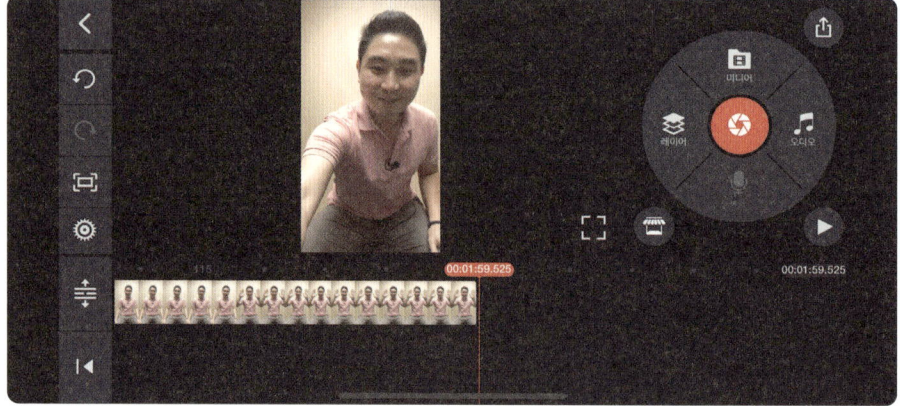

3 키네마스터 앱을 열어 프로젝트 생성 버튼 📇을 누르고 화면 비율을 '세로(9:16)'로 선택합니다. '미디어-동영상' 메뉴로 들어가서 촬영한 2분짜리 영상을 선택하여 타임라인으로 불러옵니다. 영상의 맨 앞으로 이동하여 영상을 처음부터 보며 편집을 시작해보겠습니다.

예제 따라 쉽게 익히는 영상 제작 8

영상 편집에서는
항상 플레이헤드를 어디에
두느냐가 가장 중요합니다.
자르거나 복제하거나
효과를 줄 때도
플레이헤드의 위치를
잘 잡아주어야 합니다.

4 영상을 재생해보며, 자를 구간을 찾습니다. 저는 멘트를 시작하기 전 앞부분을 먼저 잘라냈습니다. 그리고 맨 뒷부분에 카메라 종료 버튼을 누르는 장면 등 필요 없는 부분도 잘라 없앴습니다. 이렇게 편집 과정에서 얼마든지 잘라낼 수 있기 때문에 촬영 시작과 종료는 여유 있게 해주는 것이 좋습니다.

Lesson 8

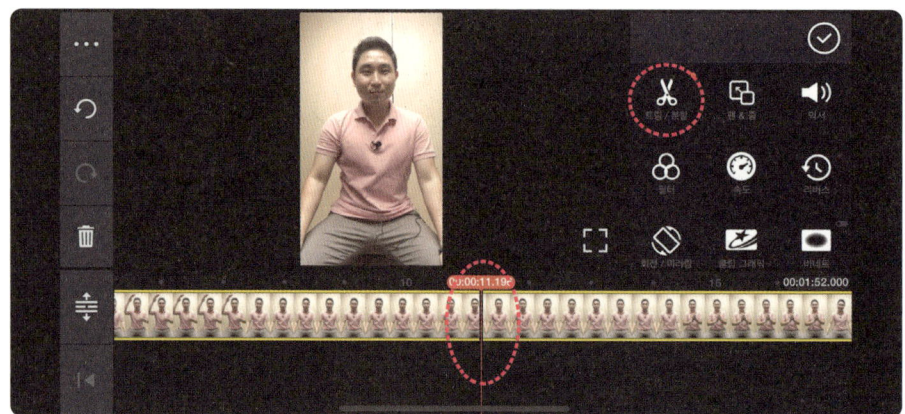

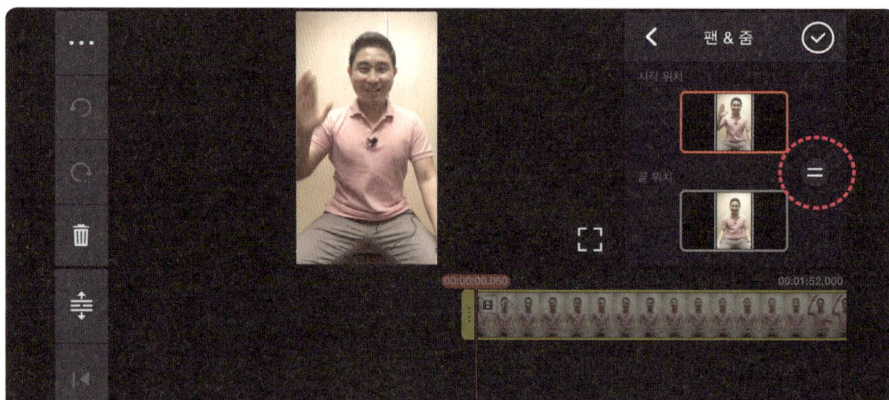

동영상은 '🔲 팬&줌에서
'='를 눌러 시작과 끝 크기를
같게 해야 화면이
움직이지 않습니다.

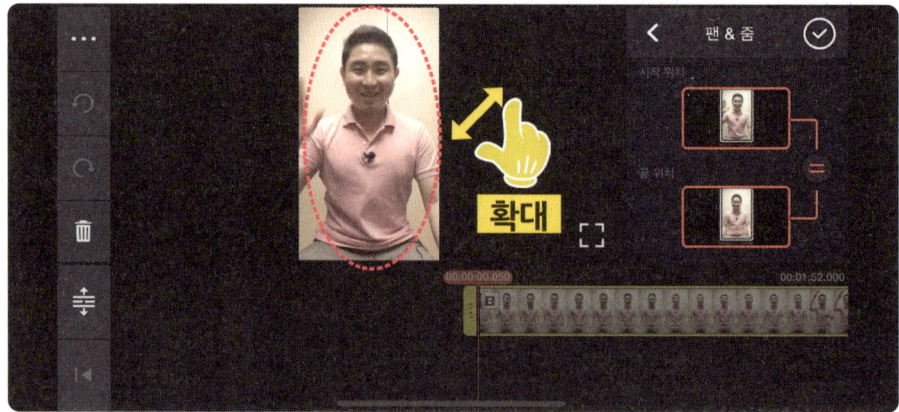

화면 가운데에 두 손가락을
대고 원하는 크기만큼
벌려줍니다.

5 촬영할 당시에 인물의 크기나 구도 등을 꼼꼼히 체크해야 하지만, 편집할 때 장면을 확대할 수 있습니다. 저도 화면을 확대하여 인물이 조금 더 가까이 보이도록 하겠습니다. 🔲 버튼을 누르고 들어가 시작 위치와 끝 위치를 같게 해준 후에, 화면의 크기를 조정해주면 됩니다. 시작 위치와 끝 위치를 같게 해주는 이유는 장면은 재생 중에 움직이지 않게 고정하고 크기만 조정하기 위해서입니다.

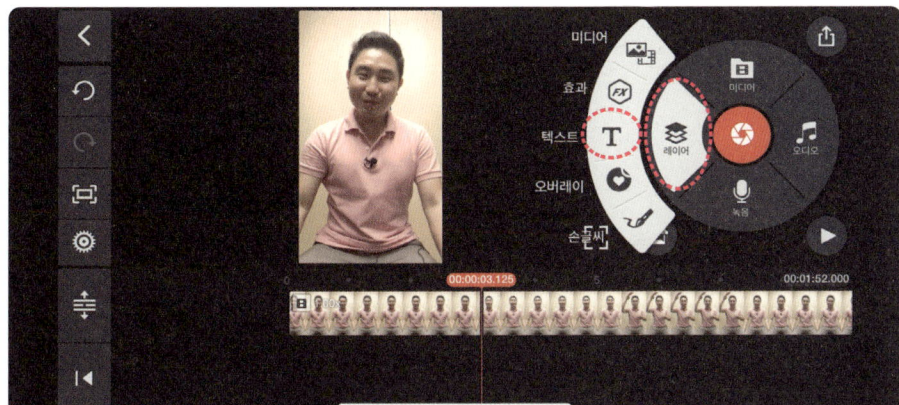

자막 넣기

'레이어' → 'T 텍스트'

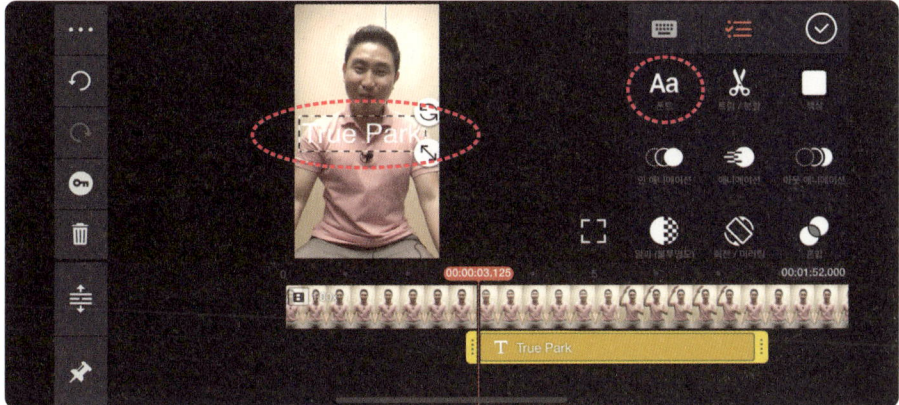

서체 지정은 'Aa 폰트'에서

6 처음에 저를 소개하는 자막을 넣어보려고 합니다. 먼저 제 닉네임 'True Park'이라는 자막을 넣습니다.

Lesson 8

에셋스토어에서
영상 분위기에 맞는
다양한 서체를 넣어보는 일도
영상 편집 실력 향상에
도움이 됩니다.

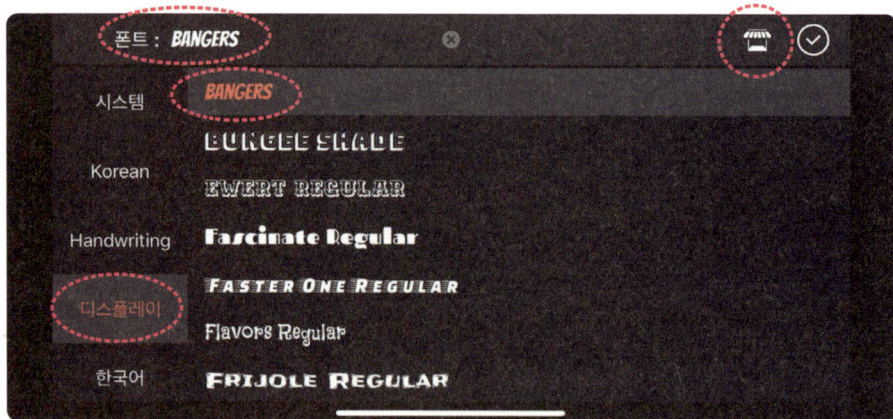

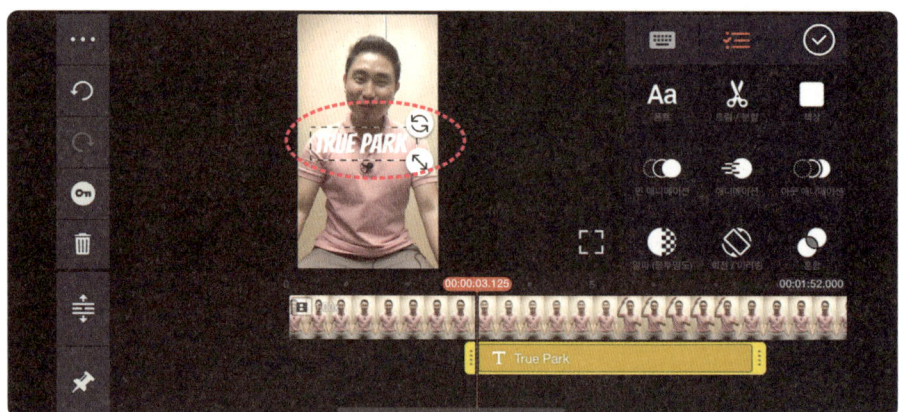

7 서체는 🏪 에셋 스토어 '디스플레이' 항목에 있는 'Bangers'로 골라보았습니다. 키네마스터에는 수많은 서체(저작권 무료)들을 무료로 다운로드하여 사용할 수 있으니 기본 서체로 사용하지 말고 영상에 맞게 꼭 바꿔보세요!

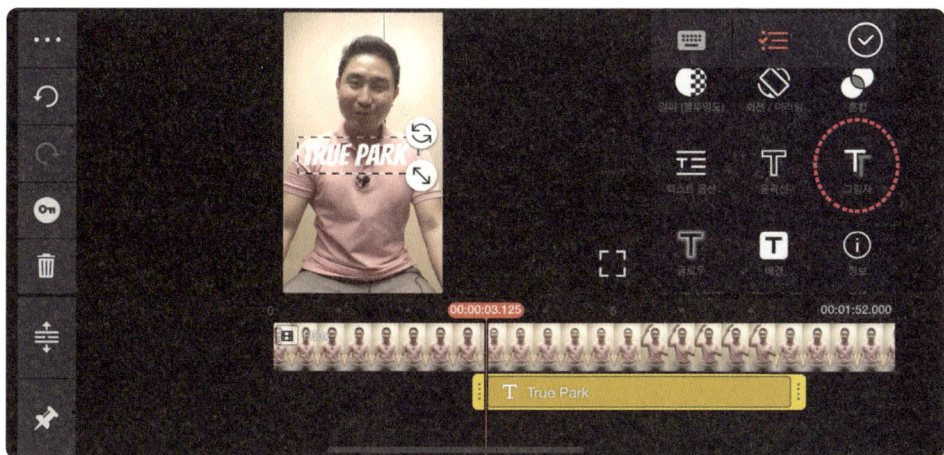

자막을 수정할 땐 서체(폰트)뿐만 아니라 텍스트 옵션, 윤곽선, 그림자, 글로우, 배경 같은 다양한 버튼을 눌러 어떤 효과를 낼 수 있는지 연습해보면 좋습니다.

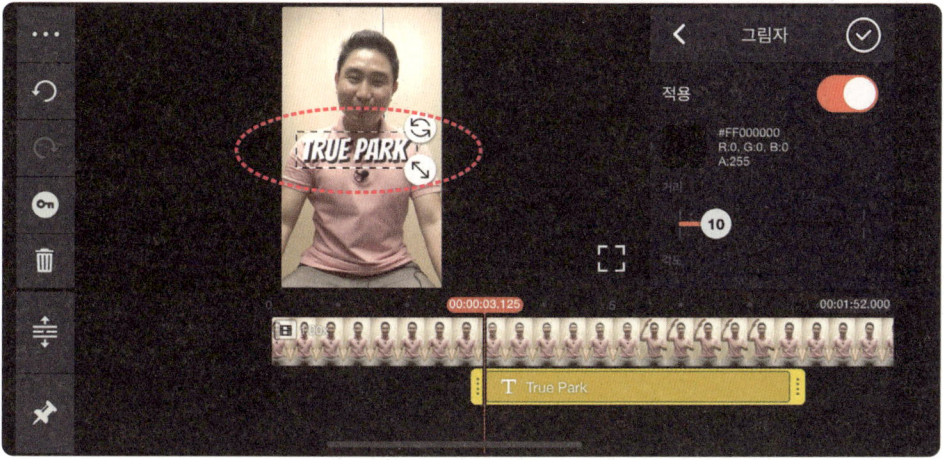

8 흰색 자막이 화면에서 더 잘 보이게 하기 위해 '그림자' 효과를 적용해보겠습니다. 그림자의 색상/투명도, 그리고 거리/각도/퍼짐/크기 등을 일일이 조절할 수 있습니다.

Lesson 8

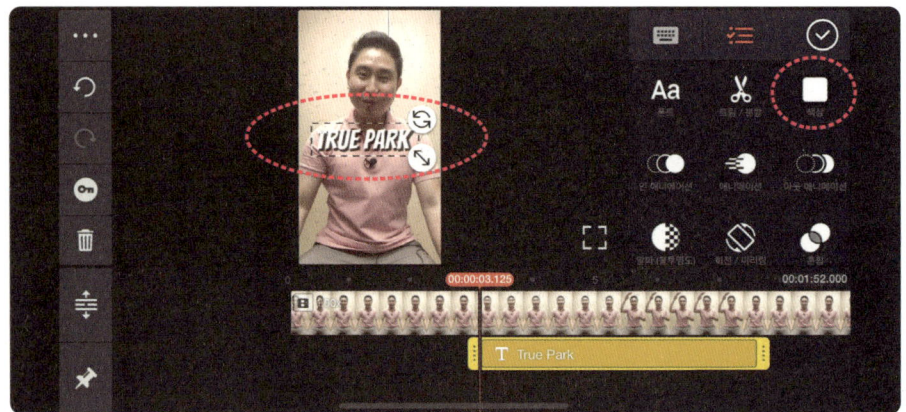

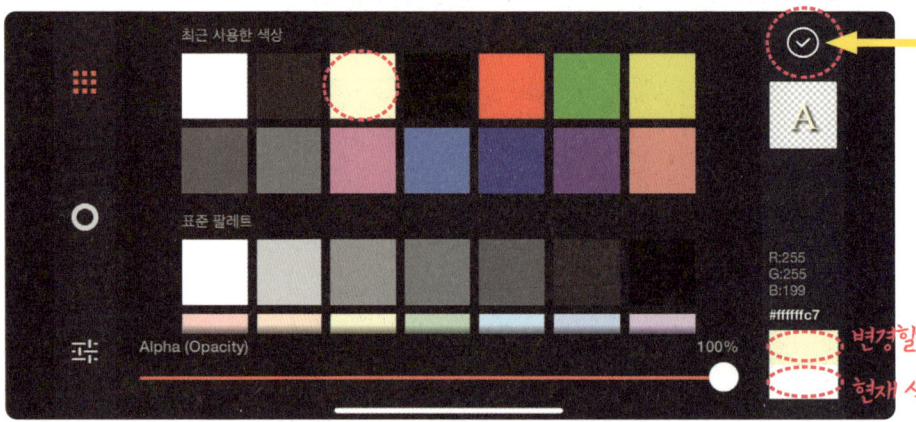

영상 편집에서 이 버튼을
누르면 본인이 선택한
기능이나 효과 등이
영상에 적용됩니다.
PC에서 Enter키와
같은 역할을 한다고 보면
됩니다.

변경할 색상
현재 색상

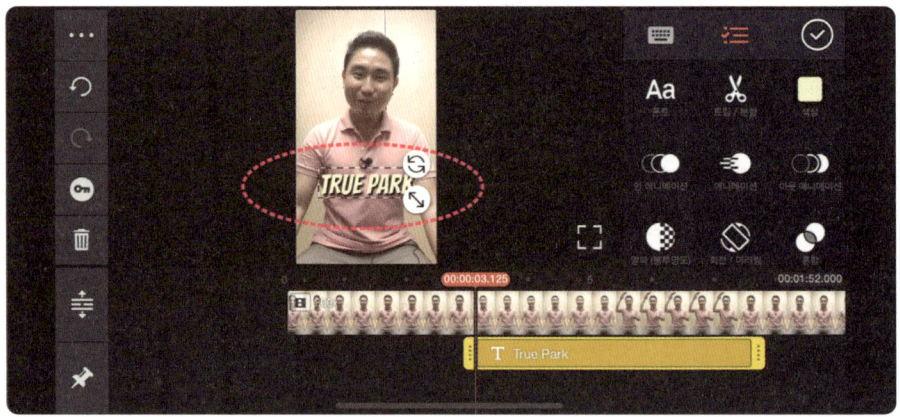

9 이 자막 하단에 추가로 넣을 자막의 색상을 흰색으로 할 계획이어서, 닉네임은 조금 강조하는 의미에서 연한 노란색으로 했고, 자막의 위치와 크기도 조정했습니다.

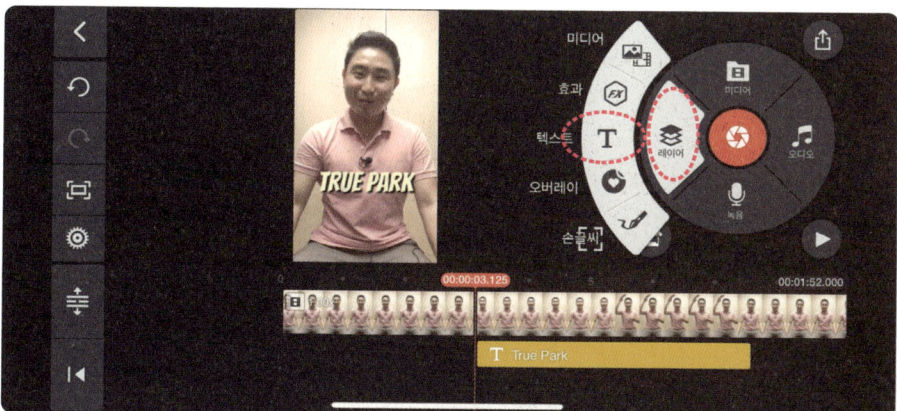

'레이어' → 'T 텍스트' → 'Aa 폰트'

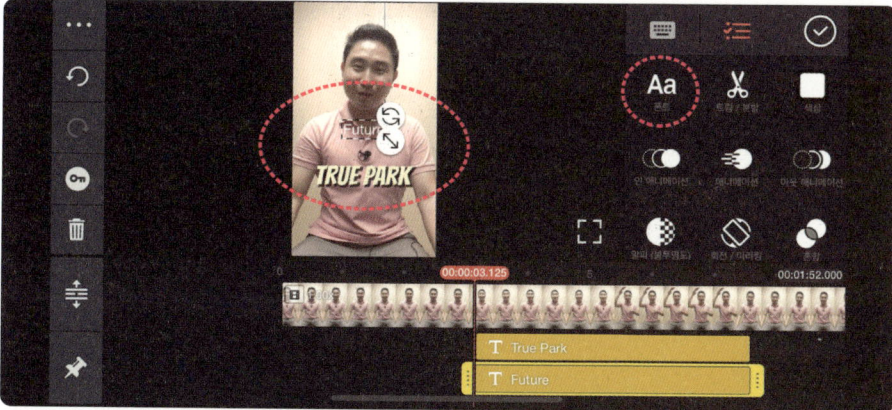

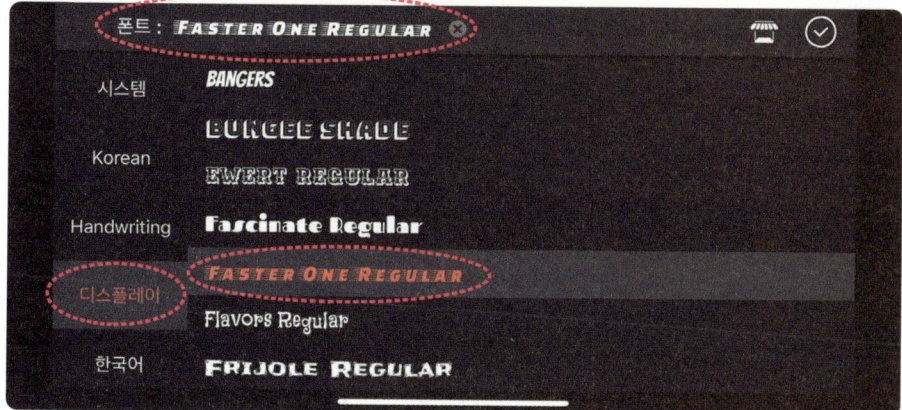

10 'TRUE PARK' 자막과 같은 시간대에, 그 아래 공간에 추가로 자막을 넣으려고 합니다. 'Future'라는 자막을 넣고 서체는 'Faster One Regular'로, 색상은 흰색으로 그대로 두었습니다.

Lesson 8

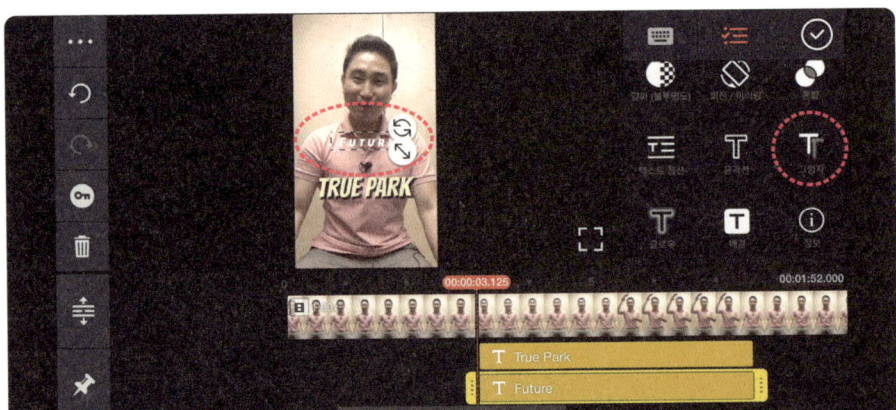

① '▣ 그림자' → 적용

② '투명도' 조정

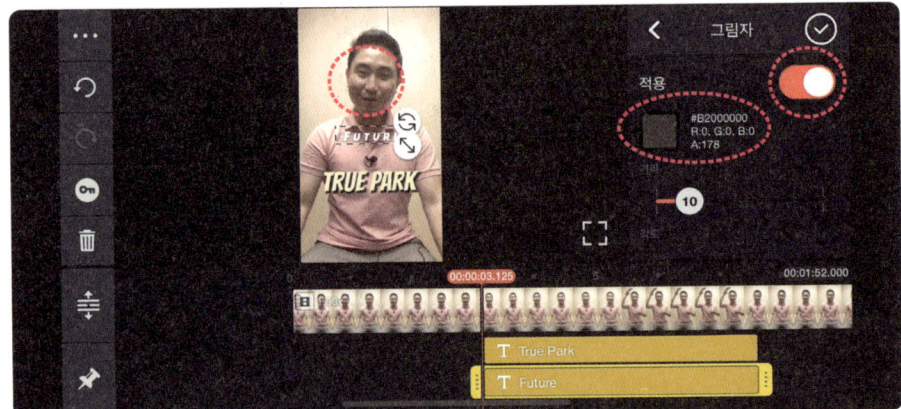

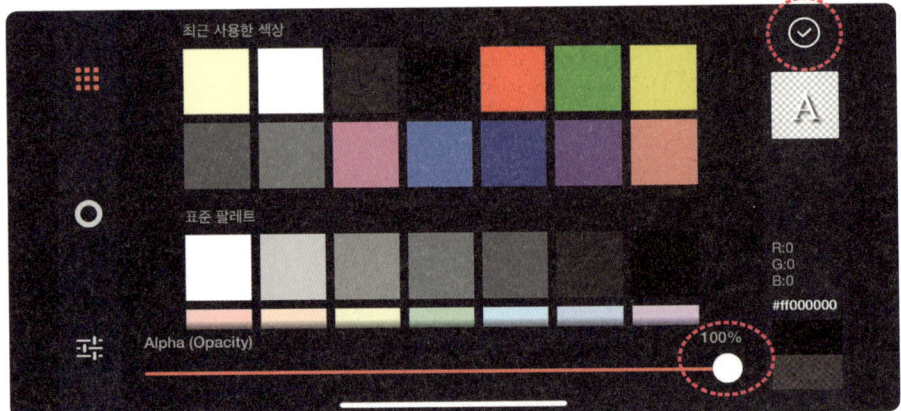

11 'TRUE PARK' 자막처럼 '그림자' 효과를 적용했습니다. 그림자의 '투명도'를 기본 69%에서 100%로, '퍼짐' 값을 기본 10에서 25로 변경했습니다. 값을 바꿀 때마다 미리보기로 자막의 스타일이 바뀌는 것을 볼 수 있습니다.

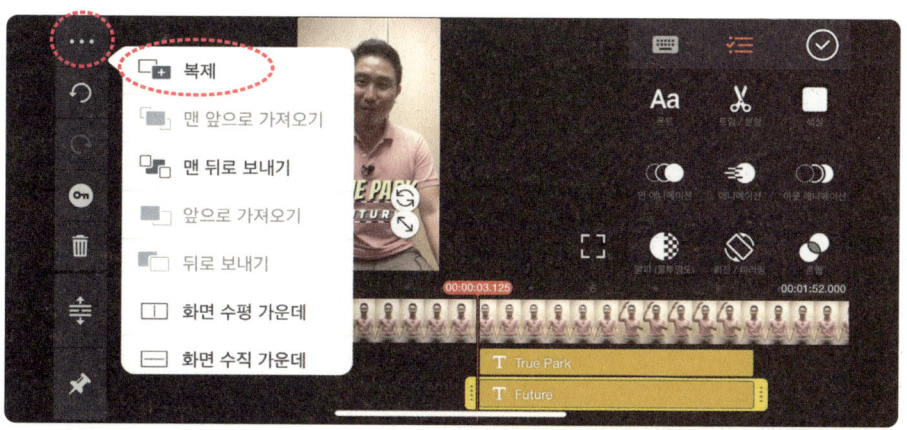

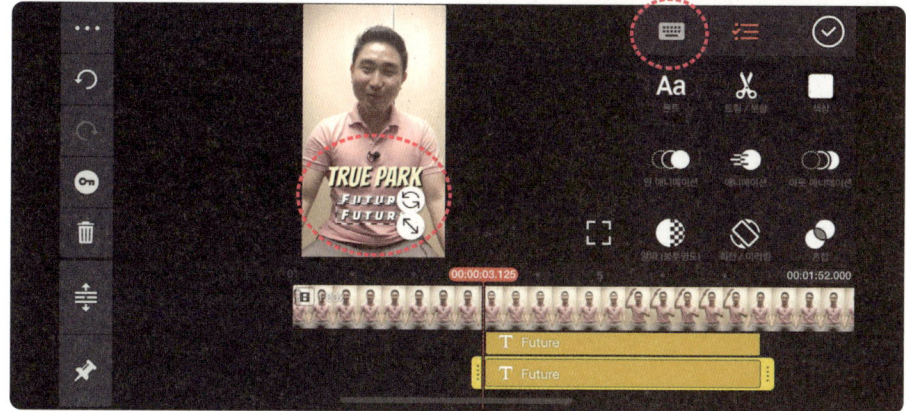

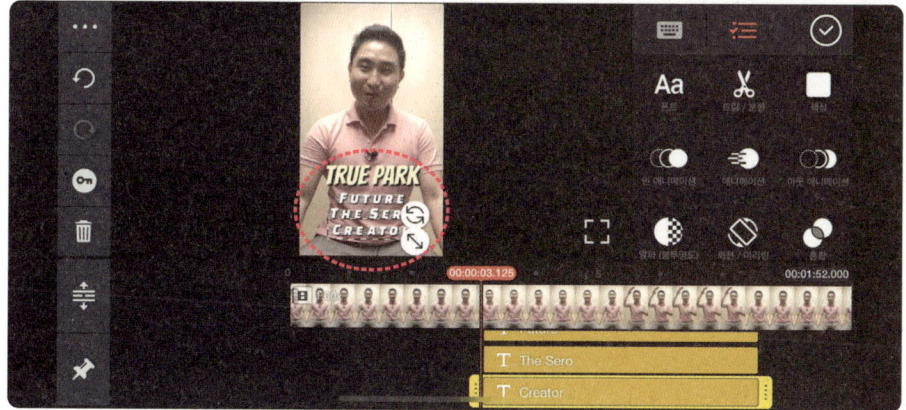

12 'FUTURE' 자막 크기를 살짝 줄여서 'TRUE PARK' 자막 아래로 옮겨줍니다. 그리고 'FUTURE'라는 자막과 동일한 형태로 추가 자막을 넣기 위해, 'FUTURE' 자막을 복제하여 위치를 그 아래로 이동한 후, 내용만 'THE SERO'라고 변경합니다. 이 과정을 한 번 더 반복하여 'CREATOR'라는 자막을 가장 하단에 넣어줍니다. 'FUTURE' + 'THE SERO' + 'CREATOR' 이렇게 세 개의 자막을 따로따로 넣은 이유는 '인 애니메이션'을 각각 다르게 지정해서 자막이 나오는 장면이 더욱 역동적으로 보이도록 하려는 것입니다.

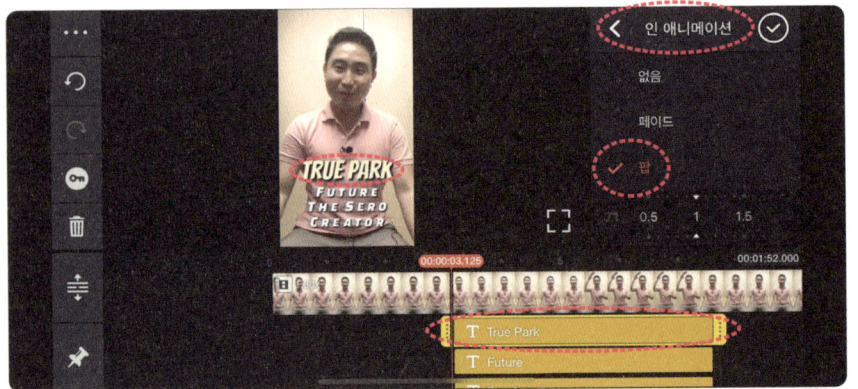

13 총 네 개 자막의 '인 애니메이션'을 각각 다르게 설정해주었는데, 가장 상단의 자막은 '팝', 두 번째는 '왼쪽으로 밀기', 세 번째는 '오른쪽으로 밀기', 가장 하단의 자막은 '위로 밀기', 이렇게 방향성을 고려하여 설정했습니다. 그리고 자막이 사라질 때의 효과인 '아웃 애니메이션'은 통일감 있게 네 개 자막 모두 '페이드'로 적용했습니다.

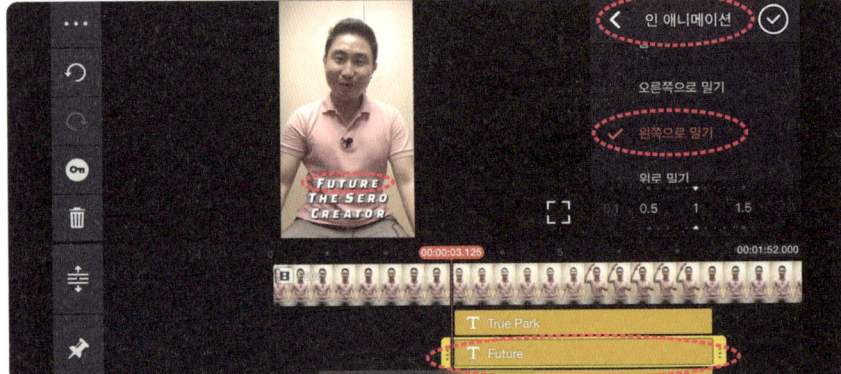

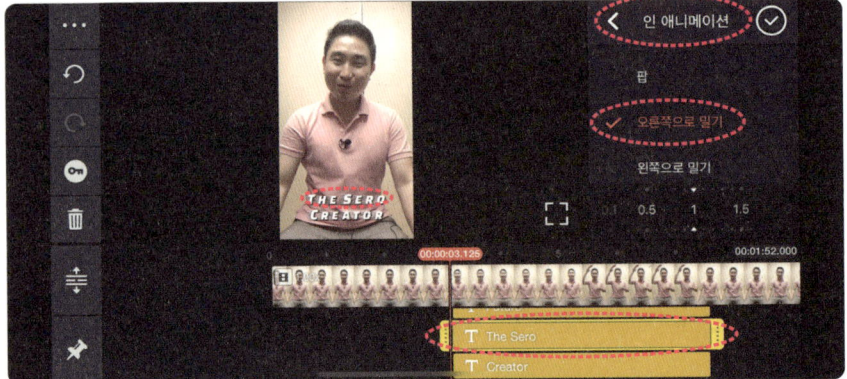

네 개의 자막 '인 애니메이션'은 각각 다르게 지정해서 시선을 집중시켰지만, '아웃 애니메이션'까지 각각 다르게 지정하면 보는 사람이 피로를 느낄 수도 있습니다.

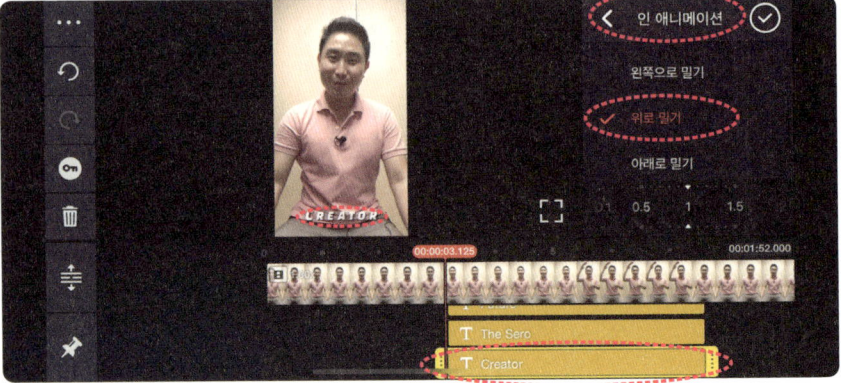

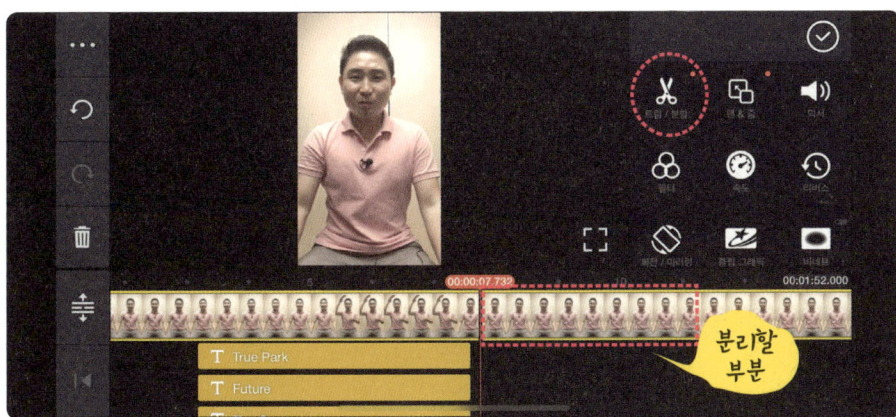

① 분리할 클립 선택
　노란 박스 선이 보이게
② '✂ 트림/분할'
③ '플레이헤드에서 분할' 선택

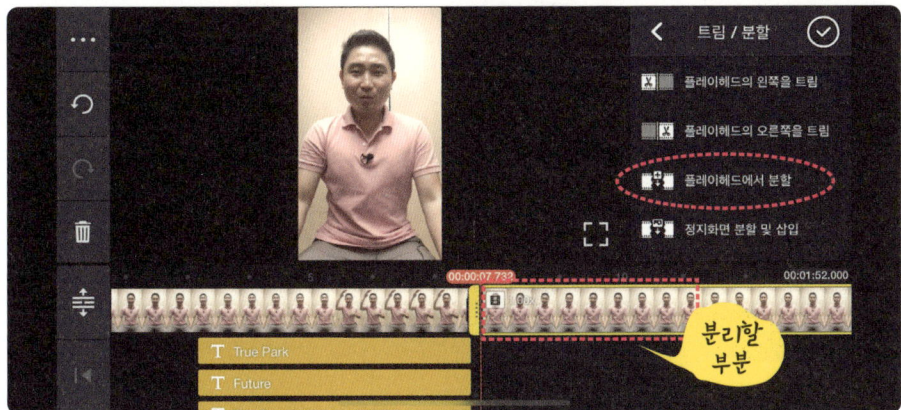

14 이번엔 영상의 일부분을 개성 있게 표현해보려고 합니다. "스마트폰이 없었다면 이런(세로) 비율의 영상은 나오지 않았을지도 몰라요."라고 말한 부분인데, 스마트폰 모양의 이미지 속에 영상을 넣어 마치 제가 스마트폰 안으로 들어간 것처럼 표현해보려고 합니다. 해당 멘트가 나오는 부분이 7초732지점부터 11초214지점까지이기 때문에, 이 두 지점에서 영상 클립을 각각 분할하여 이 부분의 영상을 따로 분리해둡니다.

Lesson 8

15 영상을 넣을 '스마트폰 화면'이 필요합니다. 왼쪽과 같은 이미지(또는 비디오)가 필요한데, 편집 과정에서 초록색으로 된 단색 부분을 없애고, 그 부분에 다른 사진이나 비디오를 넣을 수 있습니다. 이런 기법을 '크로마키'라고 부릅니다. 다양한 합성을 즐길 수 있는 재미있는 기능이니 꼭 따라 해보기 바랍니다.
왼쪽 사진은 초록색 단색 이미지를 인터넷에서 다운로드하고 전체 화면으로 열어놓은 후 또 다른 스마트폰으로 촬영한 것입니다. 이때 사진 속 다른 부분에 초록색이 있으면 그 부분도 함께 사라질 수 있으니, 가능하다면 오른쪽과 같이 초록색과 겹치지 않는 색으로 깔끔한 배경 앞에서 촬영하는 것이 좋습니다.

예제 따라 쉽게 익히는 영상 제작 8

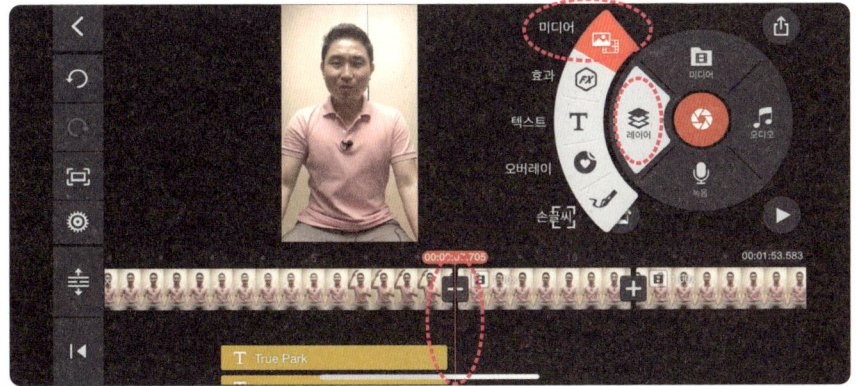

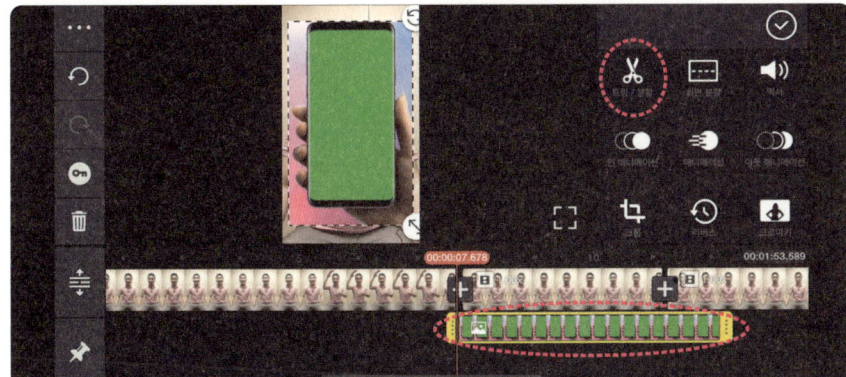

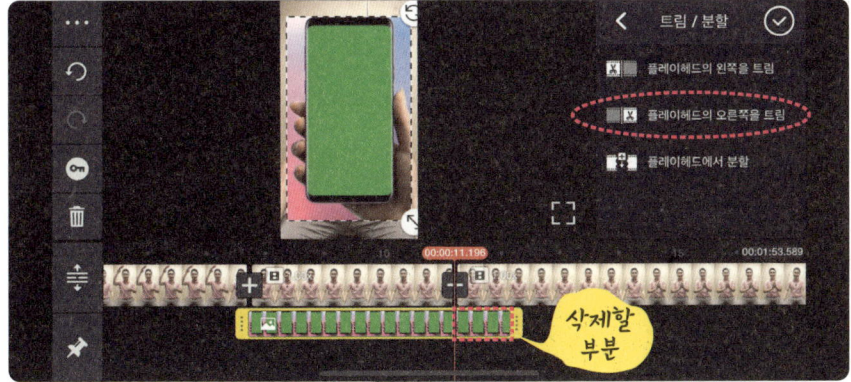

16 앞의 13번 과정에서 따로 분리해놓은 영상의 앞부분에 플레이헤드를 두고, '레이어-미디어' 메뉴로 들어가 '크로마키'를 적용할 사진을 타임라인에 불러옵니다. 분리해놓은 영상 길이와 똑같이 사진 길이도 맞춰주기 위해, 영상 끝부분에 플레이헤드를 두고 가위 버튼을 이용해 사진 클립의 뒷부분을 잘라줍니다. 천천히 따라해보세요!

① '레이어' → '미디어'

② '사진' 중에서 선택

③ 선택한 사진 끝과 영상 끝에 플레이헤드 맞추기

④ '✂ 트림/분할'로 오른쪽 부분 잘라내기

Lesson 8

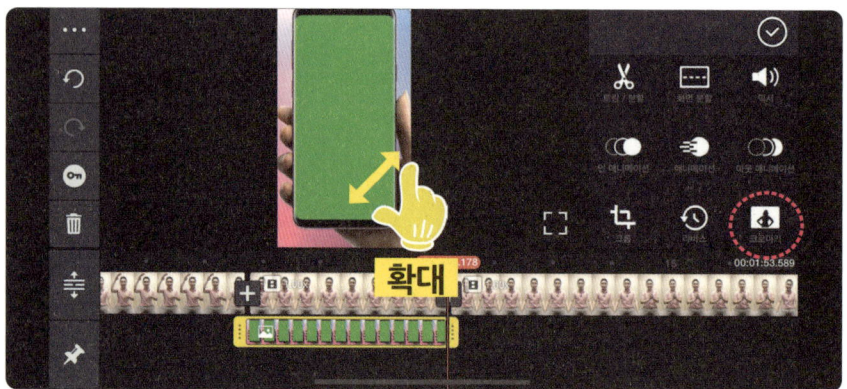

17 레이어로 넣은 이미지의 메뉴 중 '크로마키' 버튼을 누르고 들어가, '적용'을 체크합니다. 그럼 초록색을 '키 색상'으로 인식하여 이미지의 초록색 부분이 사라지고, 그 부분에 이미지 뒤에 있던(미디어로 넣었던) 영상이 보입니다. 만약 '키 색상'을 잘못 인식했다면 버튼을 눌러 다시 설정합니다.

초록색이 깔끔하게 사라지지 않았을 경우에는 두 가지 값을 조절하여 맞추고(보통 위의 값 36~38/ 아래의 값 61~64), 마스크 모드 로 진입하여 검은색과 흰색(검은색: 사라지는 부분, 흰색: 남아있는 부분)의 경계를 뚜렷하게 하면 초록색 부분이 깔끔하게 사라지게 됩니다.

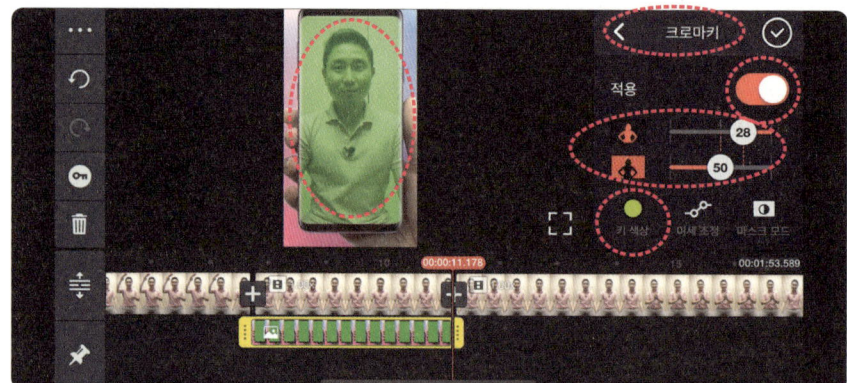

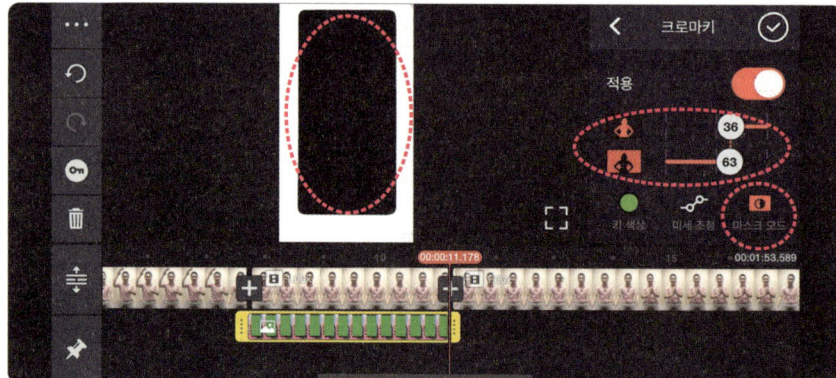

① 삽입한 사진을 선택

② '크로마키' → 적용

③ '키 색상' 선택 → 초록으로 →

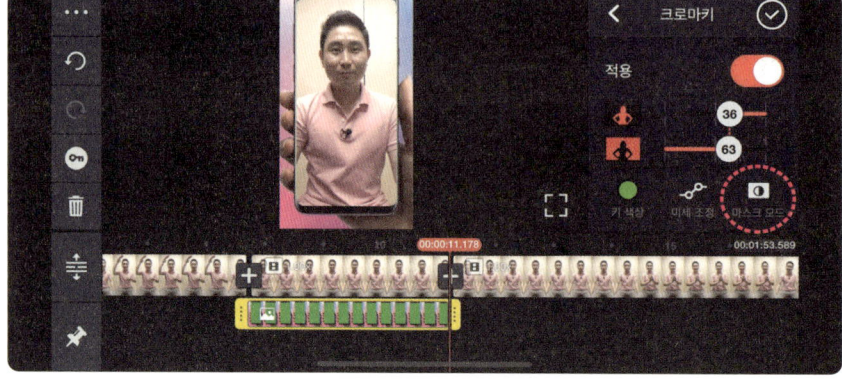

| 예제 따라 쉽게 익히는 영상 제작 8

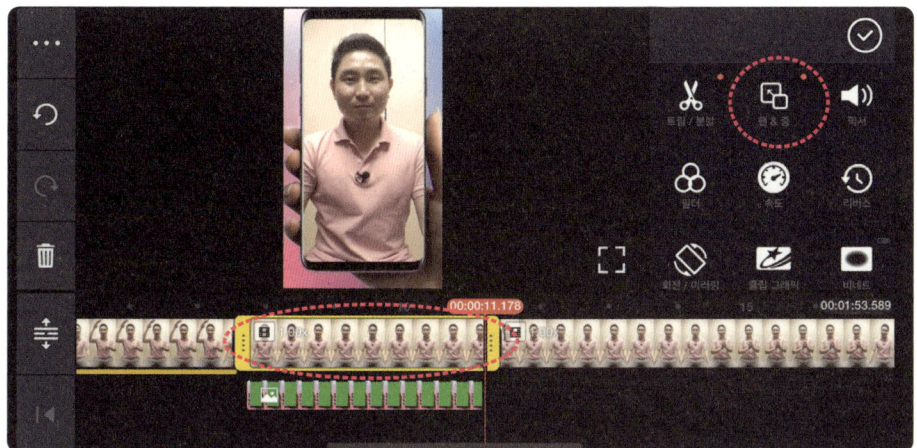

사진뿐 아니라 영상도 '🔲 팬&줌'에서 시작과 끝의 영상 크기를 조절할 수 있습니다.

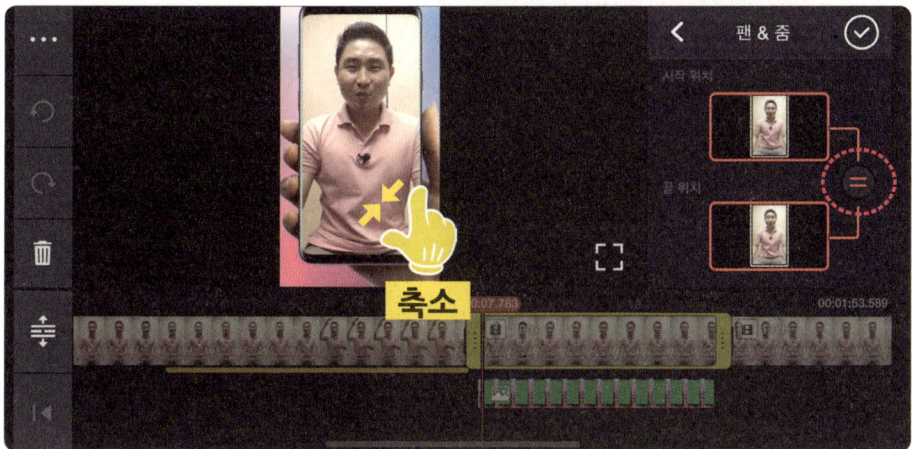

18 미디어의 영상 크기를 조절하고 싶다면, '팬&줌' 메뉴로 들어가 시작 위치와 끝 위치를 같게 한 후, 미리보기 화면에서 손가락으로 확대/축소/이동하면 됩니다. 여기에서는 영상 속 인물이 말하고 있어서 ⬛ 버튼을 눌러 시작과 끝 크기를 같게 했습니다.

Lesson 8

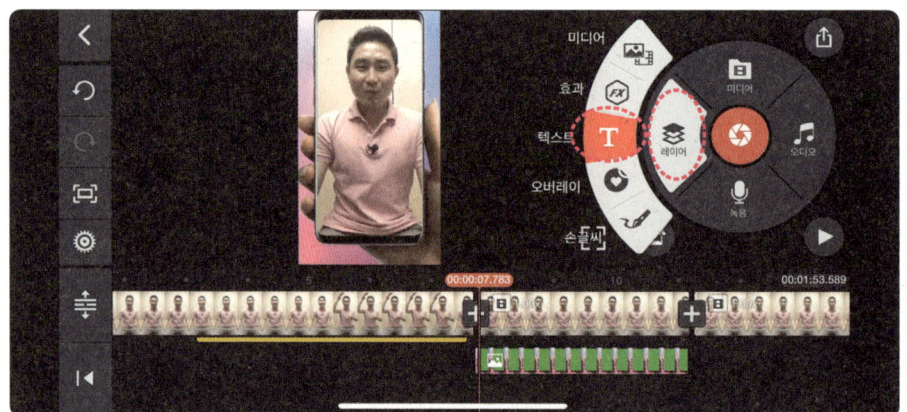

자막 입력 순서는
'레이어' → 'T 텍스트' →
'Aa 폰트' 선택

자막의 폰트(서체), 색상,
인/아웃 애니메이션,
불투명도, 윤곽선, 그림자 등
다양한 효과도 시도해보면서
개성 있는 영상 만들기에
도전해보세요!

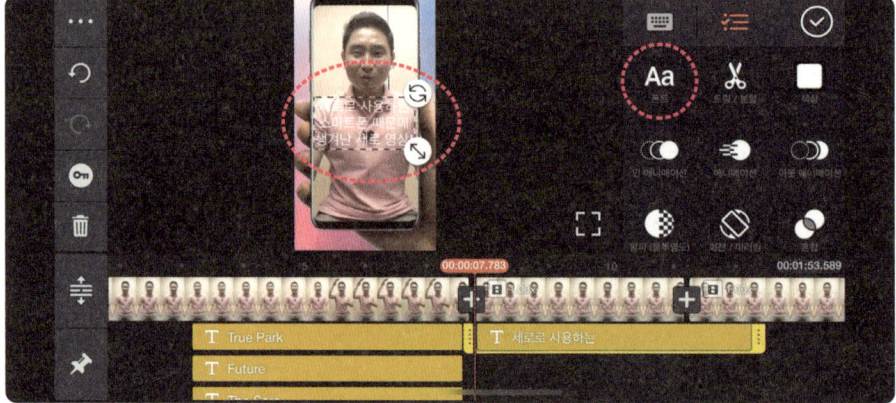

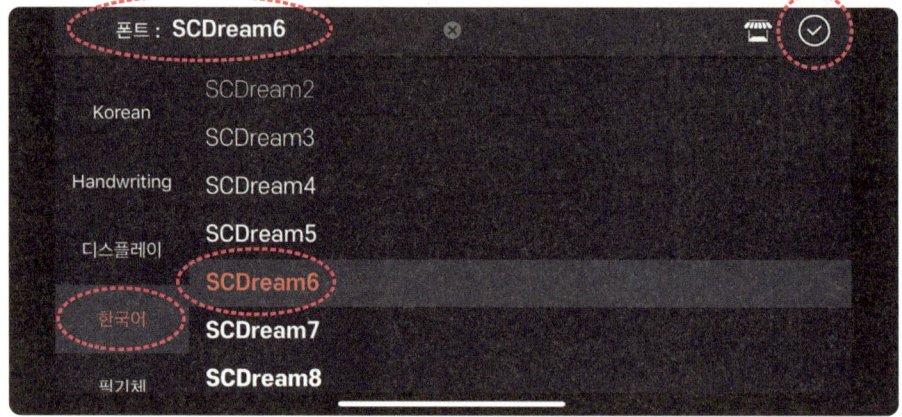

19 '크로마키'를 적용한 부분에 자막을 넣어보겠습니다. 자막 입력 후, 서체를 한국어 서체 중 'SCDream6'으로 변경합니다.

예제 따라 쉽게 익히는 영상 제작 8

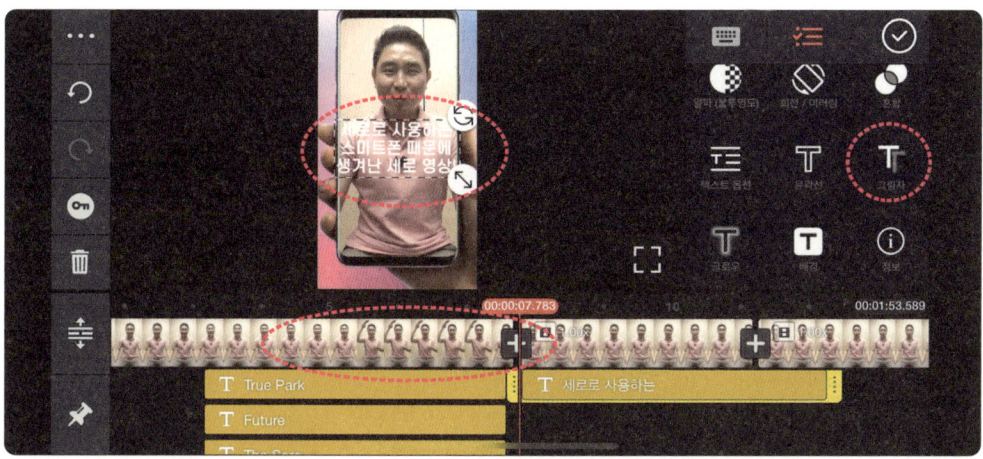

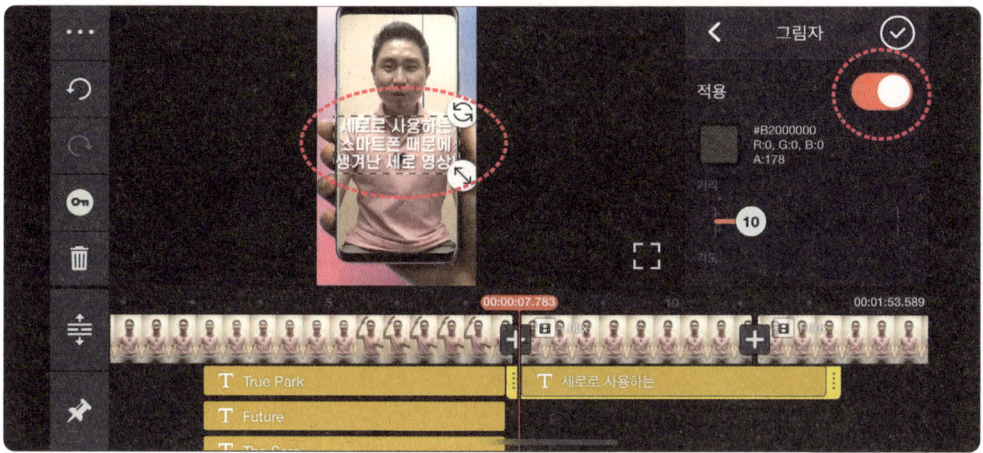

20 '그림자' 효과도 적용하여 자막이 화면에서 더 잘 보이게 하였습니다.

Lesson 8

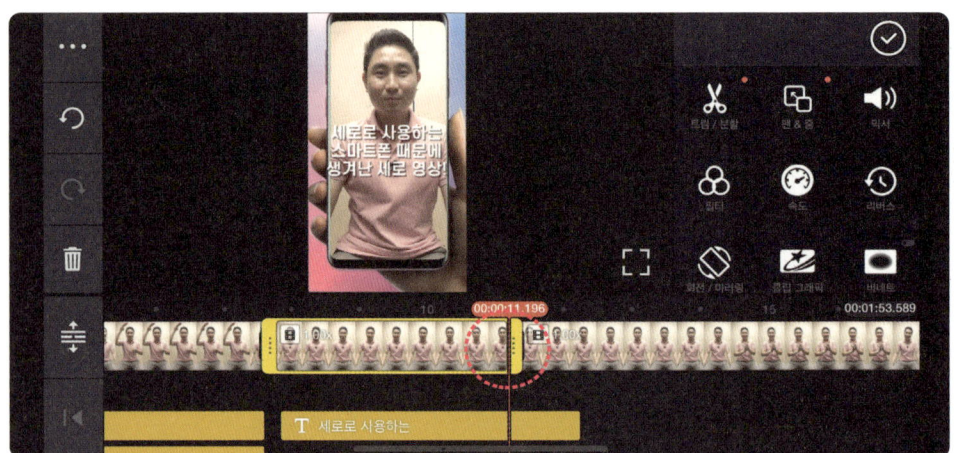

'트림'은
필요 없는 부분을
잘라내는 작업이고,
'분할'은
원하는 곳에서
클립(장면)을 나누는
작업입니다.

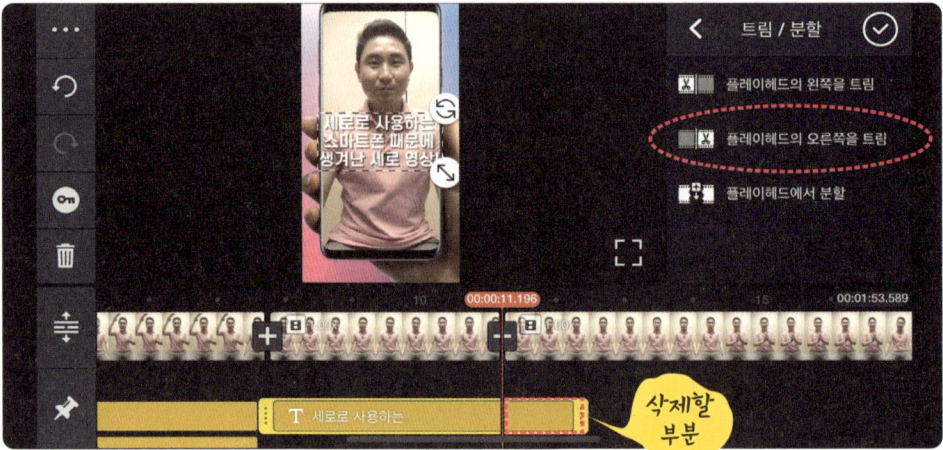

21 영상의 길이에 딱 맞게 자막의 길이도 맞추기 위해, 먼저 영상의 끝부분에 플레이헤드를 걸어둔 상태에서, 자막 클립을 선택하여 '플레이헤드의 오른쪽을 트림' 합니다.

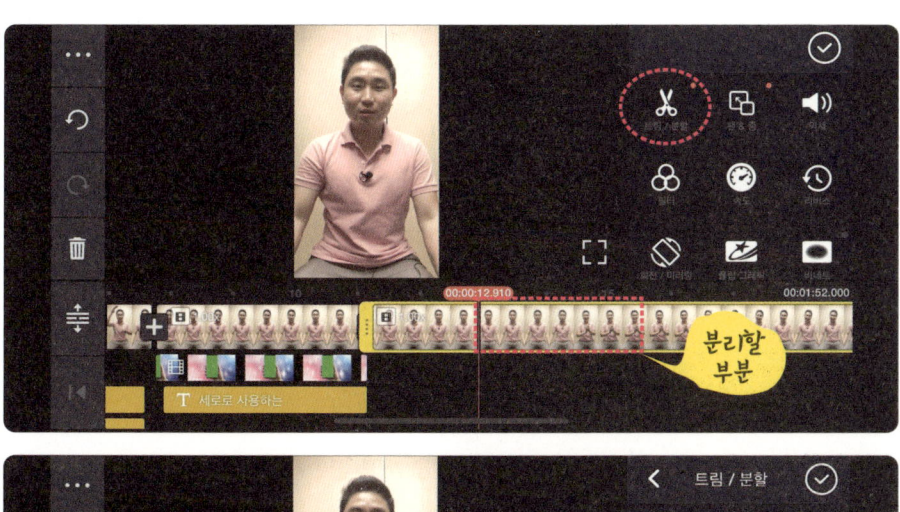

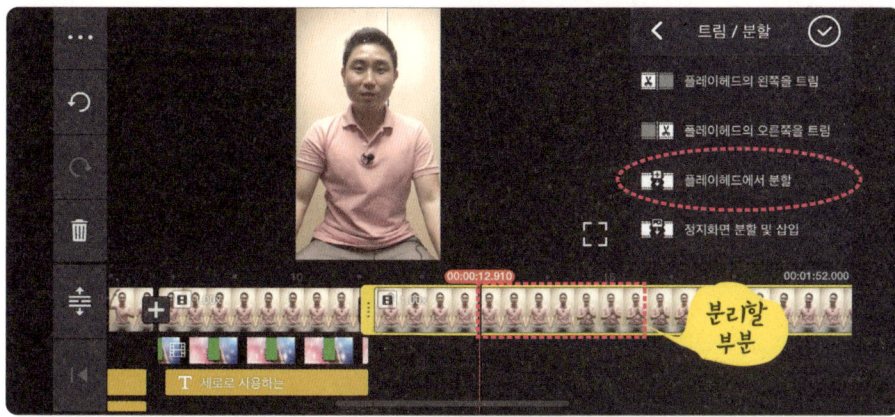

22 이번에는 제가 "이제 TV까지 세로로?"라고 말한 부분의 영상을 세로로 된 TV 이미지 속에 넣어보려고 합니다. 이러한 편집 구상은 기획 단계에서 해두는 것이 좋습니다. 가위 버튼을 이용하여, 해당 부분(12초 91지점부터 15초 66지점까지)의 영상을 잘라서 분리해둡니다.

Lesson 8

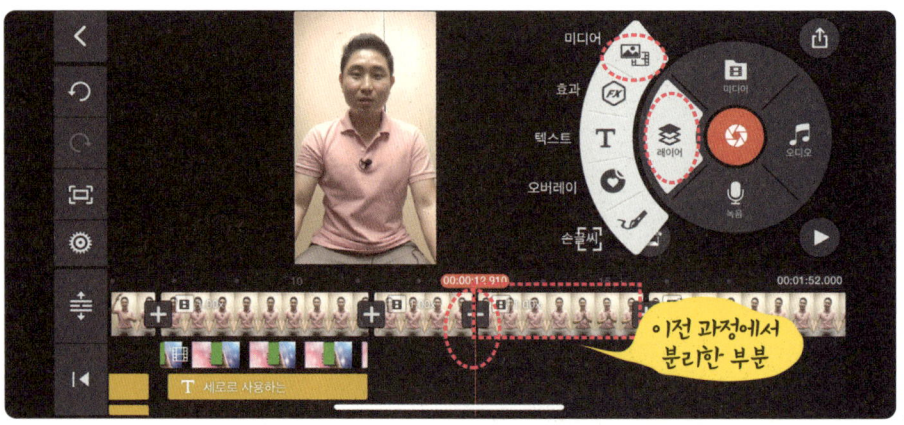

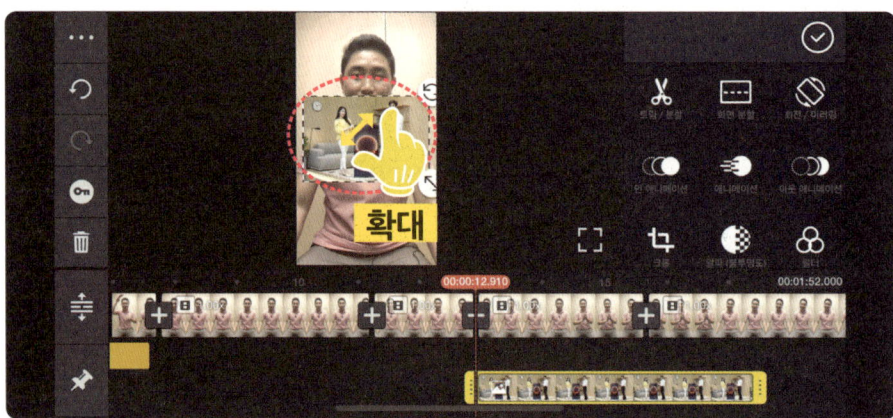

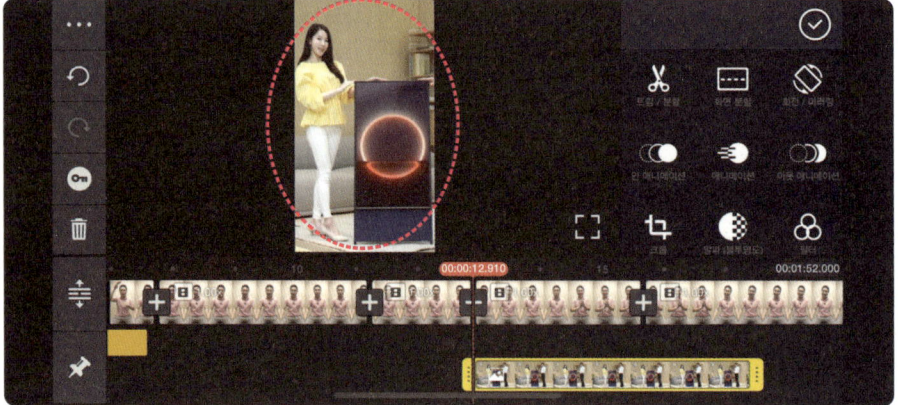

23 위에서 잘라 놓은 영상의 맨 앞(12초91지점)에 플레이헤드를 두고 '레이어-미디어'로 들어가 미리 준비해놓은 사진을 불러옵니다. 세로로 된 TV와 모델들이 함께 서 있는 사진인데, 가로 사진이기 때문에 크기를 키워 세로로 꽉 차게 해줍니다.

예제 따라 쉽게 익히는 영상 제작 8

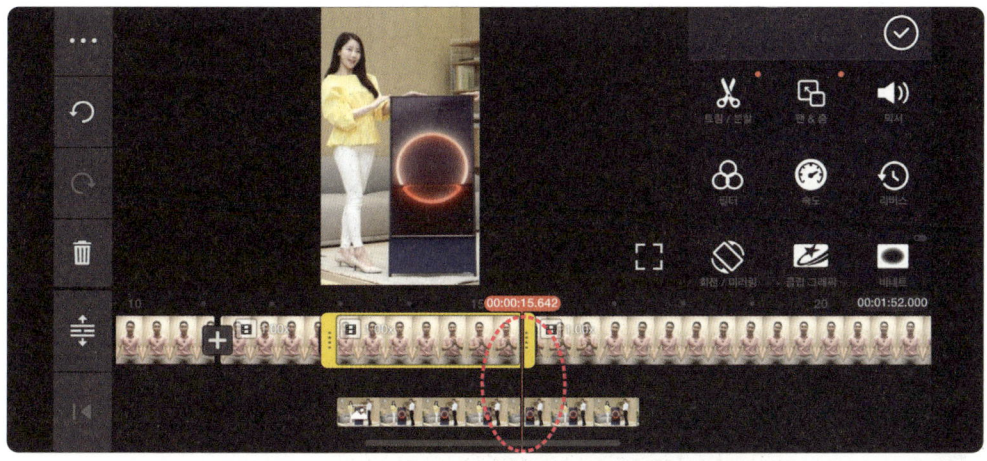

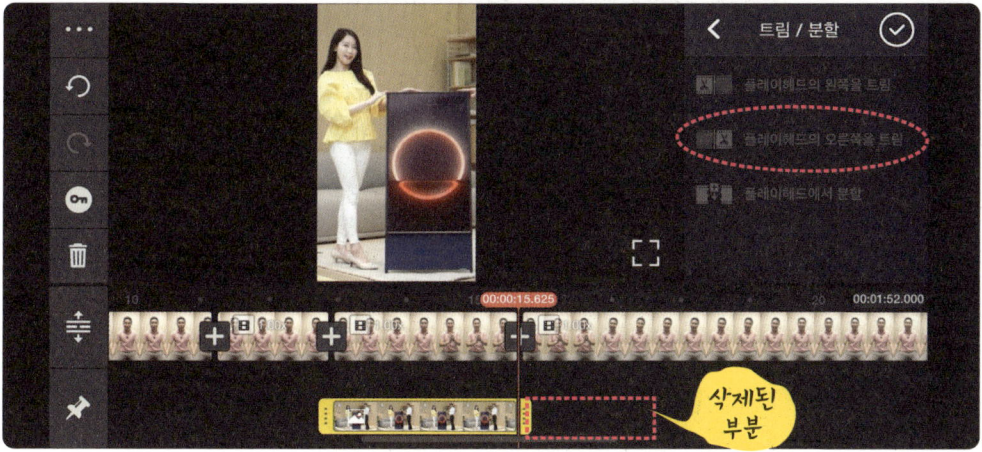

24 잘라 놓은 영상과 길이를 딱 맞추기 위해 영상을 먼저 선택하여 플레이헤드를 끝에 걸어두고, 레이어의 사진을 선택하여 '가위(트림/분할) 버튼-플레이헤드의 오른쪽을 트림' 해줍니다.

Lesson 8

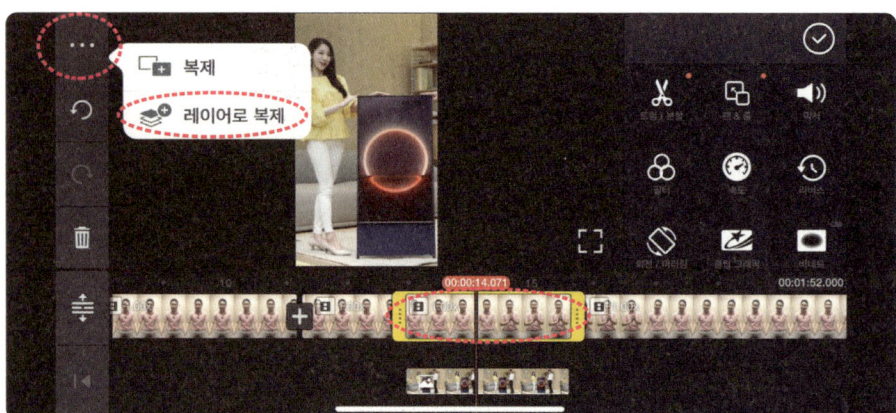

① 복제할 클립 선택
② ⋯ 버튼 선택
③ '레이어로 복제'
④ 복제한 영상 이동, 크기 조절

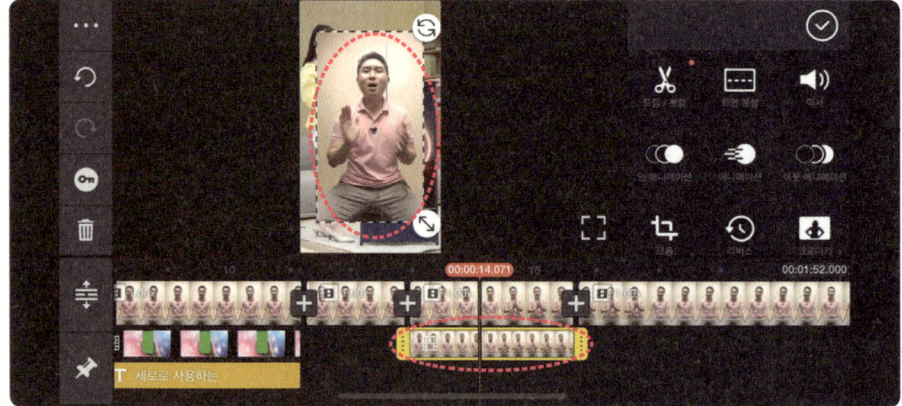

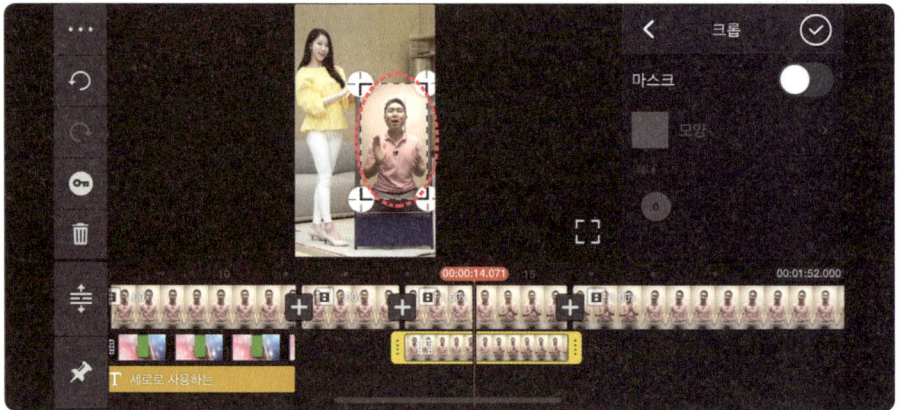

25 사진 속 TV 안으로 제 영상이 들어가야 하기 때문에, 사진 아래(뒤)에 있는 영상을 '레이어로 복제'합니다(다음 페이지 '여기서 잠깐!' 참조). 그리고 사진 속의 TV 모니터 크기에 맞게 영상의 크기를 조절하고, 잘라낼 부분이 있으면 '크롭' 메뉴를 이용합니다.

'레이어'의 개념을 모르겠어요!

레이어란 겹쳐진 필름이라고 생각하면 됩니다. 레이어로 이미지를 넣으면, 미디어로 넣었던 이미지나 비디오를 덮어쓰면서 위로 얹어지는 원리이며, 미디어로 넣은 비디오는 항상 맨 아래에 있습니다.

← 레이어로 넣은 이미지

미디어로 →
넣은 비디오

← 미디어로
    넣은 비디오를
    레이어로 복제한
    비디오

↑
레이어로 넣은 자막

Lesson 8

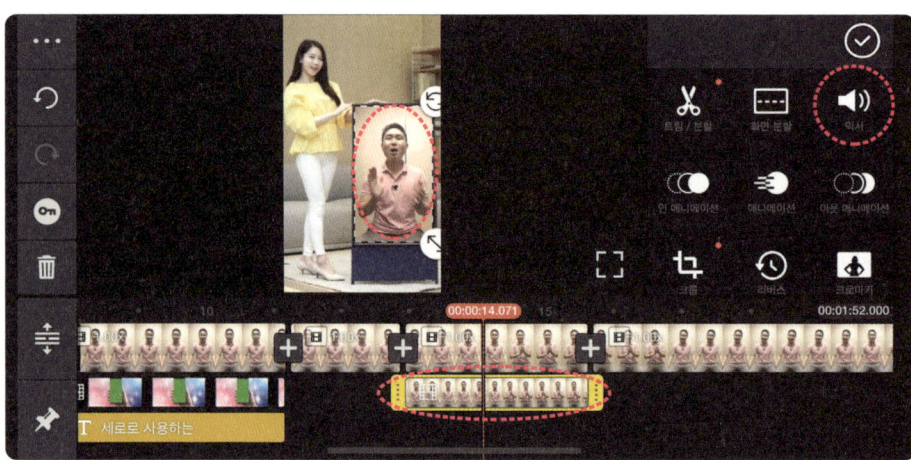

① 복제한 영상 클립 선택

② '🔊 믹서'

③ 볼륨(음량) 조절

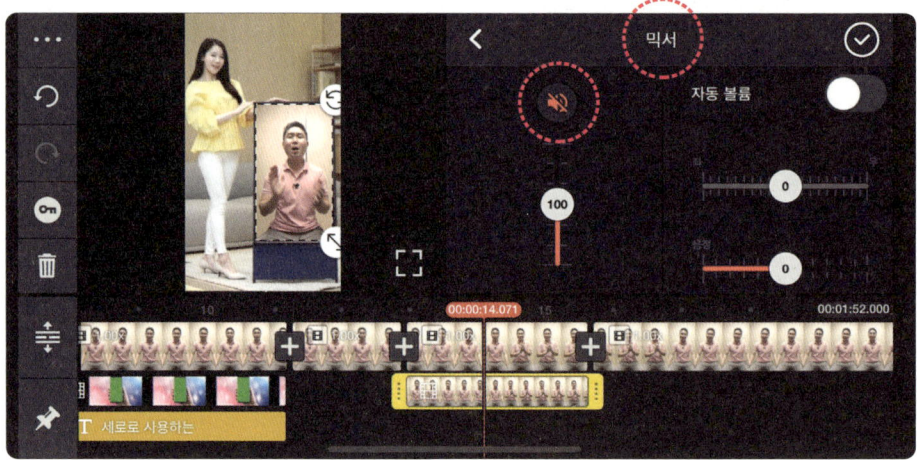

26 사진 뒤에 있는 영상과 그 영상을 복제하여 사진 앞으로 나온 영상, 이 두 영상의 소리가 겹쳐 있기 때문에 복제한 영상의 소리는 제거(음소거)합니다.

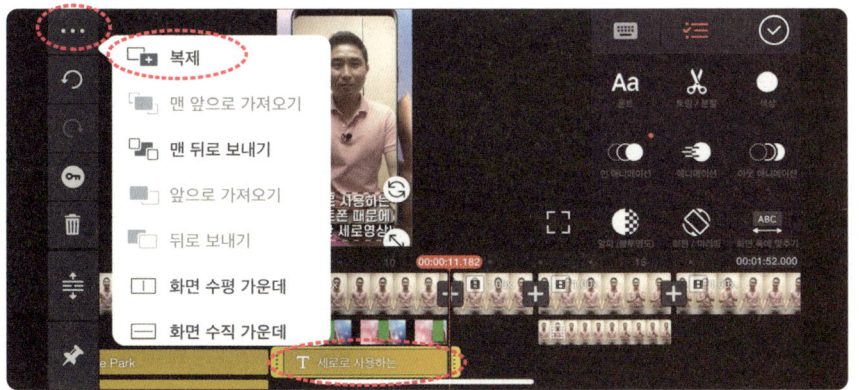

27 19번 과정에서 넣었던 자막을 복제하여, 복제된 자막을 꾹 잡고 필요한 위치로 이동한 후, 영상의 길이에 맞게 자막을 잘라줍니다. 새롭게 텍스트를 추가하지 않고 복제해서 사용하는 이유는 자막에 적용한 서체(폰트)와 색상 등의 스타일, 애니메이션 효과 등을 통일성 있게 효율적으로 적용하기 위함입니다.

자막에 적용한 폰트, 색상,
스타일, 애니메이션 효과를
통일성 있게 적용하면 영상이
차분하고 안정감 있게
느껴집니다.

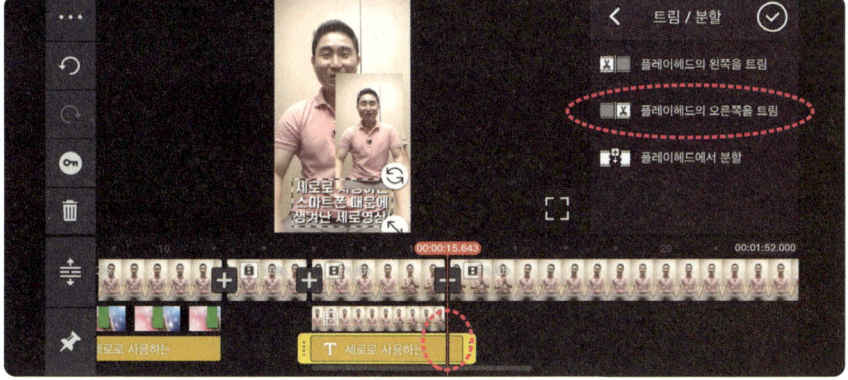

Lesson 8

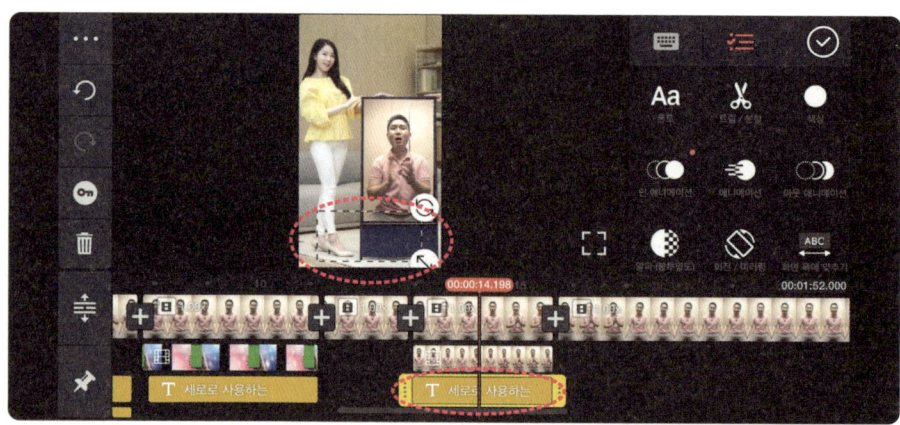

그림 뒤로 자막이 가려져 보이지 않을 때

① 해당 자막 클립 선택
② 🔲 누르기
③ '맨 앞으로 가져오기' 선택

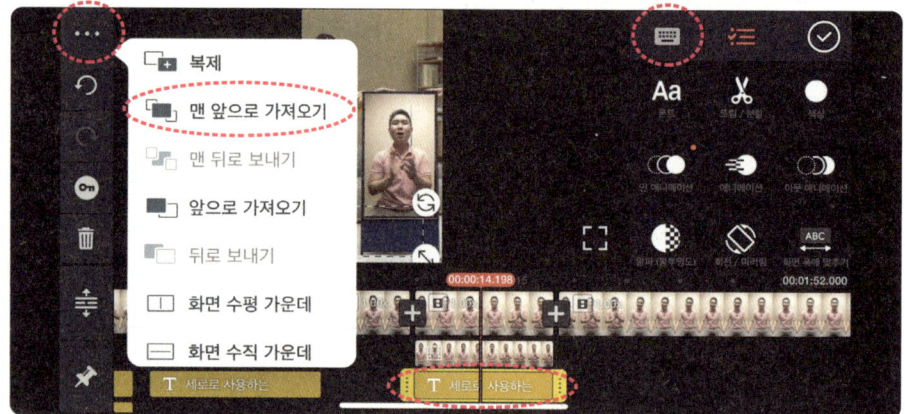

자막 내용을 바꾸고 싶을 땐 언제나 이 버튼!

28 위에서 자막을 넣긴 했는데 레이어로 넣은 사진의 뒤로 자막이 들어가 있어 화면에서 보이지 않습니다. 이럴 경우엔 🔲 버튼을 눌러 클립 간 정렬을 해줄 수 있습니다. 여기에선 자막을 '맨 앞으로 가져오기' 하면 되고, 이전의 자막을 복제했기 때문에 🔲 버튼을 눌러 내용을 변경합니다.

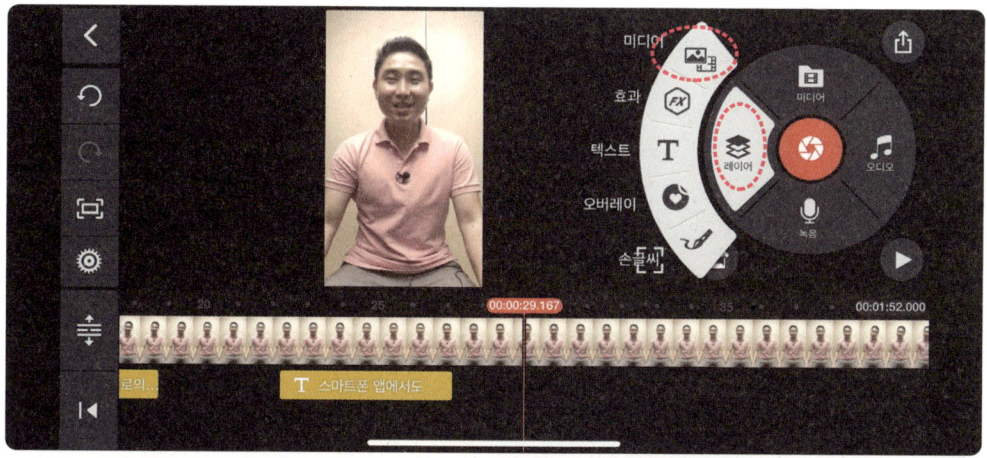

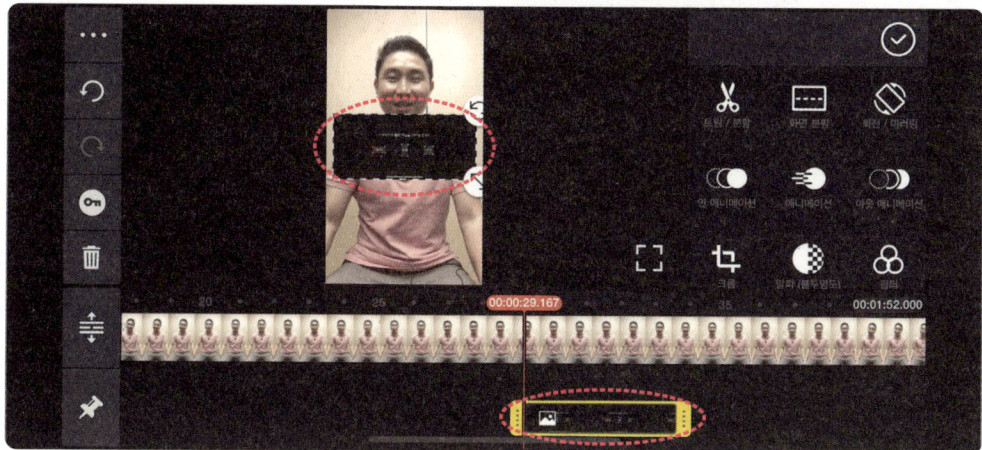

29 제가 영상에서 했던 멘트 중에 "요즘은 영상 편집 앱에서도 세로 영상을 만들 수 있게 세로 화면 비율을 제공해줍니다. 제가 추천하는 앱 키네마스터, Quik, Vllo 이렇게 다 가능하다는 거예요."가 있는데, 세 가지 앱을 말하는 타이밍에 맞춰 각각의 앱 화면을 보여주고자 합니다. 앱 화면은 미리 캡처를 해둔 상태에서 각 앱의 이름을 말할 때에 맞춰 '레이어-미디어'로 캡처 사진을 타임라인에 추가합니다.

Lesson 8

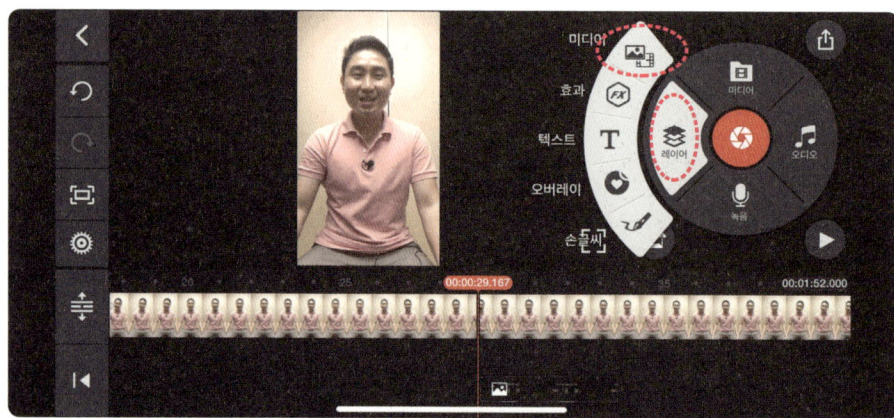

① 잘라낼 화면 클립 선택

② '⬜ 크롭'

③ 네 모서리를 잡고 화면 잘라내기

④ ⬤ 버튼 누르면 적용 완료

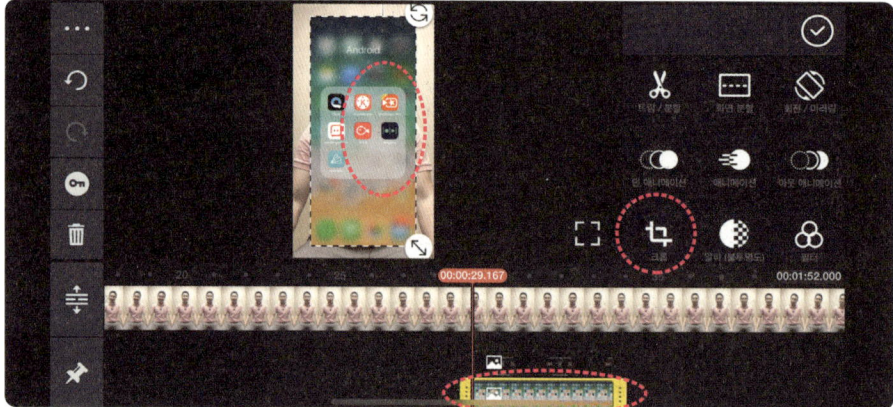

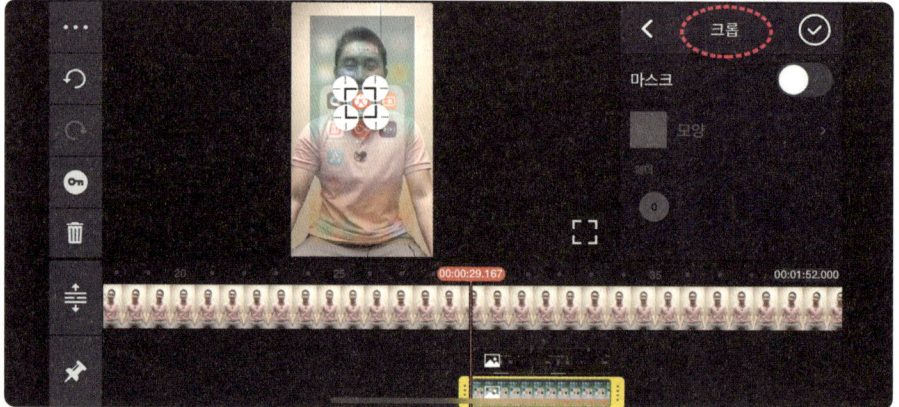

30 캡처한 사진에서 일부 화면만 잘라내고 싶을 때에는 '⬜ 크롭' 메뉴로 들어가 자르면 됩니다.

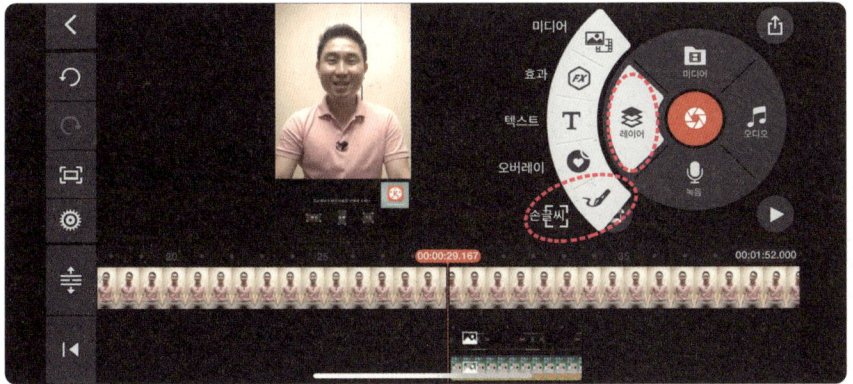

31 앱의 캡처 화면에서 세로로 영상을 편집할 수 있다는 부분을 표시하기 위해 빨간 동그라미를 넣고자 합니다. '레이어-손글씨' 메뉴로 들어가 원하는 도형으로 선택하고, 색상과 선의 굵기 등을 설정해준 후에 화면에 대고 드래그하듯이 그려주면 됩니다. 위치는 원하는 곳으로 가져갈 수 있고, '인/아웃 애니메이션' 적용도 가능합니다.

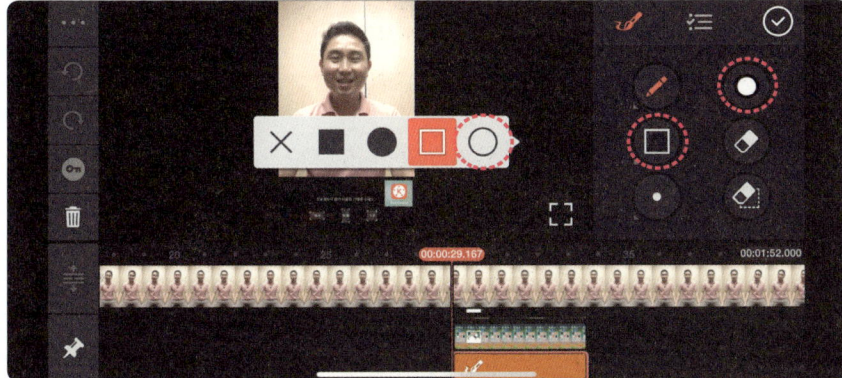

① '레이어'

② '손글씨'

③ '색상', '도형', '도형 두께' 조정

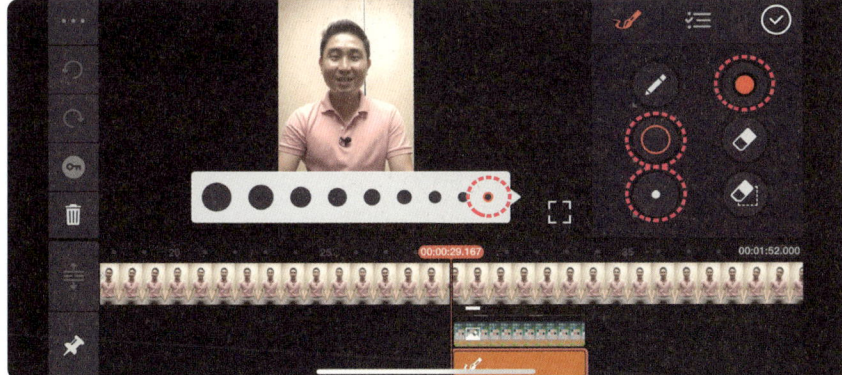

Lesson 8

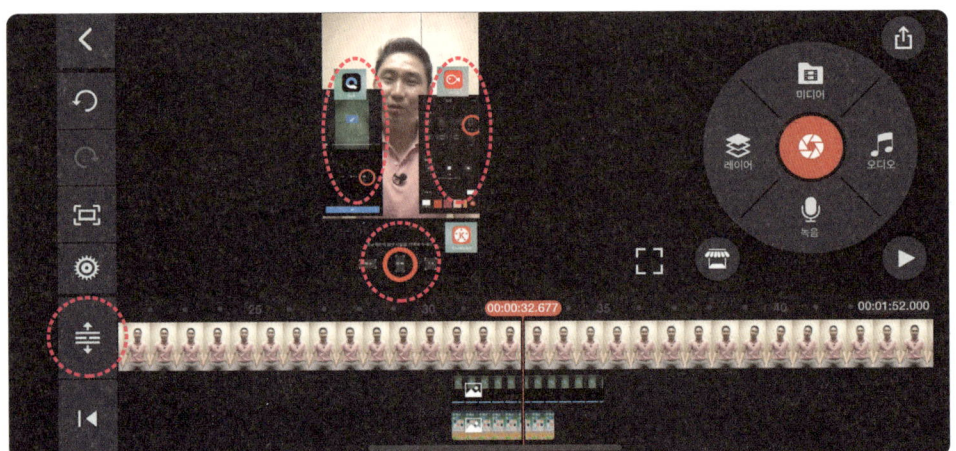

장면, 자막, 음악 클립이 시작하는 시간에 약간의 간격을 두면 순서대로 영상에 나타납니다.

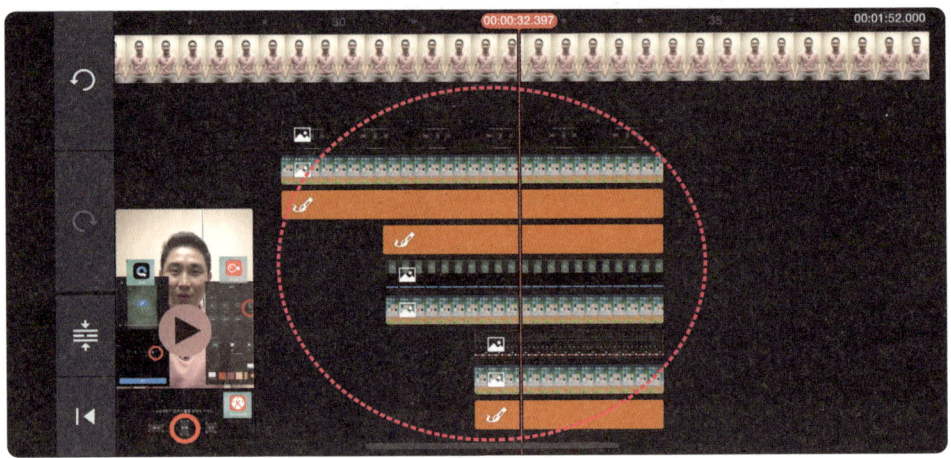

32 29~31번 과정과 마찬가지로 세 가지 앱의 화면을 왼쪽, 오른쪽, 하단에 각각 배치하였고, 나오는 시간은 다르게, 사라지는 시간은 같게 조정하였습니다.

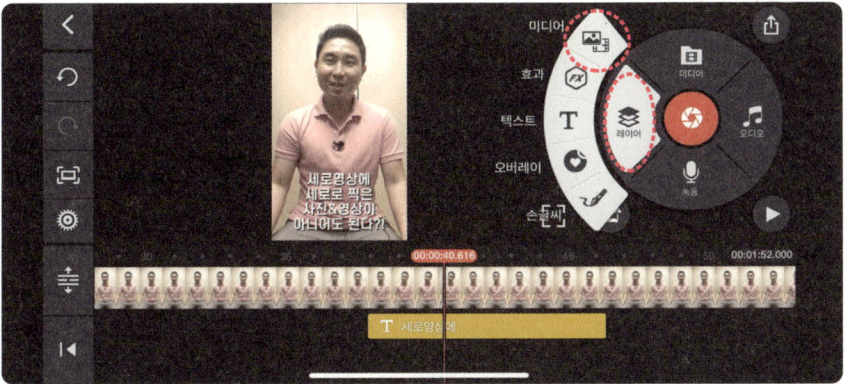

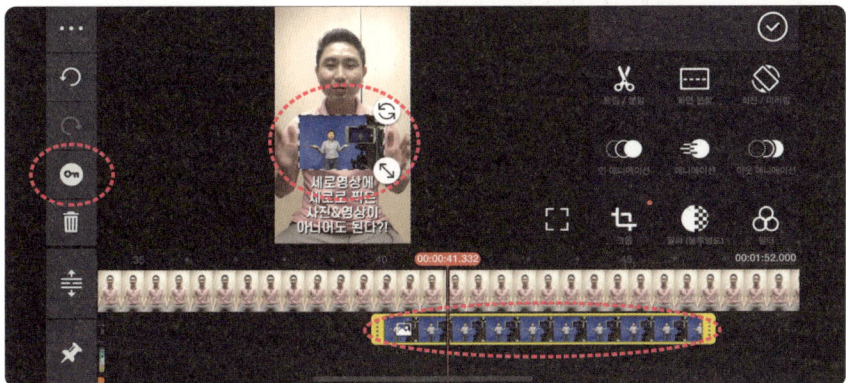

33 이번엔 "세로 영상을 편집할 때 세로로 찍은 사진이나 영상만 넣을 필요는 없어요. 가로 사진을 세로 영상에 꽉 채워버리면 내가 보여주고자 하는 부분을 다 보여주지 못할 수도 있거든요." 라고 말한 부분에 맞춰, 가로 사진이 점점 커져 세로 화면에 채워지는 것을 표현해보려고 합니다.

레이어로 넣은 사진을 선택한 후 ⊙ 버튼을 눌러 '애니메이션' 메뉴로 진입합니다. 사진이 점점 커지기 시작할 첫 지점에서 포인트를 찍어주고(기준점을 잡는 원리), 플레이헤드를 뒤로 이동하여 사진을 화면에 꽉 차게 확대하면 클립에 포인트가 자동으로 찍힙니다. 앞 포인트에서 뒤 포인트로 점차 사진이 확대되는 것을 확인할 수 있습니다.

① '레이어'-'미디어'에서 사진 추가

② 사진 선택 후 ⊙ 버튼 누르기

③ 사진을 크게 할 시작점으로 클립을 이동시켜 플레이헤드에 맞춘 후 ⊙ 포인트 추가

④ 사진을 가장 크게 보여줄 곳으로 클립을 이동시켜 확대(자동으로 포인트 생김)

Lesson 8

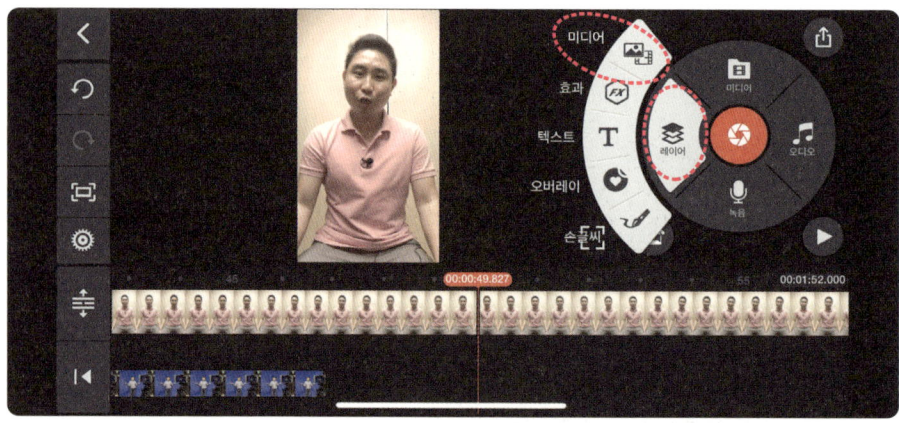

① '레이어' → '미디어'

② 사진 삽입

③ 삽입한 사진에
'인 애니메이션'
→ '왼쪽으로 밀기'

④ '레이어' → '미디어'

⑤ 사진 삽입

⑥ 삽입한 사진에
'인 애니메이션'
→ '오른쪽으로 밀기'

34 이번엔 "이렇게 편집해보는 건 어때요? 샥! 샥! 샥! 샥!"이라고 말한 부분에 맞춰, 세로 화면에 가로 사진 네 장을 분할 화면으로 배치해보려고 합니다. 실제로 세로 영상에 가로로 찍은 사진이나 영상들을 이런 식으로 분할 화면으로 배치하면 개성 있고 다양한 표현이 가능하며, 가로 영상에서도 세로로 찍은 사진이나 영상을 한 화면에 여러 개 배치할 수 있습니다.

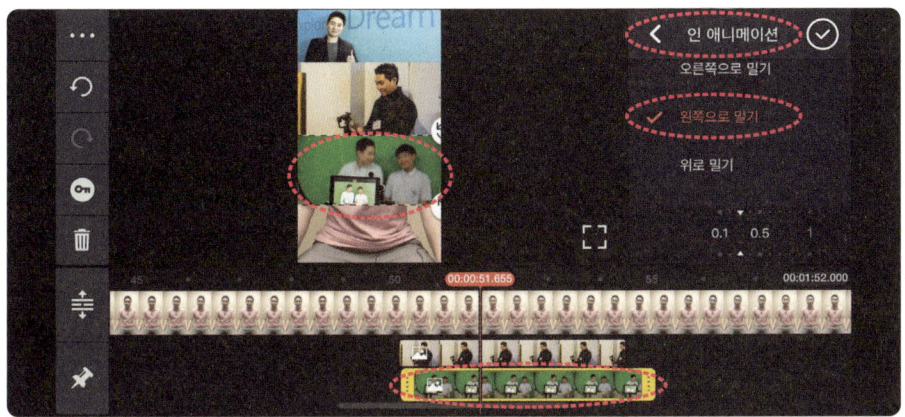

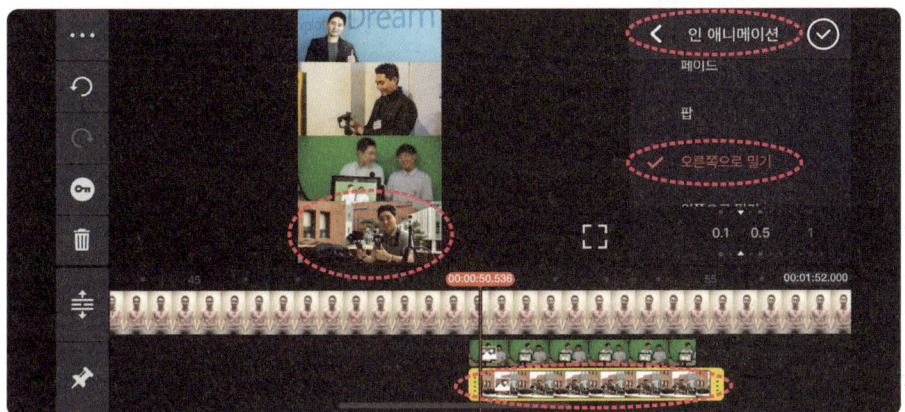

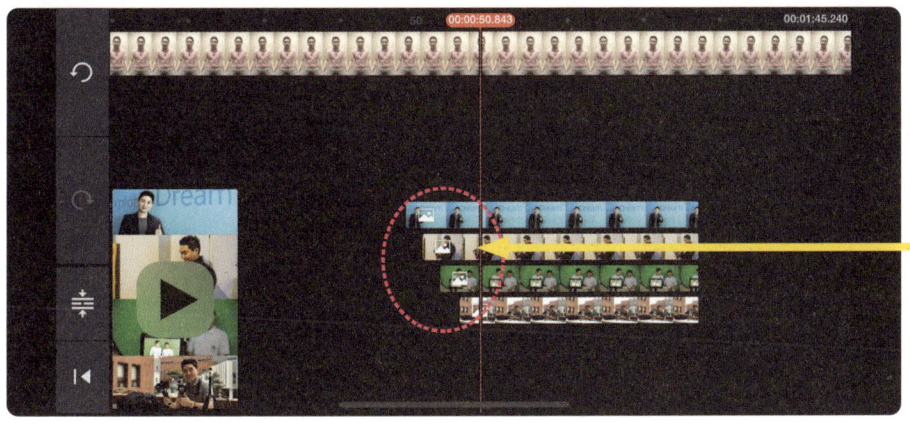

사진이 차례로 하나씩
나오도록 배치해주면
개성 있는 표현이 됩니다.

35 네 장의 사진이 차례대로 나올 수 있게, '레이어-미디어-사진'으로 들어가 해당 사진을 하나씩 타임라인으로 불러오면 되는데, 네 장이 똑같은 구간에서 동시에 나오면 안 되고 '샥! 샥! 샥! 샥!' 소리에 맞춰서 네 번에 걸쳐 조금의 간격을 두고 나타나야 하므로, 구간을 조금씩 뒤로 이동하며 사진을 하나씩 불러옵니다. 사진이 한 장씩 화면에 나올 때 왼쪽-오른쪽에서 교차로 나오게 '인 애니메이션'을 각각 적용해보겠습니다.

Lesson 8

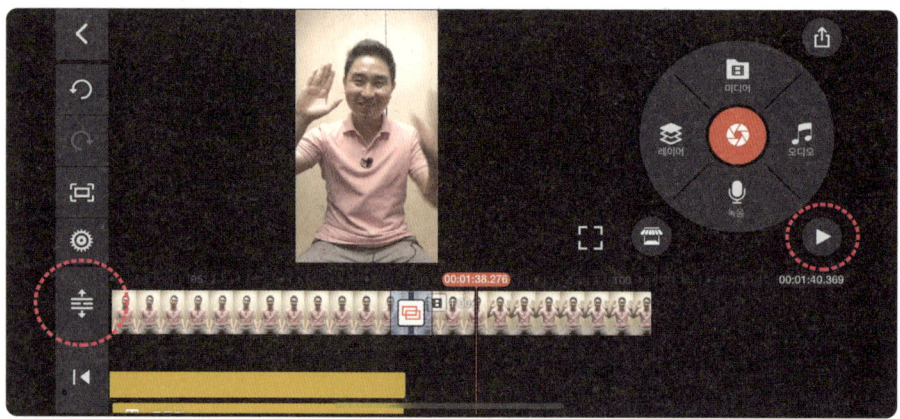

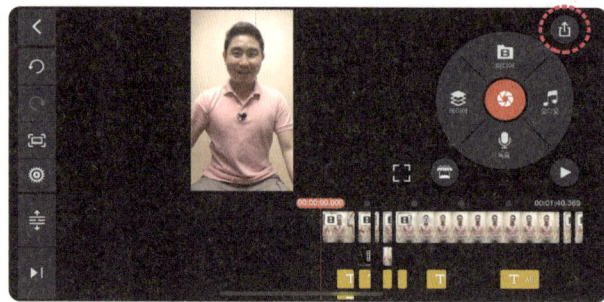 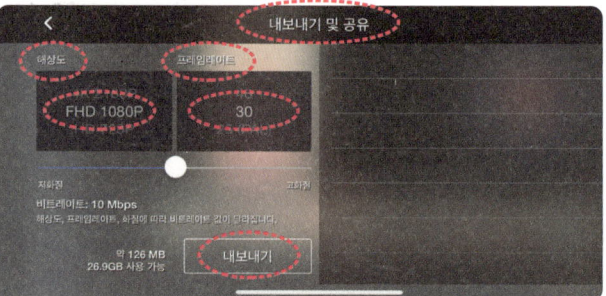

36 편집이 마무리되면 영상을 처음부터 끝까지 여러 번 재생해보면서 더 수정할 것이 없는지 확인합니다. 이때, 장면뿐만 아니라 오디오도 확인하면서 전체적으로 듣기에 편안한 안정적인 수준을 유지해주는 것이 중요합니다. 왼쪽 하단의 ⬚ 버튼을 누르면 미리보기 화면 없이 작업한 클립들을 한눈에 볼 수 있고, 이때 타임라인을 두 손가락으로 좁히면 전체를 한눈에 볼 수 있습니다. 미세한 편집을 할 때에는 반대로 타임라인을 넓혀서 작업하는 것이 편리합니다.

저는 영상에 잔잔한 음악을 넣으려고 합니다. 하지만 여기서는 음악을 추가하지 않고 현재까지 작업한 영상을 사진첩(갤러리)에 저장한 후, 그 파일을 가지고 새로운 프로젝트에서 음악 추가 작업을 할 예정입니다. 그 이유는 영상 속 제 목소리가 작아서 전체적으로 음량을 키우고 싶은데, 영상 원본을 이미 많이 잘라 클립이 나눠진 상태여서, 클립을 따로따로 눌러 음량을 조절하기보다는 영상 파일 하나로 합쳐 한 번에 음량을 조절하는 것이 훨씬 편하기 때문입니다.

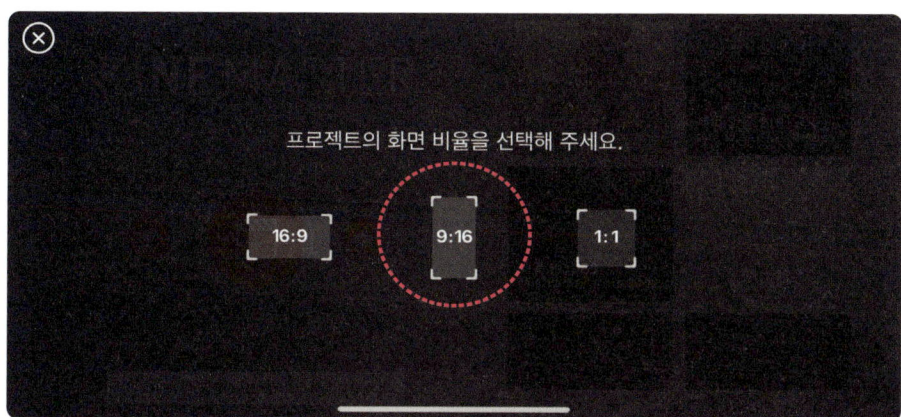

① 🎬

② 화면 비율 세로

③ '미디어' → '비디오'

④ 세로 화면으로 만들어둔 영상 불러오기

⑤ '🔊 믹서'

⑥ 볼륨 조절

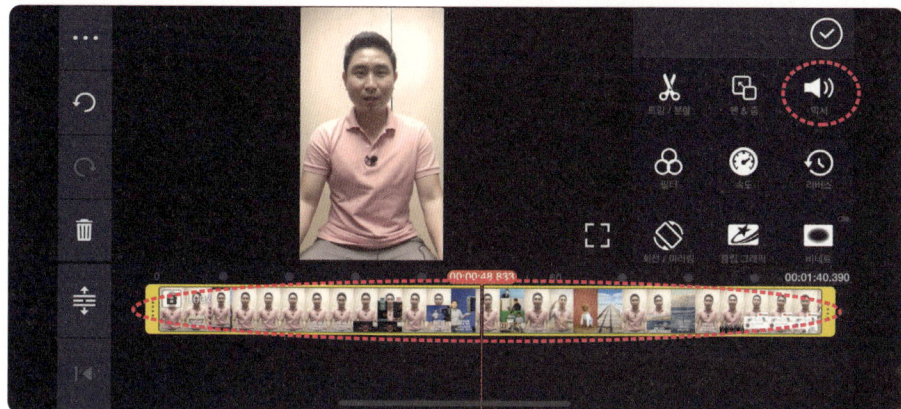

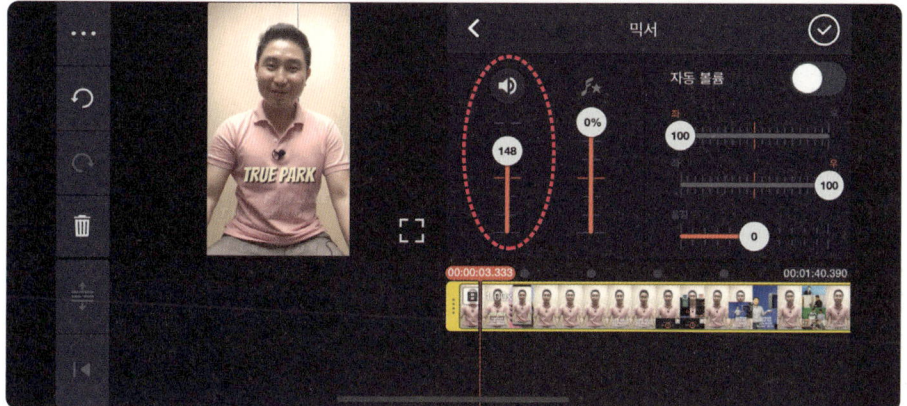

37 새로운 프로젝트 🎬 를 열어, '미디어' 메뉴로 들어가 36번 과정에서 내보내기 한 영상을 타임라인에 불러옵니다. 전체 음량을 높이고자 하는데, 어느 정도가 적절할지는 일단 음량을 키우고 나서 확인하고 다시 조정하는 과정을 거쳐야 합니다. 저의 경우, 음량 148 정도가 적절하였습니다.

Lesson 8

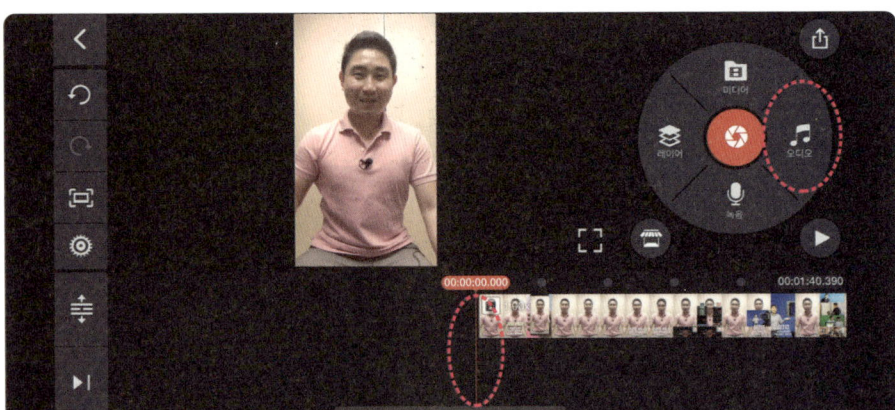

① 플레이헤드 맨 앞으로

② ' 🎵 오디오'

③ ' 🏪 에셋스토어'

④ 음악 선택

⑤ ' 🔊 믹서'

⑥ 볼륨 조절

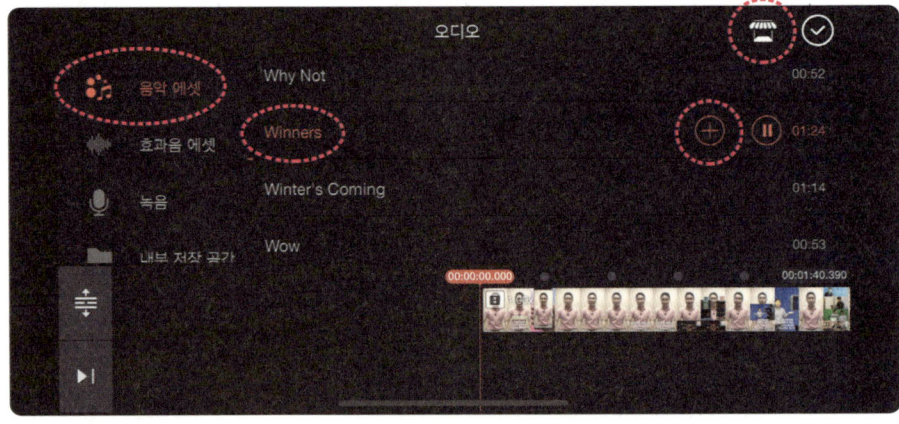

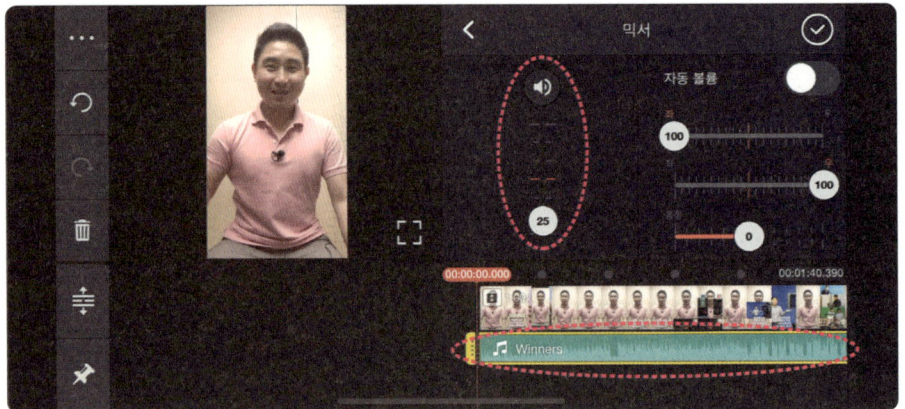

38 이번에는 전체적으로 영상 분위기를 맞춰줄 배경음악을 넣어보겠습니다. 키네마스터 에셋 스토어에서 'Winners'라는 음악을 골라 타임라인에 추가했습니다. 플레이헤드가 위치한 지점에서부터 음악이 들어가기 때문에, 타임라인에 추가하기 전 플레이헤드의 위치를 잡아주는 것이 좋습니다. 배경음악보다 저의 목소리가 더 중요하기 때문에 음악의 음량 🔊은 작게 조정했습니다.

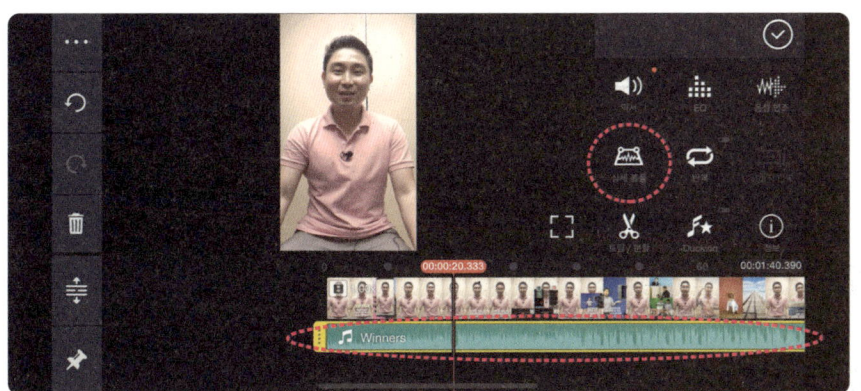

39 하지만, 재생을 해보니 음악에도 강약이 있기에 어떤 부분은 소리를 더 줄일 필요가 있었습니다. 이럴 때에는 해당 음악에 대한 메뉴 중 '상세 볼륨'으로 들어가서 음악 중 소리가 큰 부분에 기준점을 찍으면서 볼륨 그래프를 만들어주면 됩니다.

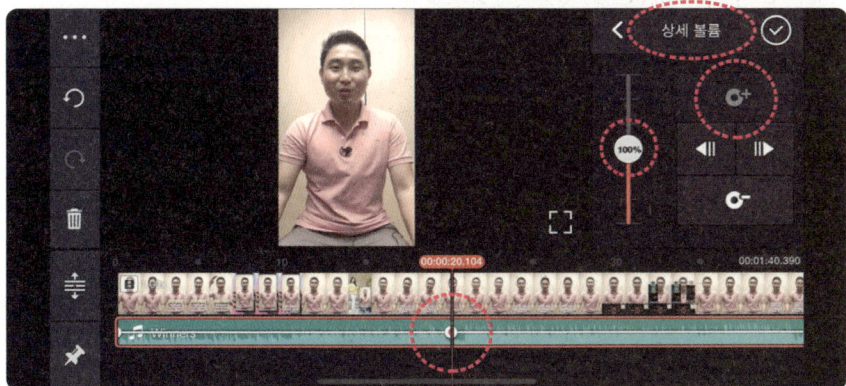

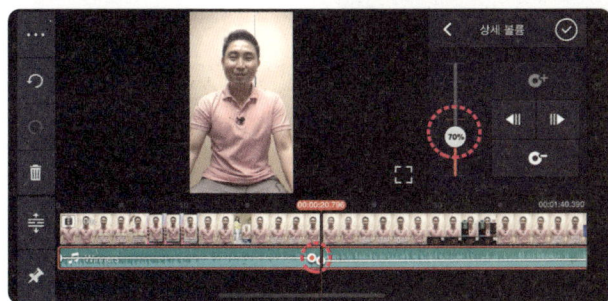 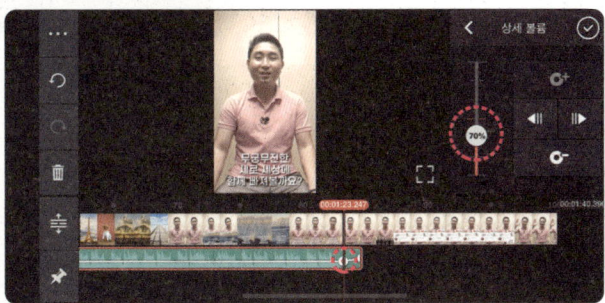

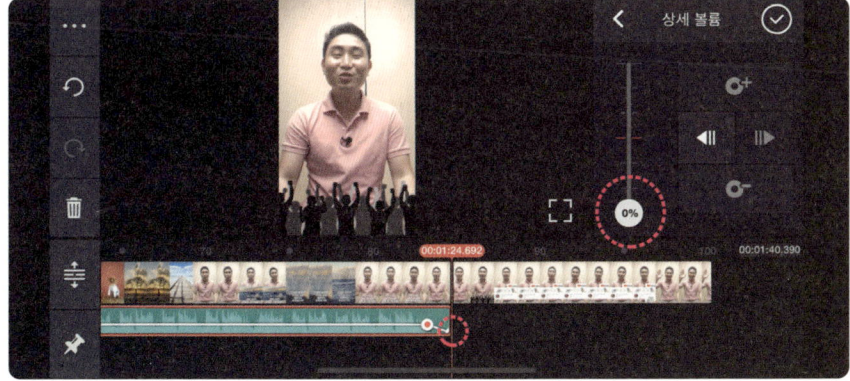

Lesson 8

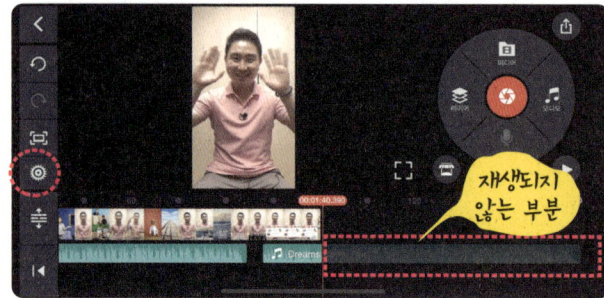
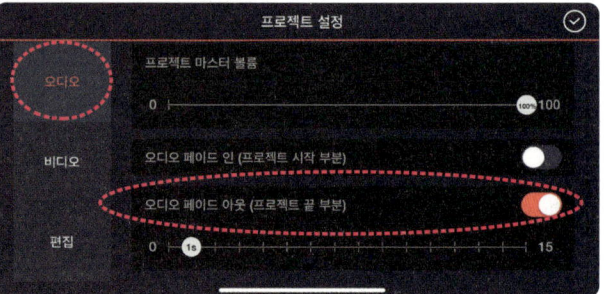

40 38번 과정에서 넣은 배경음악이 영상보다 짧아서 먼저 끝나는 경우, 음악을 다른 것으로 바꾸거나 영상을 음악의 길이에 맞춰 줄일 수 있습니다. 하지만 재생을 해보니 음악이 없는 마지막 부분이 마무리 인사하는 내용이라 조금 경쾌한 음악을 새로 넣어줘도 괜찮을 것 같았습니다. 마무리 인사하는 순간에 플레이헤드를 맞춘 후, 키네마스터 에셋 스토어 내 'Dreams come true'라는 음악을 타임라인에 추가했습니다. 타임라인 첫 번째 줄의 미디어가 끝나면 그 아랫줄에 있는 음악이나 자막 등이 그 뒤에 더 있어도 재생되지는 않습니다.

마지막으로 ⚙ 버튼을 눌러 '프로젝트 설정'에 들어가 '오디오 페이드 아웃(영상의 끝 부분 오디오가 설정한 시간 동안 자연스럽게 줄어들며 끝)'을 체크하겠습니다. 필요에 따라 '비디오 페이드 인(영상이 검은 화면에서 설정한 시간 동안 서서히 밝아지며 시작)/비디오 페이드 아웃(영상이 설정한 시간 동안 검은 화면으로 서서히 어두워지며 끝)'을 적용할 수 있습니다.

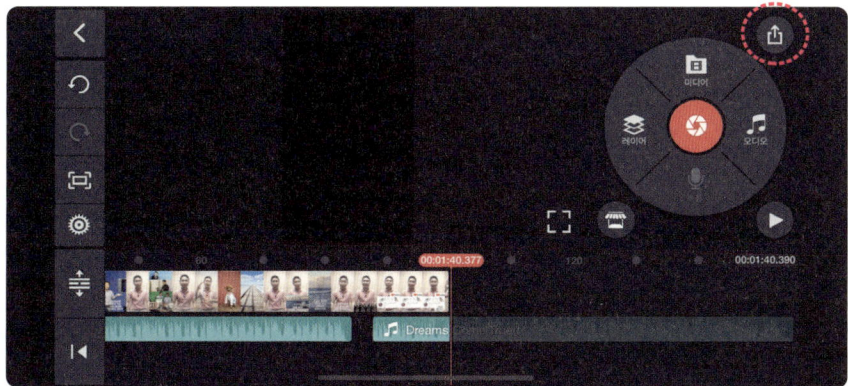

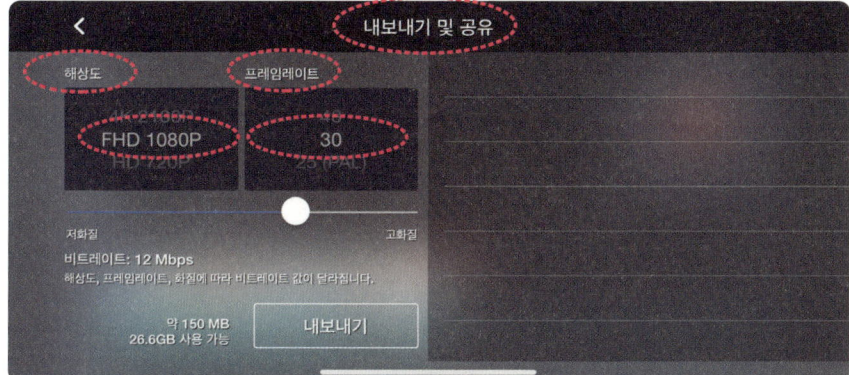

41 이제 모든 편집이 마무리되었습니다. 마지막으로 갤러리(사진첩)에 영상을 '내보내기'하겠습니다. 스마트폰 카메라의 기본 설정과 동일하게, 해상도는 'FHD 1080p', 프레임 레이트는 '30'으로 두고 '내보내기' 버튼을 누르면 영상을 내보내는 과정이 진행됩니다. 다시 원래의 창으로 돌아오면 사진첩(갤러리)에 가서 영상이 잘 저장되었는지 확인합니다. 2분 길이였던 촬영 원본이 1분 40초로 편집되어 저장되었습니다.

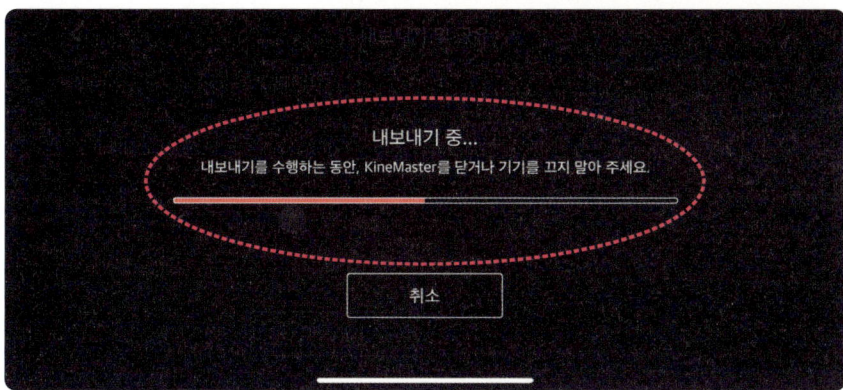

이번 예제를 통해, 키네마스터의 여러 가지 기능들을 배워보고, 세로 영상의 매력도 느껴보았을 것 같네요.
제작 과정을 설명한 것 중에 이해가 잘 되지 않는 부분은 본 예제 첫 페이지에 있는 완성 영상을 보며 확인해보면 좀 더 쉽게 이해할 수 있습니다. 추가로 촬영 원본 영상(QR코드)도 참고해보세요!

맺는 글

지금까지 스마트폰에서 다양한 영상 편집을 할 수 있게 해주는 앱 세 가지(멸치, Quik, 키네마스터)로 실습을 해보았습니다. 직접 만나서 설명하듯 화면을 보며 이해하기 쉽게 설명하려고 노력했습니다. 하지만 처음 영상 편집에 도전하는 분에게는 용어나 기능이 낯설고 어렵게 느껴졌을지도 모르겠습니다. 그럼에도 다양한 주제와 구성으로 계속해서 영상 편집을 하다 보면 조금씩 많은 기능을 자유롭게 활용할 수 있게 됩니다. 무엇보다 영상을 만드는 구체적인 목적과 완성된 영상을 누구와 공유할 것인지를 생각하면서 만들면 좀 더 완성도 있는 영상이 만들어집니다. 그러면 일상에서 사진이나 동영상을 촬영할 때에도 보는 눈이 달라지고 찍는 구도가 달라질 것입니다. 연습은 배신하지 않습니다. 다양한 사진과 영상을 이용하여 1분 내외의 짧은 영상을 짜임새 있게 편집하려고 노력하다 보면 어느새 긴 호흡의 영상도 부담 없이 만들 수 있습니다. 1인 미디어 시대의 주역이 될 여러분의 도전과 연습을 응원하겠습니다.

누구나 뚝딱 DIY 3
누구나 쉽게, 언제 어디서나

스마트폰으로 영상 만들기

초판 1쇄 인쇄 2020년 9월 16일
초판 1쇄 발행 2020년 9월 25일

지은이 박철우

펴낸이 김찬희
펴낸곳 끌리는스타일

출판등록 신고번호 제25100-2017-000032호
주소 서울시 구로구 연동로 11길 9, 202호
전화 영업부 (02)335-6936 편집부 (02)2060-5821
팩스 (02)335-0550
이메일 happybookpub@gmail.com
페이스북 www.facebook.com/happybookpub
블로그 blog.naver.com/happybookpub
포스트 post.naver.com/happybookpub
스토어 smartstore.naver.com/happybookpub

ISBN 979-11-966748-2-3 13000
값 16,000원

* 끌리는스타일은 끌리는책의 실용서 브랜드입니다.

- 잘못된 책은 구입하신 서점에서 교환해드립니다.
- 이 책 내용의 일부 또는 전부를 재사용하려면 반드시 사전에 저작권자와 출판권자에게 서면에 의한 동의를 얻어야 합니다.
- 이 도서의 국립중앙도서관 출판예정도서목록(CIP)은 서지정보유통지원시스템 홈페이지(http://seoji.nl.go.kr)와 국가자료공동목록시스템(http://www.nl.go.kr/kolisnet)에서 이용하실 수 있습니다.(CIP 제어번호: CIP2020036202)